프로필 사회

YOU AND YOUR PROFILE
Copyright ©2021 Columbia University Press
All rights reserved.

Korean translation copyright ©2022 by SAENGGAKIEUM BOOKS
Korean translation rights arranged with COLUMBIA UNIVERSITY PRESS
through EYA (Eric Yang Agency)

이 책의 한국어판 저작권은 EYA(Eric Yang Agency)를 통해 COLUMBIA UNIVERSITY PRESS와 독점 계약한 생각이음이 소유합니다. 저작권법에 의하여 한국 내에서 보호를 받는 저작물이므로 무단 전재 및 복제를 금합니다.

진정성에서 프로필성으로

프로필 사회

한스 게오르크 묄러·폴 J. 담브로시오 지음
김한슬기 옮김

생각이음

헨리 로즈먼트 주니어를 추억하며

일러두기
1. 이 책에 표기된 외래어는 원칙적으로 국립국어원 외래어 표기법에 따라 표기했다.
2. 저자, 단행본, 논문 등의 외래어 표기는 처음 언급될 때 한글 표기와 병기했다.
3. 단행본 도서는 《 》로, 언론사, 프로그램, 영화, 잡지, 논문 등은 〈 〉로 표기했다.
4. 원서와 달리 직접 인용문은 큰따옴표("")로, 간접 인용문은 작은따옴표('')로 변경하여 표기했다.
5. 독자 이해를 돕기 위한 옮긴이와 편집자의 추가 설명은 단문일 경우 해당 용어의 괄호 안에 표기하고, 장문일 경우 해당 페이지 하단에 표기했다.

미디어가 만들어내는 거대한 에너지의 소용돌이는 우리에게 파괴의 결과를 회피할 수 있는 가능성을 제시한다. 우리가 연루되어 있는 이 거대한 에너지의 소용돌이가 일으키는 효과의 패턴을 연구한다면, 이를 회피하고 생존할 수 있는 전략을 세울 수 있을 것이다.
― 마샬 맥루한Marshall McLuhan, 〈인간과 미디어Man and Media〉

인간은 원대한 계획이나 책략으로, 심지어 기득권에 사로잡혀 행동하지 않는다. 하지만 맨 처음에는 자신이 지니고 있는 관념에 따라 행동한다. 개성을 드러내는 그림은 오랜 세월 꾸준히 의도한 자기 자신을 언급하는 일일 것이다. 자화상보다 더 강렬하게 그려진 초상화는 없다.
― 티모시 모Timothy Mo, 《고립된 소유An Insular Possession》

목차

머리말 · 9

1장 큰 그림 · 11

대나무만, 여행이 지니는 즐거움 · 11 | 〈뉴요커〉의 사진 보정 · 14 | 성실성, 진정성, 프로필성 · 22 | 슈퍼호스트의, 환영 프로필 · 28 | 시위대 힙스터 · 33 | 대의로서의 프로필 · 36 | 자기 의견 표명 · 40 | 브랜드에서 프로필로 · 43 | 있는 그대로 보여줘, 프로필성의 역설 · 46 | 흠잡을 데 없이 완전무결한 · 48

2장 프로필성 · 50

자기 자신 설명하기, 프로필성의 어휘들 · 50 | 2차 질서 관찰, 네 가지 관점 · 52 | 다른 사람이 보는 것 보기 · 53 | 보이는 것처럼 보기, 나르시시즘의 오인 · 55 | 아이스파이, 타인이 보지 못하는 것 보기 · 58 | 다양성과 부조화 보기 · 60 | 일반 동료 · 63 | 사회적 검증 피드백 순환 · 67 | 계정 · 70 | 프로필 · 72 | 피드 · 73 | 밈 · 76 | 캐스팅 · 78 | 큐레이팅 · 80 | 프로필성의 시의적절성 · 83 | 다양성 · 84 | 투명성, 알고리즘, 프로필성의 거울 · 88 | 민주주의 · 98 | 프로필 윤리 · 100 | 주시 스몰렛의 프로필 · 100 | 테일러 스위프트의 정치적 영향 · 105 | 제이 지의 질문 · 110 | 선행 발언 · 112 | 도덕적 프로파일링 · 116 | 프로필 정치 · 119 | 국가 프로필의 구축, 독일의 기억문화 · 121 | 슈퍼 브랜드의 논리, 프로필성과 자본주의 · 127 | 동료의 힘, 프로필성에서의 리뷰 과정 · 133 | 프로필성의 역사 · 137 | 픽처레스크, 인쇄와 사진시대의 프로필성 · 137 | 전시 가치, 영화시대의 프로필성 · 142 | 케인스의 미인대회 · 147 | 스펙타클 · 150 | 토스터기의 혁명적 중요성 · 153 | 프로필성의 기호학, 차이 만들기 · 158

3장 성실성 · 161

페이스북과 인터그리티 · 161 | 복숭아와 양파 · 164 | 체면과 명예 · 170 | 성실성의 역설 · 175 | 새로운 정치적 성실성 · 180 | 성실성과 프로필성 · 188

4장 진정성 • 192

진정성, 개인주의, 그리고 근대화 · 192 | 진정성이라는 용어 · 197 | 진정성의 역설 · 200 진정성 노스탤지어 · 207 | 보호BOHO 뷰티풀, 프로필성을 위한 진정성 · 211 | 개인 프로필 관리 · 217

5장 정체성 • 224

자랑스러운 나 · 224 | 정체성의 가치, 달링 그냥 네 맘대로 해 · 226 | 정체성의 정치, 개인적인 것이 정치적인 것이다 · 228 | 정체성 정치에 맞서는, 급진 좌파와 새로운 정치적 성실성 · 233 | 공유하는 실천과 공유하는 정서, (탈)국민성으로서의 정체성 · 235 | 정체성의 복잡성 · 237 | 해석학적 절망과 사랑 · 241 | 여성은 태어나는 것이 아니라 만들어지는 것이다 · 244 | 필연에서 가능성으로 · 247 | 정체성의 문제 · 250 | 정체성 이론 · 252 | 정체성의 변증법 · 259 | 우리는 무엇을 위해 죽는가, 정체성 위기 · 262

6장 온전성 • 265

정체성 체제 · 265 | 프로필 노이로제 · 269 | 진짜인 척하기 · 273 | 유유자적 · 277 | 노출 · 282 | 프로필성의 압박 · 287

7장 결론 • 292

요약 · 292 | 형부 중에서는 형부가 제일 좋아요 · 293

후기 • 296

프란치스코 교황, 도널드 트럼프, 한병철 그리고 코로나19 · 296 | 프로필성 시대의 관심 · 299

감사의 말 • 302   주석 • 305
참고문헌 • 319   찾아보기 • 328

머리말

거울에 비친 얼굴

가끔 그는 아침에 면도를 하다 거울에 비친 자신의 모습을 바라보면, 기괴한 가면 속의 선명한 두 눈동자가 놀란 표정으로 그를 빤히 쳐다봤다. 그는 그 얼굴에서 자신의 정체성을 느낄 수가 없었다. 마치 원하기만 하면 하얗게 세어 버린 짙은 눈썹을 벗겨낼 수 있는 것처럼 불가사의한 이유로 터무니없는 변장을 하고 있는 것만 같았다.

_존 윌리엄스John Williams, 《스토너Stoner》

정체성은 거울에 비친 모습을 우리 자신의 얼굴로 받아들일 수 있게 한다. 우리는 벗겨낼 수 없는 거울 속의 '기괴한 가면'을 이해하기 위해 정체성이 필요하다. 정체성을 형성하여 거울에 비친 얼굴이 '터무니없는 변장'으로 보이지 않도록 해야 한다. 그러면 설사 그렇게 보인다 해도 잠깐 동안일 것이다. 거울 앞을 떠날 때는 우리가 투사한 이미지가 우리의 생각과 감정을 아주 자연스럽게 나타낸다고 믿어야 한다. 다른 사람들이 모두 이 얼굴을 정확히 우리의 정체성으로 받아들일 거라는 사실에도 대비할 필요가 있다.

1장

큰 그림

대나무만, 여행이 지니는 즐거움

마카오에는 체옥반Cheoc Wan 혹은 '대나무만Bamboo Bay'이라 부르는 거의 알려지지 않은 작은 해변이 있다. 겨우 8킬로미터 떨어진 인근에는 세계에서 가장 인구밀도가 높고 수많은 관광객이 찾는 지역(매년 수천만 명의 방문객을 끌어들이는 카지노)이 자리하고 있음에도, 대나무만은 늘 한적하기만 하다. 기껏해야 나이 지긋한 현지인 몇 명이 쓰레기가 둥둥 떠다니는 흙빛 바다에서 매일같이 수영하는 게 고작이다. 주말에는 포르투갈계 마카오인 가족이, 어린 시절 부모가 고국에서 했을 법한 모래 놀이를 하는 아이들과 시간을 보낸다. 드물지만 중국 본토나 동아시아 관광객이 대나무만을 찾아오기도 한다. 그나마도 그들은 수영을 하거나 일광욕을 즐기지는 않는다. 밀려드는 얕은 파도 앞에서 포즈를 취하거나, 아니면 바위에 앉아 있거나 해변을 거닐면서 긴 머리가 산들바람에 흩날리는 듯한 모습을 사진에 담을 뿐이다. 그들에게 이 해변가는 잠깐 들르는 장소에 불과하다. 아담한 카페에서 간식을 먹기 위해 잠시 들르기도 하지만 금세 다른 관광명소로 이동한다.

 이 광경을 목격한 한 유럽 친구는 여행객들이 정작 관광지의 풍경을 제대로 즐기지 않는다고 지적을 하면서도 흥미로워했다. 왠지 여행객들은 자연을 망각하고 있었다. 그 친구가 보기에 그들은 재밌어하지도 않았다. (장 보드리야르Jean Baudrillard가 말했듯이) 실제 일어나지 않았던 방문을 그저 연출하는 것처럼, 정확히는 디지털 사진을 구성하는 데 대부분의 시간을 보내고 있었기 때문이다. 요즘은 이 같은 비판이 많이 나오는 터라 그 친구는 많은 사람들이 자신과 같은 견해를 공유한다는 사실을 알고 지극히 당연하다고 생각하는 듯했다.

 하지만 그 친구의 말이 꼭 옳다고 할 수 있을까? 중년에 접어든 이 유럽 친구는 여행이 모든 사회변화와 함께 어떻게 바뀌고 있는지, 즉 '진정한 발견'이라는 과거 '부르주아적' 패러다임에서 프로필 구축 활동이라는 새로운 '민주적' 패러다임 방식으로, 여행이 변하고 있음을 이해하지 못하는 것일 수도 있다.

 모든 여행지가 브랜드화되고, 홍보되고, 방문객을 위해 연출된다는 점에서 오늘날 여행의 핵심은 현지의 진짜 모습을 탐험하는 게 아니다. 쇼와 퍼레이드, 또는 시위를 하러 가듯 대중적 퍼포먼스에 참여하는 것을 의미한다. 식민지 시대 이후 여행은 더 이상 부유한 백인이 '원주민이 사는 곳'으로 여행하던 시기의 의미가 아니다. 갈수록 과거에 식민 지배를 당했거나 러시아나 중국처럼 '제2세계' 또는 '제3세계'에 속한 나라에 살던 많은 사람들이 서구인과 함께 (기 드보르Guy Debord의 표현대로) '스펙타클spectacle'한 전 세계 여행에 참여한다는 것을 의미한다. 단순히 여행할 수 있고, 시간과 돈이 있고, 비자를 발급받을 수 있다는 사실만으로도 여행할 이유는 이미 충분하다.

나는 여행을 내 프로필의 일부로 구성하고 '프로필'로써 여행의 잠재력을 실현하기 위해 여행한다. 나 역시 여행자라는 사실을 다른 사람과 나 자신에게 증명하려는 목적도 있다. 나는 다른 사람들처럼 세계를 여행하기도 한다. 멋진 여행지를 선택하는 취향과 여행지의 독특한 매력을 다른 사람들에게 보여줄 수 있다는 것만으로도 내 프로필을 한층 돋보이게 만든다. 나는 내 여행을 다른 사람에게 보여줌으로써 내 정체성을 큐레이팅한다(2장 큐레이팅 부분에서 자세히 언급한다 - 편집자). 내가 아시아 출신이든, 유럽 출신이든, 혹은 다른 곳에서 왔는지는 중요하지 않다.

오늘날의 여행은 프로필을 구축하는 활동이다. 여행지(지금쯤은 전 세계 거의 모든 지역이 여행지가 되고 있는)는 프로필에 기반한 정체성, 즉 '프로필성profilicity'에 지원을 제공한다.[1] 이런 자원을 활용하는 것은 여행자다. 여행자는 관광산업이 공급하는 **프로필 가치**에서 정체성이라는 잉여가치를 창출한다. 여행지에서 사진을 찍고 소셜 미디어에 게시하는 활동이야말로 구체적인 프로필 정체성의 구성 작업이다. 사진을 찍고 포스팅하는 행위는 여행자뿐 아니라 여행지의 프로필 가치도 높인다. 참여하는 사람이라면 누구나 이러한 가치 창출을 유쾌한 경험으로 삼을 수 있다. 중년의 유럽인 친구는 프로필성이 영향을 미치는 상황에서 여행이 지니는 즐거움을 아직 이해하지 못한 게 분명하다.

<뉴요커>의 사진 보정

다른 사람에게 보여주기 위해 자신의 얼굴이나 몸, 활동, 소지품의 이미지를 만드는 것이 프로필에 기반한 정체성 작업의 핵심이다. 소셜 미디어의 부상으로 전례 없는 많은 개인들이 전대미문의 규모로 이 작업에 참여해 왔다. 폭발적으로 성장한 소셜 미디어는 어느새 사람들의 삶에 자리해왔다. 수많은 사람들이 날마다 몇 시간씩 게시물을 만들어 게시하고 소비하는 제작자이자 청중(또는 시청자, 소비자 – 편집자)으로 '상호 작용하며' 시간을 보낸다. 그 결과 사진 보정 앱이 엄청난 인기를 끌고 있다. 프로필을 만들어 프로필성을 높이는 데 보정 앱이 중요한 작업 도구가 된 것이다.

이 책을 쓰고 있을 당시 중국기업 메이투Meitu('아름다운 사진'이란 뜻)가 동아시아에서 가장 널리 사용되는 이미지 보정 앱을 출시했다. 2017년 12월 <뉴요커New Yorker>에 실린 판지아양Jiayang Fan의 기사에 따르면 "메이투가 개발한 앱은 매달 약 60억 장에 이르는 사진을 보정한다." "셀피에 집착하는 중국"이라는 기사 제목에서 알 수 있듯이, 판지아양은 중국인들의 셀피 집착을 자세히 다루고 있다. 사람들은 끊임없이 자신의 사진을 찍어 게시하고 다른 사람들의 사진을 보며 댓글을 쓰는 것뿐 아니라 사진을 연출하고 보정하는 데도 상당한 시간을 소비한다. 스스로를 '중국인 피가 흐르는' 영국인이라 소개하는 판지아양은 이렇게 이야기한다. "여러 중국인 친구들에게 소셜 미디어에 게시하기 전 사진 보정에 얼마나 많은 시간이 걸리는지 물어봤다. 대부분이 얼굴 사진 하나 보정하는 데 40분쯤 걸리고, 친구와 같이 찍은 셀피 사진이라면 한 시간 이상 걸린다고 대답했다. 이 작업에는 각기 특별한 강점이 있는 여러 보정 앱이 필요하다. 보정하지 않은 원본 사진을 그대로 게시하거나 보내는 것을 고려해 본 친구는 단 한 명도 없었다." 이 기사는 계속해서 셀피를 찍고 보여주는 것에 대한 집착을 고도로 발전한 동아시아의 성형 산업과 광범위하게 영향력을 미치는 셀러브리티 문화를 정확히 연관 지어 설명한다. 성형수술은 사진을 찍기 위해 몸을 준비시키는 '의료 앱'으로 기능한다. 실제 사진을 찍기 전 일종의 생물학적 보정인 셈이다. 이와 달리 셀러브리티에 대한 관심은 스타일에 대한 시야를 넓혀주고 모든 사람에게 자신의 이미지를 구성하고 표현하는 데 참고가 되는 다양한 프로필 모델을 제공한다.[2]

기사 제목에 사용된 '집착'이라는 용어가 시사하듯, 〈뉴요커〉는 자기 이미지에 대한 표현을 병리학적으로 바라보고 있음이 분명하다. 〈뉴요커〉의 관점에서 중국인은 정상이 아니다. 나아가 이런 심리적 범주를 벗어나 도덕적인 결핍 문제로까지 본다. 판지아양은 그에 대해 두 가지 윤리적 문제를 제기한다. 첫째, 셀피에 대한 과도한 관심을 나르시시즘의 한 형태로서 자신이 아름다움에 도취해 겉으로 드러나는 이미지에 과도하게 몰입하는 것으로 묘사한다. 둘째, '중국인들의 셀피 집착'을 개성과 진정성이 결여된 징후로 간주한다.[3] 판지아양은 메이투가 주최한 기업행사에 참여한 경험을 비판의 근거로 삼는다.

인기 여부와 상관없이 메이투 파티에 참석한 수백 명의 스타들이 휴대폰을 손에 쥐고 수다를 떨거나 사진을 찍고 있었다. 그동안 판지아양은 비판적인 시선으로 이 상황을 바라봤다. 다음은 그녀가 그곳에서 목격한 허영심의 현장을 얼마나 못마땅하게 여겼는지 상징적으로 보여준다. 나이 지긋한 한 여성이 경호원에 의해 행사장 밖으로 내쫓겼다. 나중에 관리인의 아내로 밝혀진 이 여성은 파티에 난입한 불청객 취급을 당한 게 분명했다. 판지아양은 그녀를 시적으로 묘사한다. "70대로 보이는 한 노령의 여성이 넋이 나간 표정으로 춤추는 청춘 남녀의 모습을 흐뭇하게 바라보며 서 있었다. 그녀의 얼굴은 탄력을 잃고 주름이 패였지만 입이 벌어질 정도로 놀라는 표정은 마치 어린아이와도 같았다. 그곳에서 휴대폰을 들고 있지 않은 사람은 그녀가 유일했고, 옷차림새도 간소했다." 파티에서 그 여성의 퇴장은 판지아양에게 깨달음을 줬다. "그 여성이 경호원에게 내쫓기고 나자, 나는 그녀가 파티에서 가장 아름다운 사람이었다는 걸 깨달았다."

판지아양은 그 노부인과 나머지 파티 참석자들을 완벽하게 대조적인 존재로 묘사한다. 그 여성은 감정이 '고스란히' 드러난 '어린아이' 같은 순진한 표정에 옷차림도 '평범하다'. 게다가 스마트폰을 손에 쥐지 않은 **유일한 사람**으로, 복잡한 현대 기술로부터 자유로운 인물이다. (그래서 그녀의 손에는 위조된 기계가 없다.) 따라서 판지아양은 파티의 다른 손님들의 화려한 거짓된 모습과 극명하게 다른 그 여성만이 진실한 아름다움을 지녔다고 이야기한다.

기사를 마무리하면서, 판지아양은 메이투의 사진 보정 앱과 이를 이용하는 중국인들의 개성과 개인의 다양성이 훼손되고 있다며 진정성을 다시 한번 호소한다. "메이투가 유행시킨 사진 보정 앱은 중국을 천편일률적인 사회로 만드는 데 일조하는 것 같다. 오늘날 중국의 젊은 세대들은 부모와 조부모 세대가 상상조차 할 수 없었던 요란한 방식으로 개인주의를 주장하며 소름 돋도록 비슷한 모습으로 변해가고 있다. 셀피는 물론 얼굴까지도 점차 닮아가고 있다." 기사를 읽은 〈뉴요커〉 독자는 소셜 미디어와 사진 보정 앱의 확산으로 거의 모든 중국인들이 불안정하다는 결론을 내릴 것이다. 기사 속 중국인은 쓸데없이 허영심이 많고 가식적이다. 따라서 '우리' 미국인 또는 서구인은 중국을 강타한 이미지 열풍에 휩쓸리지 않도록 조심해야 한다고 넌지시 충고한다. '우리'는 진정한 아름다움의 의미가 자연 '그대로'의 순수한 모습에서 나온다는 도덕적 근거를 잊어서는 안 된다. '우리'는 독특함과 다양성을 잃고 하나같이 똑같은 얼굴로 빠르게 변해가는 중국인들처럼 스스로 개성을 잃지 말아야 한다.

판지아양의 기사는 소셜 미디어 이용이 야기한 주요 문제를 꽤 정확하게 짚어낸다. 새로운 기술에 시간과 돈을 과하게 투자하는 자기표현에 대한 과도한 집착과 자본주의 사회에서 성행하는 미의 상품화로 야기되는 스트레스와 불안, 중독 현상이 대표적이다. 하지만 철학적 관점에서 보면 판지아양의 글은 심각한 문제를 안고 있다.

우선, 판지아양은 '셀피 집착'과 성형수술, 셀러브리티 숭배와 관련된 현상을 '중국(본토)'에서만 나타나는 현상으로 문제를 제기한다. 한국, 일본, 싱가포르 같은 나라에서도 똑같이 이런 현상이 공통적으로 나타난다. 더욱이 이런 현상들이 처음 대두된 지역은 아시아 나라가 아니다. 북아메리카에서는 사진 보정 앱이 등장하기 한참 전부터 성형수술과 셀러브리티 산업이 이미 성행하고 있었다. 치아 미백이나 주름 제거 수술의 경우 많은 중국인이 그런 시술을 알기 한참 전부터 미국 노인층이 많이 하는 시술이었다. 미의 상품화와 함께 북아메리카 자본주의 역시 최근 급성장한 중국 경제와 소셜 미디어 출현보다 앞선다.

하지만 현재 많은 소셜 미디어 비평에서 공유되고 있는 판지아양의 기사가 내포하는 가장 큰 문제는 '셀피 집착'을 프로필성 측면에서 이해하지 못하고 있다는 사실이다.[4] 기사는 셀피 집착을 주로 중국에서만 나타나는 문화적 이슈로 잘못 설명하고 있을 뿐더러, 전세계적인 차원에서 나타나는 정체성의 사회심리학적 현상이라는 점도 파악하지 못한다. 나아가 이러한 문화적 범주화의 즉각적인 결과로 해당 기사는 '진정성'의 가치를 편향된 시각에서 바라보는 똑같은 문제를 안고 있다. 실제로 진실한 사람과 진정한 아름다움이 존재하고, 이 둘을 오늘날의 소셜 미디어가 오염시켰다고 가정하기도 한다. 이런 가정과 함께 진정성에 대한 매우 미심쩍은 이상화가 연출되고 확고한 선과 악의 이분법이 나타난다 (예로, 자연적인 것 대 인공적인 것).

강박적으로 셀피를 찍고 보정하는 데 사람들이 집착한다는 것은 틀림없는 사실이다. 또, 셀피를 찍고 보정한 것이 '진정성'과 거리가 멀다는 것도 맞는 말이다. 하지만 애초에 진정성을 의도한 것이 아니었다면 셀피 촬영이 진정성이 없다고 비난하는 게 말이 될까? 굳이 셀피의 진정성을 따지려는 이유는 뭘까? 아무래도 판지아양의 기사는 그 어느 때보다 큰 위협에 직면한 진정성을 옹호하려는 것이 진짜 의도인 듯싶다. 판지아양의 글은 이 그릇된 이상의 붕괴가 임박하고 있음을 은폐하려는 시도다. 진정성이 자기모순과 시대착오로 사회에서 설 자리를 잃고 있는 시기에 애써 지키고자 하는 것이다. 갈수록 편재하는 프로필성 시대에 진정성을 열렬히 옹호하는 데는 실제로 **이미 프로필의 영향을 받고** 있는 시대에도 진정성이 유지될 될 수 있음을 스스로 확신하려는 목적도 있다.

판지아양이 메이투 행사장에서 본 그 노부인을 진정한 아름다움과 자연 그대로의 모습으로 이상화하여 묘사한 것은 믿기 힘들 뿐만 아니라 의문을 제기해야 마땅하다. 그렇지만 보다 큰 문제, 즉 보다 큰 그림을 보게 하는 질문은 다음과 같다. 판지아양과 〈뉴요커〉에서 하는 그녀의 일이 실제로 메이투 파티에 참석한 사람들과 그들의 삶의 방식과는 완전히 다르다고 할 수 있을까?

판지아양은 중국인의 셀피 집착과 이로 인해 중국 사회에 나타나는 자아 이미지에 대한 획일성을 강하게 비판하지만 정작 자신의 트위터에 게시된 사진도 독특하다고는 볼 수 없다. 그녀의 프로필에 걸려 있는 작가로서의 판지아양 사진은 보정을 거치지 않은 채, 원본 그대로를 디지털로만 변환시켰다. 〈뉴요커〉에 실린 모든 글에는 하나같이 이와 똑같은 형태의 작가 사진이 걸려 있다. 판지아양의 표현을 빌리자면 이 사진들은 '천편일률적'이고 '소름 돋도록 비슷하다.' 작가들의 사진은 영화나 애니메이션에 등장할 법한 '멋지고', 창의적이고, 독창적이고, 젊고, 지적인 정형화된 캐릭터를 보는 듯하다. 변환된 판지아양의 사진은 그녀의 프로필을 〈뉴요커〉에 글을 쓰는 모든 이들의 프로필과 일치시키고 언론사 〈뉴요커〉 프로필과도 같게 한다. 여기에도 판지아양이 메이투 파티에서 편하한 동일한 프로필 메커니즘이 작동하다 틀림없이 더하면 더했지, 덜하지는 않을 것이다. 메이투와 〈뉴요커〉는 모두 회사를 대표하는 개인의 프로필을 그렇게 유사한 이미지로 통일하여 회사의 프로필을 뒷받침한다. 물론 반대로 개인들도 회사의 프로필을 이용한다. 메이투에서 근무하거나 협업하는 사람은 메이투의 프로필과 동일시하고 자신의 프로필성을 강화할 수 있다. 마찬가지로 판지아양과 그녀의 동료들은 〈뉴요커〉의 프로필로 저마다의 프로필을 돋보이게 한다.

나아가 판지아양이 메이투 파티에서 휴대폰을 손에 들고 있지 않은 사람은 그 노부인이 유일하다고 경이로워했는데, 정작 본인은 어땠을까?

아마도 그녀 역시 휴대폰을 손에 쥐고 있었을 것이다. 적어도 상징적으로는 그렇다. 판지아양이 행사장에 입장해서 퇴장할 때까지의 전체 모습은 스마트폰과 닮아 있다. 자신의 글을 읽는 〈뉴요커〉 독자들에게 보여주기 위한 목적으로 한 시간이 넘도록 파티에 참석한 사람을 관찰하고 상황을 편집하지 않았던가. 판지아양은 노부인의 외양만 보고 정확히 '보정을 거치지 않은' 이 여성을 독자(와 편집자)에게 자신이 보여주고 싶은 진정한 삶의 모습을 대표하는 것인 양 은유적으로 바꿔 기사를 썼다. 사실 판지아양의 글 속에 등장하는 그 '보정을 거치지 않은' 노년의 여성 이미지는 메이투 파티에 손님으로 참석한 사람들이 자신의 소셜 미디어 계정에 올린 사진들 중에 수천 장은 아닐지라도 수백 장의 사진처럼 조작된 것이나 마찬가지다.

판지아양의 소셜 미디어 프로필은 또 어떤가? 〈뉴요커〉에 실린 그녀의 사진 밑에 있는 트위터 계정은 사람들에게 무엇을 시사하는가? 당연히 저자들도 마찬가지이고 이 책을 읽는 독자 대부분도 그렇겠지만, 판지아양은 트위터 외에 페이스북과 링크드인에서도 활동한다. 이런 공개적인 플랫폼에는 판지아양의 사진이 꽤 여러 장 올라와 있다. 대부분 멋진 사진들이다. 사진을 보정했는지, '마음에 꼭 드는' 사진을 고르기 위해 얼마나 오랜 시간이 걸렸는지는 알 수 없다. 하지만 그중 어떤 사진도 판지아양이 메이투 파티에서 발견한 꾸밈없는 진정한 아름다움이라는 이상에는 부합하지 않는 듯하다.

소셜 미디어와 셀피, 그리고 이로 인해 나타나는 현상을 비판적으로 바라보는 다른 많은 비평가들과 마찬가지로, 판지아양도 진정성을 이른바 비진정성의 대응물처럼 보이게 한다. '보정된' 진정성은 비평가 또는 미디어 기업을 대표하는 프로필성을 한층 더 끌어올리는 데 사용된다. 이런 식으로 비평가는 자신이 비판한 것과 똑같은 프로필 조건을 그대로 재생산하며 확산시킨다. 이들의 주장은 프로필성이 영향을 미치는 조건에서 작동하고 있음에도 여전히 수행적으로 모순되는 진정성의 이상을 드러낸다는 점에서 역설적이다.

이런 비평가에 비하면 셀피에 집착하는 중국인들은 오히려 '가짜' 이미지와 관련하여 솔직하다. 소셜 미디어 이용자 대부분이 사진 보정 앱을 이용한다는 것은 당연히 거의 모두가 아는 사실이다. 얼굴을 꾸미는 화장처럼 전혀 비밀스럽거나 은밀한 작업이 아닌 것이다. 다들 보란 듯이 대놓고 사진을 보정한다. 누구나 보정을 하고, 누구나 보정을 할 것으로 생각한다. 판지아양이 이야기했듯이 "보정하지 않은 원본 사진을 그대로 게시하거나 공유한다고 대답한 친구는 단 한 명도 없다." 중국인은, 더 정확히는 오늘날 소셜 미디어를 이용하는 전 세계 수많은 사람들은 애초에 진정성을 보여주려는 목적으로 사진을 게시하지 않는다. 대나무만 해변에서 셀피를 찍는 여행객들은 진정성을 연기하지 않는다. 설령 진정성이 거론되더라도 누군가 '진정한' 현지 음식이라며 페이스북에 올린 사진처럼 명백히 연출되는 경우가 흔하다. 이런 경우 진정성은 프로필성을 위해 사용된다.

소셜 미디어에 대한 비판은 진정성이 없다거나 진정성과는 멀다며 무시하고 '순수한' 진정성만을 올바른 선택 기준으로 부적절하게 규정하는 경향이 있다. 아이러니하게도 이런 비판 자체도 프로필성이 영향을 미치는 상황에서 나오는 것이기에 진정한 이상을 충족시키지는 못한다(또 충족하기란 **불가능하다**). 그들의 진정성은 이미 해체되고 연출되어 진정성이 없음이 드러났다. 진정성을 보존해야 한다는 간절한 부르짖음은 진정성의 시대가 신뢰성을 상실했다는 사실만을 보여줄 뿐이다.

문화적 측면으로 되돌아가 보면 흥미롭게도 소셜 미디어가 진정성이 없다는 것에 대한 거리낌은 다소 '서구적인' 문제인 듯하다. '진정성의 시대'에 유독 강한 애착을 보이는 유럽인과 북미인들은 '페이스북 사회'에서 이를 낭만화하고 향수에 젖는 경향이 있다.[5]

성실성, 진정성, 프로필성

과거에는 타고난 사회적 역할에 따라 정체성이 정해지는 것이 일반적이었다. 태어나면서부터 성별뿐 아니라 부족이나 민족성, 사회계층, 직업, 종교도 함께 결정됐다. 따라서 사람들은 일반적으로 규범을 수용하고 역할에 부여된 가치를 내면화하여 스스로를 발견하고 자신의 역할에 전념하면서 정체성을 형성했다. 이것을 우리는 '성실성'이라고 부른다. 라이오넬 트릴링Lionel Trilling에 따르면, 성실성이란 성실한 역할 수행을 바탕으로 정체성을 확립하는 정신적, 사회적 방법이다.[6] 흔히 가족은 성실함이라는 정체성의 형성을 경험하고 발달시키면서 더욱 견고하게 만드는 핵심적인 사회적 단위였다.

[그림 1.1]에 나타난 전통적인 중국인 가족 사진은 역할에 기반한 정체성의 권력을 명확하게 보여주는 예시다. 말 그대로 역할이 어떻게 자리와 위치를 정하는지 보여준다. 여성은 오른쪽에, 남성은 왼쪽에 있어야 한다. 의복은 성별, 나이, 사회적 지위를 나타낸다. 중요하게는 신체적

[그림 1.1] 데이비드 조던David K. Jordan 웹사이트에 게시된 전통적 중국 가족의 사진(1910년) https://pages.ucsd.edu/~dkjordan/chin/familism.html. 원본 출처 : 에드윈 딩글Edwin J. Dingle 《걸어서 보는 중국: 중국인의 삶과 개혁운동Across China on Foot: Life in the Interior and the Reform Movement》(New York: Holt, 1911)

체제 역시 역할에 따라 나타난다는 점이다. 앉을 사람과 서 있을 사람, 머리카락 길이가 결정된다. 중국에서 수 세기 동안 자라지 못하게 했던 여성의 발* 길이도 마찬가지다. 신체와 행동에 가하는 이런 잔인한 '문화적' 관습은 사회 구성원의 지적, 정서적 헌신이 없었다면 사회적으로 유지될 수 없었다. 아니면 개인들이 견디기 힘들었을 수도 있다. 실제로 그런 체제가 가능했던 것은 사람들이 도덕적으로나, 종교적으로, 혹은 철학적으로 옳다고 여겼던 것이 가장 크게 작용했다. 자기 동일시는, 즉 무언가에 자신을 동일시하는 것은 이 같은 긍정을 가져오는 데 가장 강력한 사회 심리학적 도구가 된다. 예를 들어 한 여성이, 자신이 태어나 성장한 유교사회가 그녀에게 부여한 사회적 역할과 완전히 동일시한다면, 발이 불구가 되더라도 도덕적으로는 선한 것으로 여길 뿐만 아니라 '자기 수양'의

*이러한 전족은 어린 소녀나 여성의 발을 성장하지 못하도록 옭아맨 중국의 전통 풍속으로 10세기 초부터 20세기까지 지속됐다.

일부로 생각할 수도 있을 것이다. 외적인 역할 수행은 설령 발이 묶여 있다 하더라도 일단 사람들이 내적인 헌신에서 정체성을 찾으면 원활하게 작동한다. 사진 속 사람들을 보면 자신과 서로에게 역할을 성실하게 수행하도록 엄격한 체제를 강요함으로써 가족 구성원에 가해지는 엄청난 압박을 감당했던 것으로 볼 수 있다. 아마 그들은 다른 문화권에 사는 낯선 사람의 눈에 자신들의 모습이 전부 '아주 별난 변장'을 한 것처럼 보일 수 있다는 생각을 해본 적이 없을 것이다.

 사회가 더욱 역동적으로 변화한 것은 근대에 들어와서였다. 사회적 이동성이 증가하고 직업, 결혼, 종교 등과 관련하여 사람들이 더 많은 다양한 선택을 하기 시작했다. 이런 변화는 전통적인 역할에 대한 도전이었다. 다른 선택을 할 수 있었기에 타고난 역할에 충실할 필요가 줄어든 것은 분명했다. 개인의 힘을 키우는 것이 가능할 뿐만 아니라 소망하게 되었다. 그러자 정체성이 문제가 됐다. 정체성은 더 이상 태어날 때 대부분 정해지는 것이 아니라 찾아야 하는 것이 됐다. 어딘가에 숨어있는 진정한 자아를 찾으려는 사람들에게는 사회가 부여한 전통적 역할에 기반한 정체성이 껍데기로 보이기 시작했다. 자신의 진정한 정체성을 가리는 '가면'으로서의 사회적 역할 개념은 이제 정체성의 기반이 되는 것으로 진정성에 대한 새로운 탐구와 함께 주요 은유가 됐다. 다시 라이오넬 트릴링의 표현으로 돌아가 보면, "모든 역할의 이면 어딘가에는 '진짜 나'가 있고, 온갖 역할을 수행하고 나면 잔뜩 지친 궁극적 실제 자아가 '이제 그만 사라져, 이 빚쟁이들아!'라고 속삭이고 싶어 한다. 그리고 나서야 자신의 본래 모습으로 돌아가 평온을 되찾는다는 개념"에 기초하여, 우리는 진정성을 정체성의 한 형태로 받아들인다.[7]

사회적 가면을 벗어야 그 사람의 진짜 얼굴인 진정한 모습이 여실히 드러날 거라고 생각하는 사람은 여전히 많다. 진정성 측면에서 사람의 얼굴은 그 사람의 실제 모습을 정확히 표현해야 한다. 진정한 모습은 발견되거나 새로 만들어져야 하는 것으로, 가면 아닌 가면인 셈이다. 진정성을 주제로 한 자기계발서에는 '정말로 진정한' 같은 동어반복적 표현이 의아스러울 정도로 자주 나타난다는 점에서, 사실 얼굴을 통해 진정성을 드러내는 일은 불가능한 일인지도 모른다.[8] 진정성을 믿는 방법이 있기는 하는 걸까? 여러분은 상대방에게 진짜 얼굴을 보여주고, 또 상대방이 여러분에게 진짜 얼굴을 보여줬다고 생각하는가? 누가 자신 있게 말할 수 있을까? 온전한 본래의 얼굴은 어떻게 생겼을까? 또 이 얼굴이 무언가**처럼** 보이는 경우라도 온전한 본래의 얼굴일까? 어떤 진정한 헤어스타일이 여러분의 진짜 모습을 나타낸다고 보는가? 이러한 질문들에 대답하기란 쉽지 않다. 더욱이 자기계발서뿐 아니라 진실하게 되는 법에 관해 보다 정교하게 쓰어진 철학서마저 궁극적으로 핵심적인 역설에 직면한다. '스스로 길을 개척하라'는 조언을 그대로 따른다 하더라도, 이미 다른 사람이 추천한 길을 따라가고 있지 않은가.

성실성과 마찬가지로 진정성에도 나름의 문제가 있다. 하지만 성실성이 그러하듯이 정체성을 형성하는 방법으로 진정성을 폭넓게 적용하면 설득력이 생기고 신뢰할

[그림 1.2] 가면에 가려진 '진짜' 얼굴. 픽셀닷컴Pixels.com 빅터 산토스Victor Santos 페이지
https://www.pexels.com/photo/woman-about-to-wear-half-face-mask-2263189/.

수 있으며 강력해지기까지 한다. 개인주의 이념을 따르는 언어, 수사, 윤리, 정치, 경제 사상은 정체성이 개인의 독창성, 창의성, 자율성에서 비롯된다는 믿음을 사회에 널리 전파시켰고, 이는 곧 진정성을 지지하는 근거가 됐다. 양도할 수 없는 진정한 개인의 존엄성을 보호해야 한다는 주장은 (포스트) 기독교 사회의 가장 중요한 교리나 마찬가지가 됐다. 정체성을 형성하는 것과도 연관됨으로써 진정성은 폭넓게 내면화가 이루어졌다. 진정한 정체성의 가치는 오로지 진정성이 있는 것에서만 나올 수 있다고 여겨지기도 했다. 현대 여성은 더 이상 아내와 어머니, 딸로서의 역할을 성실하게 수행할 필요가 없다. 오히려 자신의 소명을 발견하고, 독립하고, 딱 맞는 반려자를 만나고, 누구보다 특별한 아이들을 키우고, 물론 이 기간 내내 자신의 진정한 모습을 잃지 않으려 노력함으로써 초현대적 자본주의 경제체제의 경쟁 압박에 대처할 수 있었다.

근대사회로 전환되면서 성실성이 사회와 개인에게 미치는 지배력을 상실했듯이, 진정성도 이제는 최근의 변화와 함께 힘을 잃어가고 있다. 진정성은 사람들 간 개인적인 상호 작용에서 중요한 역할을 한다. 진정성을 지닌 개인들이 서로가 정체성 가치를 확인하기 위해서는 서로를 아는 동시에 같은 장소에 있어야 한다. 오늘날에는 거의 모든 일이 가상 세계에서 처리되면서 '실제로 만나는' 상호 작용은 점점 더 중요성이 떨어지고 있다. 재화나 서비스를 사고파는 경제적 교환의 경우 판매자와 구매자 간 개인 접촉이 필요 없거나 무관해지고 있다. 100여 년 전 발터 벤야민Walter Benjamin이 말했듯이, 대중매체 시대의 예술 작품은 개인이나 소수에게만 보이는 게 아니라 영화에서처럼 익명의 대규모 관객에게 공개하는 것이 일반적이다.[9] 복제품이 진품을 대체한 셈이다. 현대의 민주주의 정치도 유명 연예인처럼 정치인이 거대한 일반 유권자의 표를 얻기 위해 앞다투어 경쟁하는 인기 콘테스트와 유사하다.

오늘날의 사회는 거의 대부분이 2차 질서 관찰로 전환됐다. 사회학자 니클라스 루만Niklas Luhmann의 표현을 빌리자면, 2차 질서 관찰은 우리가 단순히 사람이나 문제를 직접적으로 보는 것이 아니라 다른 사람들에게 공개적으로 어떻게 보이는지 보는 것을 의미한다. 우리가 레스토랑을 평가하기 위해서는 먼저 옐프Yelp(샌프란시스코에 본사를 둔 다국적기업 지역 검색 서비스 - 편집자)와 같은 검색 사이트에서 리뷰를 살펴본 뒤 읽은 내용을 참고하면서 자신의 경험으로 평가한다. 우리는 브랜드 측면에서 제품을 평가할 수 있는 능력을 키워왔기 때문에 프로필 측면에서 사람을 평가할 수 있다. 우리는 먼저 사물이 어떻게 보이는지 관찰한다. 같은 방식으로 우리는 보는 법을 배우면서 똑같은 방식으로 자신을 보여주는 법도 배운다. 우리는 프로필 큐레이팅을 통해 정체성을 형성한다. 프로필은 2차 질서 관찰을 위해 연출한 스스로의 이미지다. 다른 사람들의 프로필을 살펴봄으로써 우리가 이렇게 보이는 것처럼 보이고 싶어 하는지 알 수 있다. 이렇게 해서 우리는 [그림 1.3]과 같은 사진을 만들어 보여준다.

이 사진은 진정성을 꾸며내려는 의도도, 가면 아닌 가면을 나타내려는 의도도 없다. 이 같은 사진을 이해하는 사람은 이 사진이 즉흥적으로 찍히거나 게시된 것이 아님을 잘 알 것이다. 인생의 '진정한' 순간을 자전적 앨범에 남기거나 깊이 반영하는 자기 서사의 일부로 기록하려는 뜻도 아니다. 바로 '**누군가**'(이상할 수 있겠지만 여기에는 함께 사진을 찍은 모든 사람이 포함됨)와 소통하기 위한 것이다. 이런 사진은 정체성을 구성하는 하나의 조각으로, 확인을 위해 공개적으로 게시된다. 사진을 보고 '좋아요'를 누르면, 해당

[그림 1.3] 해변에서 동시에 뛰어오르는 사람들. 이미지 출처 피플샷.
https://www.1001freedownloads.com/free-photo/people-jumping-on-the-beach.

사진을 게시한 사람은 자신이 보여준 페르소나(자신의 본성과는 다른 태도나 성격, 즉 '가면을 쓴 인격'을 뜻함 – 편집자)를 계속해서 전시하도록 승인을 받는 셈이다.

슈퍼호스트의, 환영 프로필

얼마 전 우리는 에어비앤비Airbnb(2008년 8월 시작된 세계 최대의 숙박 공유 서비스 – 편집자)를 통해 스웨덴에서 한 달간 지낼 숙소를 예약했다. 한 달 치 숙박비는 예약 시 에어비앤비에서 결제해야 했는데, 환불은 불가했다. 예약이 확정된 후 호스트에게서 연락이 왔다. 숙소 정보에 가격이 잘못 올라가는 오류가 있었다고 했다. 보통은 우리가 이미 지불한 숙박비의 두 배 정도를 받고 집을 빌려준다. 호스트는 우리가 예약을 취소해 주길 희망했다. 안 될 건 없었다. 하지만 숙박비를 환불하면 이미 지불한 돈을 전부 잃을 수 있었기에 우리가 직접 예약을 취소할 수는 없다고 말했다. 그녀도 취소할 수 없노라고 말했다. 호스트 측에서 취소하면 1년 동안 '슈퍼 호스트' 지위를 잃을 수 있기 때문이다. 결국 그녀는 프로필에 타격을 입느니 차라리 숙박비를 손해 보고 한 달간 우리를 머물게 하기로 결정했다. 물론 그녀는 지불한 요금과는 상관없이 그곳에 머무르는 것을 매우 환영할 것이라는 말도 덧붙였다.

자유민주주의를 따르는 서구의 여러 나라에서는 중국의 사회신용시스템을 철두철미하게 비난한다. 현재 여러 지역에서 다양한 형태로 여러 단계의 시험을 진행하고 있는 이 시스템은 부채 상환, 교통법규 위반, 무단횡단, 쓰레기 무단투기, 금연구역에서의 흡연 같은 경범죄 기록을 바탕으로 사람들에게 신용 등급을 부여한다. 중국 정부의 권위주의적인 성격을 고스란히 드러내고 개인의 자유와 프라이버시를 침해한다는 점에서 흔히 조지 오웰의 디스토피아적 감시 괴물로 묘사되기도 한다. 많은 비평가들은 서구에도 이미 신용도와 경찰 기록 조회 같은 비슷한 시스템이 있다는 것을 인정하지만, 국가가 나서서 통제하고 전체를 하나로 통합하는 것이 결정적인 차이라고 주장한다.[10] 국가에 너무 많은 권한을 부여하면 인간의 자율성을 침해하고 저해한다는 점에서도 그렇다.

사회신용시스템에 대한 중국 여론은 결코 부정적이지 않다. 연구 결과를 보면 놀랍게도 이 제도를 지지하는 비율이 꽤 높다. 우리가 중국인 친구와 동료, 학생들과 이야기를 해봐도 마찬가지였다.[11] 이 시스템은 공적 신뢰가 매우 낮다고 생각하는 사회를 개선하는 데 도움이 된다고 알려져 있다. 중국인들은 사생활 보호보다는 사업 거래와 공적 행위를 보다 신뢰할 수 있고, 효율적이고, 투명하게 만드는 것이 급선무라고 강조하는 경향이 있다. 부르주아적 사고방식을 지닌 서구인 관점에서 볼 때 이런 태도는 문제가 있어 보인다. 정말로 중국인들은 사람들의 매너나 교통질서 따위를 개선하기 위해 개인의 권리를 끊임없이 감시당하는 삶과 기꺼이 타협한다는 말인가?

서구 사회에서 에어비앤비에 대해 그런 불만을 말하는 경우는 거의 없다. 집을 빌려주는 수많은 사람을 일반 호스트와 슈퍼호스트로 구분하는 것에 아무런 문제가 없다고 생각하는 것 같다. 이뿐만이 아니다. 앞서 소개한 우리의 예약 경험에서 알 수 있듯이, 플랫폼상에 스스로 광고하는 이들도 이 같은 차별을 기꺼이, 적극적으로 이행하고 있는지도 모른다. 물론 이렇게 하는 데는 경제적 이유가 있다. 슈퍼호스트는 다른 사람보다 더 많은 고객을 확보하고 더 많은 요금을 청구할 수도 있다. 이 같은 자본주의적 이유와 함께 사람들은 정체성에도 위협을 느낀다. 스웨덴 숙소를 빌려준 호스트의 메시지는 슈퍼호스트 지위를 상실하면 경제적인 것뿐 아니라 개인적으로도 괴로울 거라는 생각이 들 정도로 자신의 지위를 내면화했다는 것을 시사한다. 처음부터 끝까지 그녀가 우리에게 보여준 모든 에어비앤비 페르소나(웹사이트를 통해 우리와 상호 작용하는 방식)는 자신의 슈퍼호스트 프로필을 증명해 보이는 데 있었다는 생각이 들었다. 자신의 슈퍼호스트는 단순한 비즈니스 차원의 카테고리가 아니다. 정체성에도 깊숙이 영향을 미칠 수 있다.

중국의 사회신용시스템과 에어비앤비 스웨덴 숙소 예약이라는 두 사례는 영국 TV 드라마 시리즈 〈블랙 미러Black Mirror〉(시즌 2까지 채널 4에서 방영, 시즌 3부터는 넷플릭스에서 제작·방영됨-편집자) 시즌3의 첫 번째 에피소드 '추락'을 본 사람들에게 가까운 미래사회를 이 드라마가 어떻게 묘사하고 있는지 다시 한번 떠오르게 할 것이다. 즉 미래에는 "사람들이 다른 사람이

나 사물과 일정한 관계를 맺을 때마다 한 개부터 다섯 개까지의 별점으로 서로를 평가할 수 있는데, 이는 자신의 사회경제적 지위에 영향을 미칠 수 있다."[12] 사실, 텔레비전 프로그램 평가에 널리 퍼져 있던 대인관계 등급시스템interpersonal rating system은 구매나 파티 같은 행사처럼 주로 대중적인 상호작용에 적용되지만 '진정성이 바탕이 되는' 개인 상호 간에는 아직 적용되지 않는다. 〈블랙 미러〉 주인공의 남동생과 스토리가 끝날 무렵 주인공이 만난 두 캐릭터(주인공을 트럭에 태워준 아주머니, 감옥에서 만난 흑인 죄수)는 '평가된 인격'의 대안으로 등장한다. 실제로 '추락'은 평가와 프로필에 집착하며 대중적 페르소나를 가꾸는 이들과 사회적 평가 메커니즘에 아랑곳하지 않고 '진실'하고 '자유롭게' 서로 소통하는 이들을 극명하게 대조시킨다. 이 에피소드는 궁극적으로 해방 시나리오를 설정하고 소셜 미디어 이용과 평가 시스템으로 인한 인간의 진정성 파괴를 경고하며 더 늦기 전에 진정성으로의 복귀를 호소한다.

우리가 '추락'을 새로운 형태의 미디어와 대중 평가에 대한 비판으로 받아들인다면, 이 또한 그 자체로 수행적인 모순이다. 〈블랙 미러〉는 넷플릭스 드라마다. 넷플릭스는 '추락'이 경고하는 디지털화된 매체이자 철저하게 인기 순위에 따라 평가되고 있는 초자본주의 사회의 대표 주자다. 이 드라마를 가능하게 하고 지속시키는 커뮤니케이션의 생산 수단과 상품화는 등급 및 순위를 기반으로 하는 내일과는 대조적으로 진정한 삶의 세계를 나타내지는 않는다.

나아가 이 드라마는 순위가 매겨지지 않는 가족과 친구 사이의 '진실'하고 '자유로운' 인간관계라는 친밀한 영역과 서로 간 평가에 기반한 공적인 상호작용 영역 간의 냉혹한 선택을 잘못 시사한다. 후자에 너무 깊이 관여하면 전자를 더 이상 가질 수 없다는 의미이기도 하다. 그런데 오늘날 우리가 사는 사회에서 서로 다른 상호작용(대소 친밀한 관계) 사이에는 그런 부조화가 존재하지만, 이 둘은 결코 양립할 수 없는 게 아니라는 사실도 쉽게 알 수 있다. 형제도, 친구도, 연인도 아닌 에어비앤비 호스트를 '진심으로' 알고 싶은 고객이 몇 명이나 되겠는가? 마찬가지로 이틀에 한 번꼴로 다른 고객을 맞이하면서 손님에 대한 진짜 생각을 말하고 '안녕하세요?'라는 인사말에 진심으로 대답하고, 언제나 그들이 '진정한 모습'이었으면 하는 에어비앤비 호스트가 몇 명이나 되겠는가? 사실 우리 대부분은 평가 등급을 이용하고 관광, 금융, 학계, 게임, 보험, 쇼핑, 소셜 미디어 등에서 순위를 산출하는 알고리즘에 의존한다. 그리고 이제는 오히려 매일 그렇게 평가하고 평가받는 일상이 편안하다. 이 모든 영역에서 사람들은 평가와 프로필을 바탕으로 자신이나 타인을 바라보면서 동일시하기도 한다. 그렇다고 이것이 '진짜' 친척이나 친구를 잃게 하지는 않는다.

집단 구성원 간 '성실한' 관계와 친구 사이의 '진정한' 관계는 '프로필 같은' 소셜 미디어와 평가 순위가 일상이 된 시대에도 계속해서 존재한다. 이 세 가지 정체성(성실성, 진정성, 프로필 정체성 – 옮긴이) 형태는 조화되지 않는 특징을 가지고 있음에도 공존이 가능하고, 실제 공존한다. 오래된 기술과 최신 기술이 공존하는 것처럼 이 정체성의 형태들도 공존이 가능하다. 우리는 디지털 세상을 살면서도 버튼을 누르는 기계식 작동법을 여전히 이용하지 않는가.

우리는 종종 시간도 의욕도 없고, 진심으로 또는 꾸준히 알 필요도 없는 사람들과 교류해야 하는 사회에서 프로필을 통해 서로를 파악한다.

이는 상당히 유용하다. 어떤 정체성 기술도 다른 정체성을 완전히 없애지 않으며, 그중 어느 정체성을 '올바른' 것이라거나 문제가 없는 것으로도 보지 않는다. 그렇지만 이들 사이에는 사회와 역사 변동에 따라 위계 변화가 있다. 인기가 높은 텔레비전 드라마 '추락' 에피소드는 이 드라마가 지닌 프로필성을 위해 진정성을 강조한다. 덕분에 넷플릭스라는 브랜드를 성공적으로 큐레이팅하고, 로튼 토마토Rotten Tomatoes(영화와 드라마 전문 평가 사이트 - 옮긴이)에서 무려 95퍼센트라는 꽤 높은 평가를 받았다.[13] 이런 일들은 드라마 제작자가 아무리 진정성에 관심이 많더라도 프로필이 촉진되고 있는 미디어 환경에서는 피할 수 없는 사실이다. 미디어 회사도 예외는 아니다. 2차 질서 관찰이 일상이 되면서 가장 영향력 있는 정체성의 기술은 프로필성이다. 오늘날 다양한 사회 분야에서 성공을 거두거나 단순히 자리를 잡는 것도 프로필성이 크게 좌우한다. 우리는 그 안에서 함께 산다.

시위대 힙스터

오늘날의 정치는 종종 치밀하게 계획되고 연출되는 대규모 행사로 개최된다. 이 점에서 스포츠나 엔터테인먼트와 다르지 않다. 전 세계 여러 지역에서 정기적으로 개최되는 일종의 정치 올림픽이라 할 수 있는 신흥시장국 간 경제금융협의체, 즉 G20이 좋은 예다. 유명 정치인들이 각종 문제를 논의하는 회의가 행사의 핵심이다. 대규모 언론이 관심을 집중시키고, 관련 서비스업이 활성화되며, 경찰을 비롯한 경호 인력이 확충되기도 한다. 또 당연히 빠지지 않는, 한 장면은 행사가 열릴 때마다 모여드는 시위대다.

2017년 독일 함부르크에서 열린 G20 회의장 앞에서 찍힌 특별한 사진 한 장은 시위대 관점에서 이 회의를 어떻게 받아들였는지에 대한 깊은 인상을 남겼다. 이 사진 속에는 가면을 쓰고 거리에서 불을 붙이는 사람들 앞에서 턱수염을 기른 한 젊은 남성이 신형 아이폰으로 셀피를 찍고 있다. 이 장면을 촬영한 오스트리아 저널리스트는 트위터에 이 사진을 게시했고, 이후 독일 주간지 〈슈피겔Der Spiegel〉의 온라인 사이트에도 올라갔다.[14] 사진은 삽시간에 퍼졌고, '시위대 힙스터Riot Hipster'라는 밈meme(특정 메시지를 전하는 그림, 사진, 짧은 영상으로 재미를 주는 것을 목적으로 하며 짤방이라고도 함-편집자)이 됐다. "트위터 이용자 @JimmyRushmore는 '자본주의 타도를 외쳐야만 할 것 같지만 손에 든 아이폰7로 셀피를 찍고 싶은 충동을 도저히 참을 수 없을 때의 그 기분'이라는 간략한 설명과 함께 사진을 트윗했다." 이 트윗은 "3일 만에 7만1,000명이 넘는 사용자에게 '좋아요'를 받았고 4만 번 이상 리트윗됐다."[15] 그리고 얼마 지나지 않아 "포토샵으로 그 남성만 잘라낸 사진이 인터넷에 돌기 시작했다."[16]

풍자적으로 변형된 밈은 소셜 미디어와 전통적인 대중매체의 논평에서 나온 시위대 힙스터를 향한 비판의 목소리를 떠올리게 했다. 인용된 트위터 게시물 아래에는 사진 속 셀피를 찍는 남성이 단순히 자신을 뽐내기 위해 폭력 시위 현장과 함께 심각한 정치적 사안을 남용했다는 질책성 댓글이 달렸다.[17] 이념적 위선자라는 질책도 있었다. 값비싼 아이폰을 구매해 손에 쥐고 있을 정도라면, 결국 그가 반대했던 바로 그 자본주의 경제체제를 지지한 것이나 마찬가지였기 때문이다.

정치적 성향의 시민단체도 자신들을 알리는 무대로 삼은 듯하다. G20에 참석한 정치인과 마찬가지로, 시위대는 이 행사를 사진 찍을 기회로 활용하여 감명을 주고 싶은 사람들에게 그들이 원하는 방식으로 자신들의 모습을 보여준다. 시위대 힙스터는 진정한 대의를 저버린 배신의 상징 같은 존재로 받아들여졌다. 시위자는 그들이 맞서는 위선적인 정치인을 흉내 내서는 안 된다. 대중적 이미지에 신경 쓰는 대신, 정치적 사안을 성실히 탐구하고 진정한 우려를 표명해야만 하는 것이다.

하지만 이는 말처럼 쉬운 일이 아니다. 자본주의 사회를 점령한 소통 수단과 플랫폼을 이용하지도, 프로필을 전시하지도 않으면서 공개적으로 정치적 문제를 제기하거나 사회를 비판하는 것이 과연 얼마나 가능할까? 오스트리아 사진작가는 어떤 마음으로 시위 장면을 촬영했을까? 마찬가지로 그가 사진작가로서 프로필의 영역을 넓혀보려는 목적으로 사진을 찍고 〈슈피겔〉에 사진을 팔았다면 이 또한 자신이 하는 일을 홍보하기 위해 그러한 정치행사를 '남용'한 것이 아닌가. '@JimmyRushmore'라는 트위터 이용자는 어떤가? @JimmyRushmore의 프로필은 시위대 힙스터를 비판하는 밈으로 엄청나게 유명해지면서 자연스럽게 프로필 자체를 홍보하는 사진이 됐다. 밈을 패러디하고 각색해서 퍼트린 사람들도 마찬가지가 아닐까? 끊임없는 포스팅과 재게시를 통해 끝없는 사슬이 만들어졌다. 아이폰만 자본주의적인 게 아니라 트위터와 인스타그램 계정, 〈슈피겔〉 사이트, 사진 보정 앱 등 모든 것이 똑같이 자본주의적이다. 이 기나긴 포스팅과 자기표현의 사슬 속에 '진짜 시위자'는 어디 있는가? 자기 자신이 아닌 사안 자체에 온전히 집중하는 시위자가 어디 있단 말인가? 순수한 대의가 존재한다 하더라도 관심을 끌거나 '좋아요'를 받을 목적으로, 또는 프로필을 홍보하기 위해 자기 연출을 하지 않고 어떻게 관찰하고 공유하는 것이 가능한가? 또 이러한 자기 연출과 셀프 프로파일링 활동이 어떻게 오늘날 자본주의 정치경제와 전혀 무관하지 않게 일어나는 것이 가능한가?

정치와 경제 문제를 포함하는 '진짜 이슈'는 비개인적인 것도 단순히 '객관적인' 대의도 아닌 정체성의 형성과 큐레이션, 그리고 연출이다. 정치 이슈와 경제 구조가 정체성의 추구와 합쳐지면 대단히 중요해지고 필수적인 것으로 생각된다. 이 같은 방식으로 내면화되고 감정적으로 이입되기도 한다. 실제로 우리에게 뭔가 의미하는 것은 그런 이슈들이다. 공개적인 셀프 프로파일링 형태로 동일시하는 것은 시위대 힙스터에게만 적용되는 정치학은 아니다. 에어비앤비 호스트 경우처럼 경제에서는 마케팅할 기회를 제공한다.

개인과 집단이 정체성을 추구하는 방식은 사회가 기능하는 데 중요한 역할을 한다. 사람들은 프로필을 보여주고 사회적으로 인정받기를 바라면서 정체성을 형성한다. 이 책의 독자와 저자들도 마찬가지다. 이것이 '프로필성'이다. 정치조직, 기업, 국민 국가 모두가 프로필성을 이용한다. 프로필이 지배하는 사회에서 개인과 사회 시스템은 일상적으로 프로필성을 활용한다. 프로필 형태로 이루어지는 정체성 작업이 진짜 이슈다.

대의로서의 프로필

성실성의 관점에서 볼 때 프로필성은 성실하지 않다. 진정성의 관점에서도 프로필성은 진정성이 없다. 단순히 논리적으로 따지자면 그렇다. 자신의 소셜 미디어 프로필을 돋보이기 위해 G20 정상 회의장 앞에서 셀피를 찍은 시위대 힙스터는 행동에 나선 대의를 저버린 배신자로 비춰진다. 시위는 뒷전이고 자기표현에 정신이 팔린 모습은 진정성의 추구보다 개인적인 허영심만 채우는 듯하며, 손에 든 아이폰은 그가 자본주의 반대 시위에 참여했을 뿐 성실하지 않다는 표시일 수 있기 때문이다.

그런데 서술적(사물이나 사건 과정 등을 차례대로 기술하는 것 - 편집자) 관점에서 외부의 사회적 역할을 내면화하고 이것을 두 번째 본성으로 간주하라는 모순적인 요구를 감안해 볼 때 성실성은 또한 성실하지 않다. 다른 사람의 뒤를 따라야만 진정성 있는 사람이 되는 법을 배울 수 있다는 내재된 역설을 감안했을 때 진정성도 진정하지 않다. 스스로를 진정한 시위자로 소개하는 사람은 과연 얼마나 진실한가? 또, 성실하게 대의를 추구한다고 주장하는 사람은 얼마나 성실한가? 애초에 대의만을 진정으로 걱정하거나 순수하게 대의만을 위해 성실히 헌신하는 것이 실제로 가능한가? 19세기 독일 철학자 막스 슈티르너Max Stirner는 대의를 향한 헌신을 진실하지 않은 자기부정의 한 형태로 의심했다. 슈티르너는 진짜로 진정성을 갖춘 사람은 자기 자신 외에 어떠한 대의도 추구하지 않을 것이라고 확언했다.[18] 우리는 다른 말로 의심해 볼 수 있을 것이다. 대의를 추구하는 마음이 강렬해질수록, 그 대의는 더 '자기중심적self-ish'인 것이 된다.

'기후게이트Climategate'는 2009년 영국 이스트앵글리아 대학University of East Anglia 기후 과학자들의 개인 이메일이 해킹되면서 세상에 알려졌다. 이 사건에서 과학자들은 이메일을 근거로 일어나지도 않은 지구 온난화 데이터를 조작해 꾸며내고 있다는 의혹을 샀다. 결국 이 의혹은 거짓으로 밝혀졌다. 과학자들은 데이터를 왜곡하지 않았고, 실제로 기온은 올라가고 있었다. 환경운동을 활발히 펼치던 친구는 그제야 안도했다. 그 친구가 말하기를, 기후학자가 거짓말을 하지 않았다니 얼마나 다행이냐며 무척 기뻐했다. 의도치 않게 자신이 기후 변화에 역설적인 태도를 취하고 있음을 드러낸 셈이다. 지구가 뜨거워지고 있다는 과학적 데이터를 다시 한번 확인하게 됐으니 환경운동가로서 안도하기보다 오히려 슬퍼해야 하지 않았을까?

책 뒷부분에서는 흑인과 동성애자 인권운동가로 활동하는 배우 주시 스몰렛Jesse Smollett의 이른바 자작극 혐오 범죄라는 기이한 사례와 이에 대한 한 동료의 반응에 대해서도 살펴볼 것이다. 소수자의 권리와 인권을 위해 큰 목소리를 냈던 이 동료는 혐오 범죄가 실제로 발생하지 않은 것에 실망을 드러냈다. 같은 인권운동가로 활동하는 스몰렛이 거짓말쟁이로 탄로 나지 않는 게 낫다고 생각했기 때문이다. 주시 스몰렛의 자작극은 앞서 소개한 기후게이트 사례와 똑같이 역설적이다. 환경운동가가 실제로 기후 변화가 일어나고 있다는 소식에 기뻐하고, 인권운동가가 명백히 일어나지 않은 혐오 범죄에 좌절한 배후에는 대의(사전적으로는 사람의 도리, 법의 준수 등이나, 집단에게는 그 집단이 추구하는 목표를 뜻함-편집자)보다 명분에 치중한 데에 있다. 무엇보다도 명분(표면상의 이유나 구실-편집자)을 중시하다 보니 이상하리만치 그 문제가 실제로 자신이 걱정하던 만큼 심각해지는 게 차라리 낫다는 생각을 하게 된다. 왜냐면 이런 문제를 통해 대의가 지닌 가치를 확인하고 그럼으로써 명분도 확인할 수 있기 때문이다. 만약 기후 변화나 인권이 더 이상 문제가 되지 않는다면, 이처럼 명분을 추구하던 이들의 정체성은 약화되고 위축될지도 모른다. 흔하지는 않지만 평생에 걸쳐 엄청난 노력을 투자해 프로필을 구축하고 유지하던 사람이 명분을 상실하면 스스로 사회에 쓸모없는 존재라 여기고 좌절할 수도 있다. 명분을 중시할수록 대의를 향한 관심이 커지고, 대의를 쫓는 자기 자신을 향한 관심 또한 커질 수밖에 없다. 굳이 따로 언급하지 않아도 될 만큼 자명하지만(하지만 지금 이렇게 이야기하고 있으니 꼭 자명하다고만 할 수는 없을지도 모른다.) 보수와 진보, 좌파와 우파를 막론하고 다양한 이상, 원칙, 관점, 가치에도 동일한 메커니즘이 적용된다. 같은 맥락에서 무슬림 테러리스트의 범죄 활동이 줄어들어도 이슬람 혐오자의 입장에서는 온전히 기뻐하지는 못할 것이다.

대의명분은 기만적이다. 성실성과 진정성이라는 관점에서 볼 때 대의를 향한 성실한 헌신과 진정한 관심은 문제를 진지하게 받아들이고 (즉 '진심으로 중요하게' 여기고) 있음을 보여준다. 하지만 성실성과 진정성을 벗어난 관점에서 볼 때 우선순위가 뒤집히는 듯하다. 명분을 추구하면 할수록 정체성 지체가 진정한 대외가 된다. 프로필이 정체성을 형성하는 방법으로 널리 통용되는 현대 사회에서 개인과 집단들은 이슈를 이용해 자신의 프로필을 쌓고, 또 홍보한다. 좌파든 우파든 똑같다. 정치인을 욕하다 직접 정치판에 뛰어든 도널드 트럼프도, 10대 환경운동가 그레타 툰베리도 마찬가지다. 인기를 끄는 대의는 개인과 집단의 프로필을 개선하는 데 도움을 준다. 성실성과 진정성이 그랬듯이, 프로필성이 영향을 미치는 상황에 있는 사람과 단체들은 나방이 불빛 주위로 모여들듯 대의를 향해 달려든다.

자기 의견 표명

> 지각 있는 살덩이로서, 우리의 정체성이 환상일지라도, 우리는 가치 판단을 통해 그러한 정체성을 공들여 만든다.
>
> _〈트루 디텍티브True Detective〉 시즌 1, 8화

도덕성은 흔히 선하거나 선한 행동의 관점에서 이해됐다. 프로필성이 영향을 미치는 상황에서는 도덕성을 다른 관점에서 정의해야 보다 적절할 수 있음이 점점 더 명확해지고 있다. 여기서 도덕성은 주로 올바름을 **소통하는** 데 있다. 즉 프로필성에서는 우리가 말하는 것이 가장 도덕적으로 보이고 자신이 누구이고 무엇을 하는지가 중요한 측면일 수 있다.

  서로 다른 정체성의 형성 방법은 서로 다른 도덕 체제를 낳는다. 성실성이 영향을 미치는 상황에서는 다양한 '역할 윤리'가 번성한다.[19] 한 사람의 미덕이나 행동은 일반적으로 역할 수행과 관련하여 평가된다. 헌신적인 딸인가? 순종적인 아내인가? 선을 위한 노력은 명예를 얻기 위한 분투다. 또 명예를 얻는다는 것은 친족 집단, 종교 단체, 군대, 스포츠팀 등의 공동체 안에서 자신의 위치에 헌신한다는 의미다. 자신의 역할을 제대로 수행하는 것뿐만 아니라 역할 수행을 공개적으로 평가하는 것도 중요하다. 예를 들면 좋은 딸이나 아내로 제 몫을 해내지 못한 사람을 비난함으로써 역할 기반에 따른 윤리적 헌신을 보여줄 수 있다.

  외부에서 정체성을 찾던 사람들이 내부를 들여다보는 것과 함께 진정성에서의 윤리도 역할 윤리에서 개인주의 윤리로 전환이 일어난다. 이제 '한 사람의 개인'이 지니는 존엄성과 권리는 무엇보다도 중요하다. 자

녀의 독특한 개성을 길러주고 있는가? 하는 일이 독창적인가? 개인의 자유에 초점을 맞춘 현재의 인권 담론은 이 같은 진정성으로의 전환을 반영한다. 물론 성실성의 가치가 완전히 무시되는 것은 아니지만 진정성을 추구할 여지를 주지 않으면 문제가 되는 경향이 있다. 진정성의 체제는 독창성, 창의성, 자율성에 관해 강조하고 지속적인 관심을 기울이는 것이 필요하다. 단순히 가치를 추구하는 데 그치지 않고 지지하는 목소리도 내야 한다. 그렇지 않고 침묵만 지킨다면 타인에게 인정받고, 스스로를 차별화하고, 자신의 정체성에 도덕적 가치를 부여하는 것이 힘들어질 수 있다.

프로필은 공개적이다. 따라서 프로필성이 영향을 미치는 상황에서 도덕성은 성실성과 유사하게 보이지 않는 내면보다 겉으로 드러나는 말과 행동에 우선적으로 관심을 갖는다. 중요한 것은 보이는 것이며, 보이는 것처럼 보이는 것이 중요하다. 프로필의 힘은 의견과 판단을 공유함으로써 강화된다. 프로필성의 도덕성은 '정치적 올바름'(political correctness, 차별적인 언어 사용 및 행동을 하지 않는 것 - 편집자)과 '선행 발언virtue speech' 또는 '미덕 과시virtue signaling'로 표현될 수 있지만, 이런 표현의 위반도 청중이 선호하는 것으로 알려진 경우 도덕성으로 표현될 수 있다. 프로필의 도덕성은 타겟 여론에 달려 있다. '독창성'이나 '자율성'을 구체적으로 나타낼 필요까지는 없다.

프로필은 보다 규모가 크고 개인적으로 알지 못하는 대중, 즉 '일반 동료'에게 전달된다. 성실성에서는 가장 잘 아는 주변인들이 특권적 위치에서 정체성을 확인해준 것과 달리, 프로필성에서는 개인적으로 알지 못하는 이들이 가장 중요하다. 에어비앤비 리뷰를 호스트의 친구나 가족이 올린다면 정당성을 얻지 못할 것이다. 학술지 동료 심사는 저자와 평가자가 서로 알지 못한 채 '더블 블라인드' 상태에서 실시하기로 되어 있다. 일반 동료는 익명성을 지니며, 이런 의미에서 어떤 면으로는 객관적이라 할 수 있다. 이런 동료는 개인에 대한 색다른 시각도, 특별히 가까운 관계에서 보이는 편견도 있을 수 없다. 여론은 모든 개개인의 진정한 의견을 합쳐 놓은 것이 아니다. 일반적으로 옳다고 간주되는 의견이 모든 사람이 알고 있는 여론이다. 여기서 진정성이 추구하는 윤리와 프로필성이 추구하는 윤리 사이에 결정적인 차이가 드러난다. 진정성의 도덕성은 개개인이 지닌 내면의 신념에 관심을 기울이는 데 반해, 프로필성의 도덕성은 2차 질서 관찰 평가에 관심을 기울인다. 2차 질서 관찰은 **선으로 보이게 평가하는** 영리함과 스스로를 표현하는 능력을 제공한다. 하지만 성실성과 달리 선한 것은 정해진 사회적 역할에 따른 기대에서 나오지 않는다. 어디까지나 전통적인 역할이 남아 있을 때의 이야기지만 '순종적인 아내' 같은 역할이 도덕적 판단에 미치는 영향은 대부분 사라진 듯하다. 오히려 선the good은 상황에 따라 크게 달라지고 계속해서 바뀌는 도덕적 추세에 영향을 받는다.

  프로필의 경우 사람들이 밖으로 내뱉는 말과 진심을 구별하는 도덕성이 무의미하다. 프로필성에서는 겉으로 드러나는 측면이 무척 중요하기에 도덕적 규범에 어긋나는 말실수를 저지르고 '잠깐 마음에도 없는 소리를 했다'는 평계를 대도 별 소용이 없는 경우가 많다. 달리 말하자면, 진정성을 향한 호소는 대중에게 먹히지 않는다. 프로필성이 영향을 미치는 상황에서는 기본적으로 겉으로 보이는 모습이 진짜다. 프로필성 윤리는 자신의 진짜 모습을 연출하는 것과 관련이 있으며 바로 이런 연출 때문에 큐레이션을 필요로 한다. 트위터든, 동료 심사 논문이든, 정치적 시위든 가장 많이 '좋아요'를 받은 사람이 우위를 점한다. 누군가가 '진심으로' 어떤 생각을 하는지는 지평선 너머에 있다. 어느 시인이 이야기했듯이 그 너머에는 아무것도 없고, 있다고 해도 우리가 우리의 것이라 부를 수 있는 그 무엇도 없기에 흥미롭지가 않다.[20]

브랜드에서 프로필로

선행 발언은 프로필에 공을 들여 정체성을 구성하는 작업에서 필수적인 요소이다. 도덕적 차원이 없으면 개인이나 조직의 프로필은 불완전해 보인다. 오늘날에는 종교인이나 정치인만이 도덕적 프로필을 갖고 있어야 하는 게 아니다. 예술가와 학자들의 프로필도 마찬가지로 도덕적이어야 한다. 기업과 조직은 더 말할 것도 없다. 도덕성은 셀프 브랜드화self-branding(개인이 자신의 가치와 평판을 보여주기 위한 마케팅의 한 형태로, 퍼스널 브랜딩이라고도 함 - 편집자)나 더 나은 셀프 프로파일링에 기여한다.

'브랜드화'는 갈수록 시대에 뒤떨어지고 있는 개념이다. 지나치게 일차원적이고 정적이다. 전통적으로 브랜드는 '포드'와 같은 제조사나 엉클 벤Uncle Ben(쌀과 기타 관련 식품 미국 브랜드 - 편집자), 앤트저미마Aunt Jemima(팬케이크 믹스, 시럽, 기타 아침 식사 식품 미국 브랜드 - 편집자) 같은 기업이 가상의 캐릭터를 활용해 제품을 보증하고 해당 제품으로 정체성을 제공한다는 의미였다. 어떤 브랜드는 단지 추정된 것뿐인 데도 물건의 질과 고객의 사회적 지위를 나타내곤 했다.(이것이야말로 얼마나 성실성을 바탕으로 한 것이었는가!) 자동차 브랜드는 차를 소유한 사람의 계층을 시사할 것이고, '질이 좋기로 유명한' 브랜드 쌀의 구매는 노련한 주부가 역할에 헌신하고 있음을 보여줄 수 있었다. 프로필은 기존의 브랜드보다 훨씬 더 활기 넘치고 보다 상호작용적 정체성을 반영한다. 테슬라 전기차의 구입은 이를테면 단순히 값비싼 전기차를 탄다는 것에 그치지 않고 훨씬 더 풍부한 가치와 특정한 '라이프스타일'에 투자한다는 의미다. 애플 맥은 전통적 의미의 사회계층을 나타내는 게 아니라 사용하는 사람의 개성을 반영한다. 오늘날의 기업은 프로필로 제품을 생산하고 판매하기에 항상 역동성을 유지하고 고객과 연결하면서 세상에 '관심을 기울이는' 프로필을 큐레이팅하는 데 중점을 둬야 한다. 또한 대중과 '소통'하고 '상호작용'하기 위해 사회적 검증 피드백 순환 시스템을 구축할 필요가 있다.

이제 기업은 재화나 서비스를 생산하는 것 이상으로 기업 정체성을 형성하고 관리할 필요가 있다. 기존 광고의 역할은 단지 일부분에 불과하다. 상업적 방송이나 옥외 광고만으로 기업의 프로필을 큐레이팅 하기에는 불가능하다. 기업은 일반 동료 집단의 흥미를 끌어내야 하는 동시에 환경을 보호하고 지역사회를 후원하거나 다양성을 추구하는 등의 긍정적 이미지를 쌓아나가야 한다.

종업원은 기업이 판매하는 제품과 구매하는 고객만큼이나 기업 프로필을 형성하는 데 중요한 요소다. 대표적인 예로 애플스토어 '지니어스 바Genius Bar'(애플 제품이나 서비스를 제공하는 기술지원센터) 뒤에서 일하는 기술지원팀의 '맥 지니어스Mac geniuses'가 있다. 이제 종업원은 주어진 업무와 책임을 다하는 데 그치지 않고 조직의 정체성을 형성하는 일에도 정성을 기울여야 한다. 종업원은 그들이 소속된 조직의 정체성을 대표한다. 조직의 프로필은 결국 종업원의 프로필 일부가 된다. 자본주의 경제 안에 있는 거의 모든 분야에서 고용인과 피고용인의 프로필 공생 관계는 시간이 갈수록 명백하다. 대학의 교육 현장도 예외는 아니다. 월마트에 근무하는 '그리터greeters'(월마트 매장 정문에서 모든 쇼핑객을 맞이하는 직원-편집자)가 조직의 정체성을 드러내기 위해 커다란 노란색 글씨로 '**우리** 사람들'이며 이로 인해 '차이를 만듭니다'라는 슬로건이 적힌 조끼를 입고 일하듯이, 교직원 또한 소속 대학의 정체성을 나타낸다. 애플스토어의 맥 지니어스나 월마트의 그리터와 마찬가지로, 교수는 대학이 프로필을 쌓는 데 참여하고 더 나아가 자신의 프로필을 채워 나간다.

오늘날의 대학은 미래의 교수진이 자신의 프로필을 위해 어떠한 노력을 기울였는지 검증하기 위해 자기소개서로 지원자의 '다양한' 학습 및 연구 환경을 간략한 에세이로 서술하는 '다양성 진술'을 요구한다.[21] 학교는 고용할 교직원의 프로필에 넣을 선행 발언을 미리 준비시키는 것뿐 아니라 임금을 챙겨줄 조직의 프로필에 도움이 되는 사람에게만 일자리를 제공하겠다는 의지를 분명히 표명한다. 또 대학교수도 월마트 그리터와 마찬가지로 이런 요구에 기꺼이 응한다. 이는 단지 자신의 프로필을 향상시키기 위해 다양성 진술이 작성된다는 의미일 뿐일까? 만약 그렇다고 해도 교수의 행동을 비판할 근거가 있을까? 프로필성에서는 자기 의견을 표명하는 것이 중요하다. 사람들은 광범위한 문제에 명확한 입장을 가질 필요가 있다. 하지만 그렇게 하는 이유는 꼭 투명하게 밝힐 필요가 없다.

있는 그대로 보여줘, 프로필성의 역설

모든 정체성의 형태는 필연적으로 역설적이다. 또, 그럼에도 불구하고 정확히는 이 같은 특성 때문에 유용하다. 즉 인간의 존재가 야기하는 부조화를 조화롭게 보이도록 하는 역할을 한다. 우리는 스스로에게 그리고 타인에게 자신의 얼굴이 단순히 생물학적인 우연한 결합에 삶의 경험이 우연히 더해져 만들어진 결과 이상의 의미를 지닌다는 사실을 납득시켜야 한다. 사실 우리 인간은 몸을 선택해서 태어나지 않거니와 살아가면서 스스로 통제할 수 없는 수많은 심리적 경험에 노출된다. 때로는 서로 모순되는 다양한 페르소나를 연기해야 할 때도 있다. 게다가 스스로가 인식하는 성별과 다른 신체적 특성을 타고나기도 하고, 생각과 감정이 일치하지 않을 때도 있다. 또 사회적 기대에 미치지 못할 수도 있다. 어쩔 도리 없이 인간 생활은 다양하다. 그럼에도 불구하고 정체성은 형성해야만 한다. 어떤 식으로든 우리는 하나의 동일한 개인이 될 필요가 있다.

성실성은 우리가 스스로 찾은 사회적 역할이 자연이나 신에 의해 결정된다거나 도덕적으로는 그럭저럭 옳은데 다른 대안이 없다는 역설적인 주장으로 정체성을 확립한다. 역할이 잘 안 맞는다는 느낌이 들더라도 역할이 아니라 노력이 부족하다며 스스로를 탓해야 한다. 역할은 언제나 옳다. 진정성은 우리가 독창적이고 독립적인 삶을 영위하고 그 안에서 정체성을 찾을 수 있다는 역설적인 주장을 한다. 독창성과 독립성이 다른 곳에서 베끼고 학습된 것일지라도 말이다. 프로필성은 어떻게든 프로필이 '거짓'이라는 사실을 전부 시인한다. 해변에서 여럿이 동시에 뛰어오르는 사진처럼 연출된다는 점에서 그렇다. 구직을 위해 제출한 이력서와 포트폴리오도 마찬가지다. 이런 것들은 종종 도구나 전문가의 조언을 받아 원하는 결과를 위해 만들어지고, 새로운 시도를 위해 특별히 맞춤 제작도 불사한다는 사실은 누구나 알고 있다. 그러나 이 또한 프로필성에서는 다른 정체성 기술과 마찬가지로 일단 정체성을 보여주면 프로필에 게시된 것이 어느 정도 '가짜'든 상관없이 그 게시물과 관련해서는 기대에 부응해야 한다. 성실성에서는 역할에만 충실해야 한다. 진정성에서는 우리가 얼마나 특별한 존재인지 증명해야 한다. 프로필성에서는 '일반 동료'에게 보여줄 정체성을 가꾸는 데 시간과 노력을 투자할 필요가 있다.

프로필성은 '사회적 검증 피드백 순환' 안에서 작동한다. 소셜 미디어 플랫폼상에 게시한 사진이나 고용주에게 제출한 포트폴리오는 모두가 인정을 위한 요청이다.[22] 우리는 자신을 프로필에 겸허하게 투사하고 긍정적인 반응을 기대한다. 이 반응이 부정적이라면 다른 것을 시도하겠지만, 긍정 반응이 나오면 원래 방향을 고수할 필요가 있다. 긍정적인 수락은 양측 모두의 검증 약속을 의미한다. 수신인이 프로필을 검증하고 나면 발신인은 이 프로필 내용을 확인해야 한다. 소셜 미디어 계정은 꾸준히 큐레이션을 하고 업데이트해야 하는 피드이다. 이용자는 이 소셜 미디어 계정을 큐레이팅할 책임을 진다. 마찬가지로 고용주가 직업상의 프로필을 기반으로 우리를 고용할 경우 프로필이 검증됐다 하더라도 지속적인 검증 역시 필요하다.

이때 프로필성에서는 검증의 상호의존성이 나타난다. 소셜 미디어 이용자들은 서로의 프로필을 검증한다. 피드백 검증이 없다면, 프로필은 전혀 쓸모가 없을 것이다. 그 자체로는 단순히 검증은 이루어지지 않는다.

검증이 실제로 이루어지기 위해서는 현 상황을 추정하여 반향을 일으키고 그 의미를 파악할 필요가 있다. 또, 우리가 살고 있는 고도로 가속화된 사회에서의 검증은 오래가지 못한다. 프로필이 끊임없이 확인되지 않는다면 유효하지 않을 수 있다. 오늘날 학계에서는 다른 학자의 인용이 없는 논문의 경우 이력서상에서 거의 인정받지 못한다. 사실 '좋아요' 수가 줄어드는 것처럼 검증이 느려지는 것만으로도 이미 평가절하가 진행되고 있음을 의미한다. 프로필 검증은 취약하고 불안정하다. 검증된 프로필 이면에 남아 있는 '거짓됨'을 지울 때도 신중해야 한다. 그렇지 않고 자칫 잘못하면 수면 위로 떠 오를 수 있다. 한때는 멋지게 보이던 것이 어느 순간에는 멋져 보이지 않을 수 있다. 프로필 재검증은 언제든 일어날 수 있다.

프로필성의 역설은 패션과 유사하다.[23] 패션은 늘 작위적이나 일단 유행하면 그냥 자연스러워 보인다. 하지만 하나의 패션이 다른 패션으로 대체되자마자, 작위성은 또다시 대두된다. 우리는 가능한 한 '있는 그대로 보여주려고' 최선을 다해야 한다.

흠잡을 데 없이 완전무결한

프로필성은 새로운 것이 아니다. 인터넷이 나오기 한참 전부터 존재했고, 소셜 미디어 때문에 성공한 것도 아니었다. 오히려 소셜 미디어는 프로필성의 잠재력을 이용해 자본주의 사회의 중심으로 나아갔다. 소셜 미디어는 누구에게든 프로필성을 생성할 수 있는 플랫폼을 제공함으로써 경제적인 면에서 거의 모든 분야를 능가하는 엄청난 양의 재정적 가치를 축적했다.

프로필성이 처음으로 급부상한 데에는 책, 신문, 잡지 같은 초기 형태의 대중매체가 영향을 끼쳤다. 매체의 대중성은 복제를 가능케 한 인쇄술 덕분이었다. 인쇄술은 그 어떤 것보다 예술 작품에 대한 접근성을 높이고 대중화에 기여했다. 보다 많은 그림을 보기 위해 교회가 많은 대도시에 갈 필요도, 귀족이 될 필요도 없었다. 18세기와 19세기 유럽에서는 그림의 복제품 확산과 함께 '픽처레스크picturesque'라는 개념이 대중화되면서 영향력 있는 미학적 이상으로 자리를 잡았다. 그림의 소재가 점차 다양해지고 대중에게 친숙해지면서 관점의 변화도 일어났다. 실제 풍경과 인물을 기준으로 풍경화와 인물화를 평가하던 이들이 풍경화와 인물화를 기준으로 실제 풍경과 인물을 평가하기에 이르렀다. 존재와 표현의 전통적 위계에 반전이 일어났다. 과거에는 '현실'과 비교해 그림의 미를 가늠했지만, 이제는 그림과 비교해 '현실'의 아름다움을 평가했다. 미의 기준이 그림에 부합하거나 '흠잡을 데 없이 완전무결한' 것이 바로 '픽처레스크'가 지닌 의미다.

프로필성의 논리는 픽처레스크 개념에 수반되었던 것처럼 존재와 재현의 뒤바뀐 위계를 따른다. 사실상 그림이 진짜가 된다. 실제로는 흥미롭고 가장 가치 있는 것이 진짜다. 프로필성에서는 프로필이 진짜다. 프로필이 본질보다 우선한다.

2장

프로필성

사랑을 나랏일만큼이나 위대한 신비로 여기던 옛 베네치아인과는 달리, 오늘날 베네치아인의 가장 두드러진 특징은 무엇에서도 신비함을 느끼지 않는 것이다.
— 자코모 카사노바Giacomo Casanova, 《나의 인생 이야기History of My Life》

자기 자신 설명하기, 프로필성의 어휘들

포스트모더니즘 철학자 주디스 버틀러Judith Butler는 인간의 정체성을 다양한 것으로 보지만 하나의 본질로는 정의하지 않는다. 우리는 자신이 처한 상황에 따라 정체성을 끊임없이 재구성한다. 버틀러는 자신이 쓴 《윤리적 폭력 비판》에서 자아에 대한 윤리적 측면을 분석한다. 이 책의 본래 제목인 '자기 자신 설명하기giving an account of oneself'는 두 가지로 해석이 가능하다. 한편으로 사람들은 자신의 삶을 이야기하면서 자아를 형성한다. 자기 자신에게, 그리고 다른 사람에게 개인적인 이야기를 하면서 사람들은 '어카운트account'('어카운트'는 설명, 평가, 계정 등 다양한 의미를 지닌다 - 옮긴이) 형태로 자신이 누구인지 개념을 형성하고 있는 것이다. 다른 한편으로 자아는 윤리적 노력이기도 하다. 정체성을 형성하는 것은 자신이 무엇을 하고, 누구인지 책임을 지는 것과도 같다. 자아는 도덕적으로 책임감 있는 사람이 되게 한다.

　버틀러는 우리가 스스로에 대해 설명하는 것은 결코 완전하지 않다고 단언한다. 자아는 언제나 알지 못하고 앞으로도 알 수 없는 측면이 있다. 또, 적절하게 표현할 수도, 논리적으로 이해되지 않을 수도 있다. 윤리적 유대감은 자아의 불완전함에도 불구하고 어쨌든 책임을 가정할 때 생긴다. 나아가 우리는 통제되지 않는 자아 측면에 대해서도 책임을 져야 한다. 인간의 심리적, 신체적, 사회적 특징 가운데 많은 부분은 우리 스스로가 만든 것은 아니지만, 그럼에도 여전히 우리의 모습을 형성한다. 우리가 정체성을 형성하려면 이런 모습들에 대해서도 어떤 형태로든 책임을 져야 한다. 이 모든 것은 무엇보다도 인간이 다른 사람과 관계를 맺으며 존재하기에 그러하다. 우리는 이렇게 자기 자신을 다른 사람에게 설명하면서 관계를 맺고, 다른 사람이 우리와 관계를 맺도록 한다. 정체성은 자신이 누구인지에 대한 불완전하고 통제할 수 없는 부분을 타인에게 설명함으로써 형성되며 전달되기도 한다.

　《윤리적 폭력 비판》은 소셜 미디어가 아직 태동기에 있었던 2005년 처음으로 출간됐다. 당시 버틀러는 소셜 미디어 계정처럼 타인이 쉽게 접근할 수 있도록 공개되는 개인 프로필을 활용해 정체성을 형성한다는 책 제목의 세 번째 의미는 생각지도 못했을 것이다. '자기 자신 설명하기'라는 이 세 번째 의미는 이제 다른 두 의미보다 중요성이 커졌다. '자기 자신 설명하기'라는 이야기와 윤리적 차원은 정체성의 측면에서 여전히 없어서는 안 될 중요한 요소지만, 갈수록 자화상을 일반 대중에게 투사하는 보다 큰 작업에 통합되고 있는 것도 사실이다. 이런 투사는 계정이나 프로필 형태를 띤다. 프로필성은 공개적으로 자기 자신을 설명하여 정체성을 형성한다는 의미다. 사람들은 자신의 프로필을 보여줌으로써 자기 자신과 다른 사람에게 자신이 누구인지 말하고, 그에 대한 책임도 진다.

'계정'처럼 소셜 미디어와 관련되는 어휘들이 프로필성을 분석하기 위해 일부 사용된다. 그렇다고 프로필성이 한낱 소셜 미디어 산물에 불과하다는 의미는 아니다. 앞서 언급했듯이 우리 저자들은 프로필성의 역사가 소셜 미디어 등장보다 훨씬 앞선다고 생각한다. 그럼에도 불구하고 연극 무대가 자아 연출에 대한 어빙 고프만의 분석에 풍요로운 은유적 도구를 제공한 것처럼, 소셜 미디어는 프로필성을 설명하는 데 도움을 주는 풍부한 표현들의 집합소임은 틀림없는 사실이다.

2차 질서 관찰, 네 가지 관점

> 레이첼: 내가 너랑 같이 뛰기 싫다고 한 진짜 이유가 뭐냐면,
> 　　　　네가 뛰는 모습이 조금……. (이상한 몸짓을 한다.)
> 피비: 그래서?
> 레이첼: 우리를 미친 인간 보듯 쳐다보잖아. 창피해.
> 피비: 그런 걸 왜 신경 쓰는데?
> 레이첼: 사람이니까.
> 피비: 다시 볼 사람도 아닌데 뭐 어때서.
> 레이첼: 알아, 그래도 사람이고 눈이 달렸잖아.
> 　　　　　　　　　　　　　　　　　　_〈프렌즈〉 시즌6, 7화

다른 사람이 보는 것 보기

근대성을 특징 짓고, 또 이 특징들이 전근대와 어떻게 다른지 설명하는 많은 정의들이 있다. 용어로는 산업화, 자본주의, 프로테스탄트 직업윤리, 공동체에서 사회로의 전환이 있으며 정보화 시대, 사회 가속화, 위험사회 등으로 달리 일컬어지기도 한다. 사회학자 니클라스 루만은 여기에 기능적 분화와 2차 질서 관찰 두 가지를 추가했다.[1] 이 책에서는 특히 프로필성을 이해하기 위한 핵심 개념으로 2차 질서 관찰에 주목한다.(주석에 첨부한 설명을 참고하기 바란다.)[2]

루만의 설명에 따르면 1차 질서 관찰 위주에서 2차 질서 관찰로 전환되고 마침내 20세기에 보편화되기까지 수백 년이 걸렸다. [그림 2.1]은 불과 7년 만에 급격한 변화가 일어난 하나의 특정 사례다.

두 사진은 스테판 잰저Stefan Zwanzger가 자신의 블로그에 '테마파크 가이'로 올린 게시물로, 2010년과 2017년 각각 중국 놀이공원 내 정확히 같은 장소에서 찍은 것이다. 사진 속에는 공연을 관람 중인 사람들이 보인다. 첫 번째 사진은 사람들이 1차 질서 관찰로 공연을 직접 관람한다. 두 번째 사진의 경우, 아직은 분명 맨 앞자리에서도 능숙한 관찰이 불가능한 어린아이 한 명을 제외하곤 모두가 하나같이 2차 질서 관찰로 공연을 관람하고 있다. 2017년 관객들은 공연을 직접 관람하기보다 스마트폰을 통해 관람한다. 소셜 미디어 계정이나 다른 온라인 플랫폼에 올라온 공연을 보고 있거나 보게 될 광경인 셈이다.

이 두 사진도 휴대전화와 소셜 미디어 사용에 대한 일반적인 비판에 따라 진정성의 후퇴라는 관점에서 분석할 수는 있을 것이다. 하지만 사진 보정 앱 사례와 마찬가지로 여기서도 그런 의도는 없다. 단지 2차 질

[그림 2.1] 중국 선전의 놀이공원을 찾은 사람들. 2018년 12월 5일 '테마파크 가이' 스테판 잰저 블로그에 올라온 게시물. http://www.thethemeparkguy.com/blog/view.html?bid=21. 스테판 잰저의 허락을 받고 배포함.

서 관찰의 구체적인 예시를 보여주는 것뿐이다. 직접 보거나 보이는 것과 달리, 2차 질서 관찰은 무언가 또는 자기 자신을 보이는 것처럼 본다. 다른 관찰자의 관점에서 관찰함으로써 무언가 또는 자기 자신을 간접적으로 관찰한다. 따라서 느긋하고 즐거운 표정의 2010년 관중과는 대조적으로 2017년 관중의 얼굴에서 느껴지는 집중과 긴장감의 차이가 보여주듯, 2차 질서 관찰 방식은 매우 복잡하다. 이 관찰에서는 관찰 대상과 주체 모두가 동시적으로 고려된다. 이는 말처럼 그리 쉬운 일은 아니다.

루만은 2013년 출판한 《체계이론 입문Introduction to Systems Theory》에서 20세기 말에는 기본적으로 모든 사회체계가 2차 질서 관찰을 채택했다고 말한다. "관찰자의 관찰, 즉 현실의 지각에서 묘사에 대한 묘사로의 전환, 또는 다른 사람이 말하거나 말하지 않은 것의 지각은 현대사회에서 세상을 진보적으로 지각하는 방식이 됐다. 이는 실제로 경제, 학문, 정치, 예술 등 실제 작동하는 모든 주요 영역에서 작동한다." 간단히 말하면 다음과 같다. "인간은 타인이 말하는 것만 보고도 사실에 관한 정보를 얻는다." 실제로 우리는 이런 방식으로 지구 온난화, 경제 동향, 오스카 수

상자, 최근 화두로 떠오른 정치적 문제를 안다. 실제로 "우리는 세상이 어떻게 보이는지 알고 2차 질서 관찰 영역에서 스스로 자신의 위치를 알고 있다면, 세상이 어떤지 더 이상 알 필요는 없다."[3]

모든 학계에서는 이를테면 동료의 학문적 견해와 입장을 알기 위해 연구물을 실제로 읽어보지 않아도 된다는 사실을 알고 있다. 동료가 논문을 어디에 게재했는지, 누구를 학술검색 인용하고, 누구에게 인용됐는지 검색하는 것만으로 충분하다. 구글 학술검색 프로필에서 H지수(논문이 인용된 빈도를 기준으로 학자의 저술 활동이 지니는 영향력을 수치화해서 평가하는 기준)를 확인해볼 수도 있을 것이다. 우리는 학자로서 시스템적인 2차 질서 관찰 조건에 따라 스스로 방향을 잡는다. 용어상으로 학술적 프로필만 보고도 서로를 확인한다. 오늘날 학계의 관찰 방식은 놀이공원을 찾은 이용객과 다르지 않다.

보이는 것처럼 보기, 나르시시즘의 오인

2차 질서 관찰은 복잡하다. 2차 질서 관찰 메커니즘을 통해 세상을 간접적으로 본다고 해서 직접 보지 않는다는 의미도 아니다. 우리는 인물 사진을 보고 사실에 대한 설명을 접한다. 동시에 인물과 사실 자체를 살펴본다. 1차와 2차 질서 관찰 단계 모두 보는 셈이다. 앞서 이야기했듯이 학자의 경우 출간 목록이나 인용 지표로만 동료의 관점을 파악하는 게 아니다. 여전히 실제 논문이나 저서를 읽을 때도 있다. 하지만 그마저도 저자의 학문적 프로필에 비추어 읽는 경우가 대부분이다. 1차 질서 관찰과 2차 질서 관찰은 본질적으로 밀접한 관련이 있으며 둘을 완전히 분리하기는 불가능에 가깝다. 2차 질서 관찰이 1차 질서 관찰을 통합하고 형성하기도 한다. 우리가 사물을 직접 본다고 해도 여전히 보이는 방식에 비추어 사물을 보는 경향이 있다.

중요한 것은 우리가 2차 질서 관찰 상황에서 이런 복잡한 방식으로 또한 자기 자신을 본다는 점이다. 남이 어떻게 보이는지 고려해서 다른 사람을 보는 것처럼, 우리는 우리가 어떻게 보이고 있는지도 생각해야만 하는 것이다. 니클라스 루만의 주장을 다시 인용하면, "현대사회가 세상을 진보된 방식으로 인식하고" 있다면, 최소한 우리는 그렇게 할 필요가 있다. **진보된** 관찰 방식이란 보이는 대상과 방식을 고려함으로써(즉 프로필 차원을 고려함으로써) 무언가를 본다는 것이다. 관찰자도, 보이는 것도 항상 등식의 일부다. 또 우리가 "2차 질서 관찰 영역에서 자기 자신을 보고" 있다면, 우리의 자아 관찰도 프로필 지향적일 것이다.

보이는 것에 관한 관심이 자아 이미지와 정체성으로 향할 때는 일종의 '나르시시즘'으로 묘사됐다. 나르시시즘이라는 용어에서 짐작할 수 있듯이 스스로의 아름다움에 집착하거나 매력을 과시하는 것은 오랜 기간 도덕적으로 지탄받는 행위였다. 그리스 신화에 등장하는 나르키소스는 자신의 아름다움에 취해 안타까운 결말을 맞이한다. 기독교 또한 다른 많은 종교 및 윤리 전통과 마찬가지로 허영심을 가장 심각한 도덕적 결점으로 간주한다. 이기심이라는 죄가 겉으로 나타나는 질병으로 본 것이다. 특히 역할에 기반한 성실성의 사회적 맥락에서는 이런 시각이 더욱 타당하게 여겨진다. 여기서는 사람들이 주어진 역할에 얼마나 헌신적인지에 따라 가치를 평가받는다. 충성스러운 군인, 신실한 사제, 희생적인 어머니가 이에 해당한다. 자신과 자신의 이미지에 대한 지나친 관심은 자신이 맡은 역할을 성실하게 수행하는 데 방해된다고 여겨지기가 일쑤였다.

역할에 대한 헌신을 저하시키고 자만이나 사리사욕을 부추긴다는 우려 때문이었다.

나르시시즘에 대한 도덕적 비난의 현대적 버전은 좌파적 성향의 문화적 보수주의자로 신新성실성 물결을 초기에 이끌었던 크리스토퍼 래시Christopher Lasch에 의해 제기됐다.[4] 래시는 베스트셀러가 된 자신의 책 《나르시시즘의 문화Culture of Narcissism》에서 제목처럼 제2차 세계대전 이후 미국이 나르시시즘 문화로 전락했다고 비난한다. 소셜 미디어와 셀피 유행 현상을 둘러싼 현재의 도덕적 비난은 아주 똑같은 오래된 도덕적 비유의 새로운 변이에 해당한다. 우리의 관점에 볼 때 이런 도덕적 자세는 잘못됐다. 무엇보다도 자기 이미지와 프로필에 대한 관심은 대중적 나르시시즘의 사례라기보다 개인 관계의 '친밀도 체계'를 포함하여 모든 사회체계에 적용되는 2차 질서 관찰의 사회적 확산을 반영한다. 보이는 대상과 보이는 방식을 인지하는 것은 2차 질서 관찰이 우세한 사회에서만 합리적이다. 사실 2차 질서 관찰은 보다 복잡하고 사회와도 조화를 이루므로 보이는 것과는 별개로 존재해야 하는 어떤 진정한 모습이나 개인 정체성이라는 문제적 개념에 집착하는 것보다는 더 성숙한 진보된 지각 방식을 대표한다. 다른 사람에게는 보이지 않아 사회적 시선에 전혀 영향받지 않는 자기 자신의 본래 모습이 있다는 생각, 달리 말하면 다른 사람에게 어떻게 보일지 전혀 신경쓰지 않고 어떤 평판도 자만심도 갖지 않고 사회에 존재할 수 있다는 생각은, 자신의 이미지가 타인의 관찰을 통해서만 형성된다는 사실을 단순히 받아들이는 것보다 훨씬 더 오만하고 이기적인 태도로 여겨질 수 있다는 것은 거의 틀림없는 사실이다.[5]

아이 스파이, 타인이 보지 못하는 것 보기

독일에서는 아이들 놀이 '아이 스파이'I spy(술래가 눈에 보이는 사물의 첫 글자를 말하면 나머지 아이들이 정답을 맞히는 놀이 - 편집자)를 'Ich sehe was, was du nicht siehst'라고 부른다. '나한테는 보이지만 너한테는 안 보여' 라는 뜻이다. 이 문장은 2차 질서 관찰의 또 다른 측면을 절묘하게 포착한다. 관찰자가 보이는 무언가를 관찰하고 있을 때, 우리는 관찰자도 관찰한다. 또 그런 관찰을 통해 우리는 관찰자가 무엇을 보는지, 어떻게 보는지 뿐만 아니라 그들이 보지 못하는 부분까지 볼 수 있다. 사마귀가 매미를 잡아먹는 동시에 까치의 사냥감이 되고 있는 사실을 어떻게 깨닫지 못하는지 장자가 관찰하고 있는 상황*과도 같다.[6] 따라서 우리는 비판적인 관찰자가 된다. 실제로 2차 질서 관찰은 본질적으로 비판적이다. 이는 어떤 의미에서는 18세기 계몽주의 사상가들이 발전시키려 했던 것이 아닐지는 몰라도 현대사회를 비판하게 만든다는 점에서 중요하다.

　2차 질서 관찰의 개념은 임마누엘 칸트가 철학적으로 구현하려고 했던 '코페르니쿠스적 전환'에 기초를 두고 있다고 할 수 있다. 칸트는 그 이전까지의 모든 철학(또는 모든 형이상학)을 실패로 여겼는데, 그 까닭은 철학이 새로 부상하고 있는 현대의 자연과학과 달리 신뢰할 만한 지식을 창출해내지 못했다고 생각했기 때문이다. 칸트는 이 실패가 방법론적인 면에 있다고 믿었다. 전통적 형이상학은 진리에 도달하는 수단, 즉 이성

---

*이 내용은 《장자》에 실린 우화다. 장자가 어느 날 산책을 하다 과일나무에 내려앉은 까치 한 마리를 활로 쏘려하는 순간, 사마귀 한 마리가 매미를 덮치려는 것을 발견했다. 매미는 그런 줄도 모르고 서늘한 나무 그늘에서 늘어지게 울고 있었는데, 이 순간 매미를 잡으려는 데에만 온통 정신이 팔린 사마귀의 등 뒤에서는 까치가 사마귀를 노리고 있지 않은가. 또 까치는 장자가 자신을 향해 활을 겨누고 있는 줄도 모른다. (6장에서 좀 더 자세한 설명이 나온다.)

(reason, 생각하고 판단하는 능력)을 충분히 고려하지 않은 채 형이상학적 진리 (예로, 신에 관한 진리)로 통찰력을 얻으려 했다. 칸트의 코페르니쿠스적 전환은 비록 이런 개념을 사용하지는 않았으나 실질적으로 1차 질서 관찰을 2차 질서 관찰로 전환하려는 철학적 시도였다. 세상을 이해하고 싶다면 세상 자체에 초점을 맞추기보다 먼저 세상을 이해하기 위해 갖춰야 할 능력을 연구하는 데서 시작해야 한다. 이것이 칸트가 말하는 '비판'의 의미다. 비판은 무언가가 어떻게 알려질 수 있는지, 또 어떻게 '보일 수 있는지'에 대한 숙고다. 이성은 볼 수 있는 것과 중요하게는 볼 수 없는 것 (예를 들면 신)을 명확히 구분해야 한다. 이런 면에서 현대사회에서 이뤄지는 2차 질서 관찰은 비판과 밀접하게 연관되어 있다. 보는 것의 한계는 비판적인 의식에서 나오기 때문이다.

2차 질서 관찰자는 대단히 비판적이다. 우리는 세상을 직접 보는 게 아니라 보여주는 대로 세상을 바라보고 있다는 사실을 깨닫고 나서야, 그것이 어떻게, 왜 그런 식으로 보이는지 의문을 품게 된다. 눈에 보이는 세상을 사실로 여기는 1차 질서 관찰에서는 실제로 이런 의문을 품는 것은 불가능하다. 2차 질서 관찰에서는 사실이 사실처럼 보이는 것으로 대체된다. 사실과 사실처럼 보이는 것의 차이는 중요하다. 이를테면 2차 질서 관찰에서 우리는 사진이 특정 목적을 위해 촬영되고, 보정되고, 전시됐다는 사실을 알고 있다. 우리는 이 표현이 정확한지, 혹은 기대나 기준에 부합하는지 판단하는 법을 익힌다. 에어비앤비에 올라온 사진을 살펴본다고 하자. 먼저 우리는 이 사진들이 어떻게, 왜 만들어지고 보여주는지 비판적으로 이해한다. 같은 방식으로 비판적인 해석을 하기도 한다. 물론 우리는 에어비앤비에 올라온 사진이 어떤 식으로든 '진실'(예를 들면, 광고된 것과 다른 속성을 보여주지 않는다는 것)할 것이라 기대하지만, 사진 속에 햇살이 눈부시게 내리쬐고 있다고 하더라도 실제 숙소에 도착했을 때 날씨가 사진과 반드시 똑같을 수 없다는 사실도 안다. 또 사진만으로는 집이나 아파트 전체를 절대 볼 수 없다는 점도 안다. 사진은 특정한 관점에서만 촬영해야 하기에 보여줄 수 있는 범위에 한계가 있다. 특정 시점, 특정 장소에서만 찍은 사진을 보여줄 수 있을 뿐이다. 또 이것은 다른 것을 보여주지 않기에 오직 어떤 것만을 보여준다는 의미다.

2차 질서 관찰의 본질인 비판적 특성은 전통적인 언론과 소셜 미디어 사이트상에 있는 댓글 기능을 참조하여 설명할 수 있다. 우리는 유튜브 영상이나 온라인 뉴스 기사 아래에서 해당 자료에 대한 댓글, 댓글에 대한 댓글(답글)을 어렵지 않게 발견할 수 있다. 이런 댓글은 일반적으로 영상이나 기사에 관점을 제시한다. 이 댓글들의 경우 영상이 보여주는 것과, 또 가끔은 보여주지 않는 것에 대해 논평한다. 따라서 다양한 관점이 생성되고 그 안에서 관점에 대한 생각이 나온다. "2차 질서 관찰의 영역에서 자기 자신을 보고 있다는 것"은 바로 관점을 관점으로 인식하고 있다는 의미이기 때문에 "현대사회에서 세상을 지각하는 **진보된** 방식"을 나타낸다. 또 이런 방식에는 중요한 잠재력이 있다. 2차 질서 관찰 상황에서는 관점에 대한 비판적 인식이 진화한다.

다양성과 부조화 보기

실제로 무언가를 보고 있는 것이 연출되고 있을 가능성의 조건에 관해 성찰한다는 의미에서 비판적 성격을 가지고 있는 2차 질서 관찰은 칸트 철학과 맥을 같이 한다. 하지만 2차 질서 관찰은 한 가지 중요한 방식에서 칸트의 관점을 넘어선다. 즉 관점과 맹점에 대한 인식을 발전시킴으로써, 2차 질서 관찰은 모든 관점에서 공통적으로 토대 역할을 하는 '초월적' 구조(이성, 또는 이성에 비견될 만한 무언가의 구조)는 존재하지 않는다는 사실을 시인한다. 2차 질서 관찰에는 모든 관점을 포함하거나 영향을 미치는 궁극적인 통일성이란 존재하지 않는다. 관점이 지닌 가능성은 무궁무진하다. 중심이 되는 관점도, 결론을 내리는 말도 없다.

2차 질서 관찰의 다양성과 개방성, 부조화는 웹상에서도 볼 수 있다. 나머지 웹사이트를 통합하거나 구조를 일목요연하게 설명하거나 콘텐츠에 대해 최종적으로 설명하는 중심적인 웹사이트는 존재하지 않는다. 궁극적으로 모든 댓글의 실마리에 근접하고 결론을 내리는 댓글도 없다. 에어비앤비 게시물에는 임대할 숙소 전체를 그대로 보여줄 수 있는 사진도 없거니와 누구도 그런 것을 기대하지도 않는다. 루만은 이렇게 지적한다.

> 모든 관찰은 동시에 무언가를 보이지 않게 한다. 단지 보는 것과 보지 않는 것 사이에 변화만 있을 뿐이다. 하지만 사물이나 형태, 본질의 총체로써 세상에 대한 과학적 해명이나 포괄적 계몽은 존재하지 않는다. 이런 일이 무한한 것으로 여겨지지 않더라도 조금씩은 진행될 수 있었을 것이다. 대조적으로 고전 이론에서는 점점 더 많은 지식이 습득될 수 있었는데 특정한 무언가를 보여주기 위해 다른 무언가를 흐릿하게 만들 필요는 없다는 것이 널리 퍼져 있는 개념이었다.[7]

현대사회에서 2차 질서 관찰은 그 이전 모델과 달리 최종 판결도, 다양한 시선을 총망라하는 합의도, 궁극적인 결말도, 다른 모든 것을 포함하는 단일한 '거대한 관점'도 존재하지 않는다고 알려져 있다. 루만에 따르면 구세계에서는 아직 이런 사례가 없었다. 구세계서든, 루만이 '고전 이론'이라 부르는 것에서든 '일반적인 세상은 자연 또는 창조 형태로 상정됐다(102).' 2차 질서 관찰은 예전에도 존재했다. 예컨대, 사람들은 사제가 하는 말이나 글을 읽을 줄 아는 사람들이 말하는 것을 듣고 스스로 세상에 대해 알아냈다. 하지만 그들이 말한 내용을 왜 들었는지에 관한 비판적 성찰이나 다양한 관점으로 구현하는 데까지는 이어지지 않았다. 현대 사회 곳곳에 스며든 2차 질서 관찰에서는 점점 더 많은 정보로 인해 완전한 최종 정보로 이어지지 않는다. 오히려 정보의 다양성은 점점 더 커진다는 것은 익히 잘 알려져 있다.[8] 양립할 수 없는 관점은 점점 더 많아진다. 복잡성은 점점 증가하여 2차 질서 관찰 상황에서는 절대 '전체 그림'을 볼 수 없다(단지 없기 때문에)는 사실을 깨닫는 수준까지 왔다. 인터넷을 끝까지 읽기란 불가능하다. 인터넷은 마지막 페이지가 없다.

본격적인 2차 질서 관찰은 선형도 원형도 아닌 네트워크형이다. 질 들뢰즈Gilles Deleuze와 펠릭스 가타리Félix Guattari의 은유를 빌리면 '리좀형'이다. 부정적으로 말하면, 2차 질서 관찰은 세상을 분열시키고 하나의 통합된 관점이나 합리성 또는 이성의 유형으로 축소하는 것을 불가능하게 만든다. 모든 2차 질서 관찰은 그 나름의 논리가 확고하다. 하지만 다른 관점과 관련되고 그에 대한 대응에서만 그러하다. 학계에서는 진리에 대한 최종 합의가 존재하지 않는다. 정계에서도 최고의 정부 구성을 위해 확정 짓는 최종 합의는 없다. 마찬가지로 영원불변한 자신의 정체성을 요약한 거의 완벽한 프로필은 존재하지 않는다. 2차 질서 관찰 상황에서 프로필 정체성의 추구는 결코 끝나지 않는다. 어떠한 프로필도 모든 맥락이나 목적에 적합할 수는 없기 때문이다. 오히려 프로필 정체성은 어떻게 보이는 것처럼 보여져야 하는지 갈수록 다양해지고 일치되지 않는 기대에 부합해 끊임없이 재형성되고 재표현되어야 한다.

2차 질서 관찰은 현대사회 전반에 퍼져 있다. 프로필성은 이 같은 상황에서 정체성을 형성하기 위한 기술이다.

일반 동료

보인다는 것은 보이는 방식 뿐만 아니라 어떤 대상에게 보이는지 면에서 '보이는 것처럼 보이는 것'과는 다르다. 내가 직접적으로 보이기 위해서는 누군가가 함께 자리해서 두 눈으로 나를 봐야 한다. 이 경우 보는 사람을 내가 알고 있는 것이 일반적이다. 개인적으로 아는 사이가 아니더라도 최소한 나 역시 그 사람을 동시에 보고 있다는 것을 통해서다. 둘 다 같은 공간에 자리하고 있으며 그런 현존이 우리를 동료로 만들면서 서로 믿음을 나누는 사이가 된다.

성실성과 진정성 모두 동료의 존재는 중요하다. 내가 좋은 아버지, 좋은 팀 동료, 좋은 스승이라는 것은 내 아이들과 동료, 제자에게 확인이 필요하다. 이들은 내 정체성을 입증할 수 있는 특별한 권리를 가진 위치에 있다. 사실 내가 내 역할을 수행할 수 있는지는 그들의 존재와 내가 수행한 역할을 그들이 인정하는지에 달려 있다. 어빙 고프만이 설명했듯이 일상생활에서 스코틀랜드 셰틀랜드 섬사람들의 자아 연출은 현재 함께 있는 동료에 의해, 그리고 동료를 위한 무대 공연에 있었다. 마찬가지로 내 진정성에 대한 인증도 진정성을 지닌 누군가에게서 나와야 한다. 여기에는 보통 어떤 존재 형식이 수반된다. 진짜가 아니라는 소셜 미디어에 대한 비난은 일반적으로 온라인상의 타인들(그리고 자기 자신)은 가상의 존재일 뿐이라고 지적한다. 여기서 물리적 존재의 부재는 타인들이 동료 역할을 하는 데 있어 왠지 덜 타당하다는 전제가 깔려 있다.

프로필성이 영향을 미치는 상황에서는 동료 역할에 대한 타당성의 기준이 다소 과감하게 바뀐다. 더 이상 보이는 게 아니라 보이는 것처럼 보이는 게 중요해지면서 동료의 실재 존재가 덜 중요해진다. 어쨌든 가까운 내 동료가 나를 본다는 것은 당연하다. 이들에게 내 공개 프로필은 실제로 전달되지 않는다. 실제로 의미 있는 관찰자로 중요하지 않기 때문이다. 학술지 게재의 성공 여부는 이전의 내 학생이나 같은 학과 동료의 호평으로 결정되지 않는다. 이른바 더블 블라인드 동료 심사(저자와 동료 논문 심사자가 서로를 모른 채 학술지에 게재되기 전 논문을 심사하는 과정)에서는 실제로 잘 아는 이들의 개인적 편견이 개입되지 않도록 명시적으로 제외되는 경우가 흔하다. 옐프에 올라오는 레스토랑 리뷰의 경우도 마찬가지다. 친구나 가족이 남긴 후기는 레스토랑 평가와 순위를 매기는 데 반영되지 않는다(반영돼서도 안 된다). 이들은 일반 동료를 대표하지 않는 것으로 여기기 때문이다. 프로필 기반의 정체성 가치는 함께 하는 사람에게 보이는 게 아니라 반대로 함께하지 않는 사람, 즉 지금 여기에 나와 함께 있지 않은 내 가족도, 직장 동료도, 반 친구도 아닌 사람에게 보이는 것처럼 보이는 것에 좌우된다. 학술지 동료 심사와 마찬가지로 일반 동료의 리뷰 과정도 '더블 블라인드' 방식이다. 우리는 개인적으로 알지 못하는 이들과 우리를 모르는 이들을 위해 프로필을 구성한다.[9]

일반 동료는 어떤 실제적이고 특정한 개인을 지칭하는 것이 아니라 초

개인적 집합체라는 점에서 **일반 의지**와 유사하다. 장 자크 루소는 특정인의 개별적 선호를 단순히 합친 것이 아니라 다른 무언가를 나타내기 위해 **일반 의지**(general will, 루소의 '국가론'에 나타나는 중심 개념 - 편집자)라는 개념을 만들었다. 루소에게 정치란 어떤 단일한 구성원의 특정한 개인적 욕망을 초월할 수 있는 공동체의 공동 이익에 근거할 필요가 있었다. 일반 의지는 모든 개개인이 의식적으로 알고 있어야 할 필요는 없다. 일반 의지는 공동 의지로 결정된다. (따라서 개인 의지로는 결정되지 않는다.)[10] 사실, 특정한 이해관계는 일반 의지를 쉽게 흐리게 하거나 조정하려고도 할 수 있다. 따라서 일반 의지는 의지가 너무 강해 '이해 충돌'을 일으킬 수 있는 개인의 간섭에 맞서 보호돼야 마땅하다.

일반 동료는 일반 의지와 유사하게 비인격적인 추상적 개념이다. 단 하나의 사례가 아닌 그 자체만으로 엄청난 양을 나타낸다. 유튜브 영상이나 구글 학술검색 프로필의 인기는 개별적으로 반응하는 성실성이나 진정성으로는 측정되지 않고, 또 측정할 수도 없다. 다만 해당 동영상이나 사이트가 자랑하는 집계 조회 수나 인용 지표로만 측정이 가능하다. 게시물이나 프로필로 생성된 통계 자료는 특별히 누군가의 생각도, 생각한 내용도 알려주지 않는다. 말 그대로 통계 자료는 '인공 **지능**'이 아니라, 엘레나 에스포시토Elena Esposito가 말했듯이 '인공 커뮤니케이션'이다.[11] 통계 자료는 사람의 마음이 아니라 사회 속에서 일어나는 현상을 보여준다. 이와 유사하게 일반 동료는 개인과 이들의 특별한 생각이나 감정으로 구성되기보다 오히려 집단적인 의사소통을 하는 행위라 할 수 있다. 데이터 측정은 가능하지만 개인적 생각을 반영하지 않는다.

텔레비전에서 〈아메리칸 아이돌American Idol〉(미국 폭스 텔레비전의 연예인 오디션 프로그램-편집자)이나 이와 유사한 프로그램을 시청한 적이 있다면, 유명인사가 심사 위원으로 출연해 지침을 주고 대중의 취향을 형성하는 일반 동료의 행동 방식을 지켜봤을 것이다.[12] 어쨌든 리얼리티 프로그램인 만큼, 이 쇼에 출연하는 심사 위원들은 '진짜'지만 이들 모두가 꾸며진 무대에 올라 공연을 펼치는 것은 사실이다. 쇼의 그 어떤 것도 단순히 진짜이거나 진실하다고는 볼 수 없다. 심사 위원들이 연기하는 '무대 위frontstage' TV페르소나는 서로 다른 성별, 인종, 기질로 구성된 일반 동료를 나타낸다.[13] 이 역할에서는 그들 뒤에 전형적으로 보이는 스튜디오 관객과 협력한다. 심사 위원과 관객은 함께 쇼 참가자에게 합격과 불합격을 표시한다. 그들은 상징적으로 보다 넓은 역동적인 차원의 일반 동료를 나타낸다. 스튜디오 관객과 함께 심사 위원은 집에서 쇼를 보는 이들까지 초대한다. 텔레비전 시청자는 무대 위에 있는 심사 위원과 스튜디오 관객을 통해 이 그림 속에 들어가 일반 동료로 하나가 된다. 탤런트 쇼talent show는 누구나 일반 동료에 맞춰 대규모 프로필성이 지배하는 무대 형식에 참여할 수 있는 공개 퍼포먼스다. 참가자에게는 일반 동료가 익명으로 남는다. 참가자는 일반 동료와 사적인 관계를 맺지 않은 채 자신의 공개 프로필만을 제공한다.

동료는 시스템에 따라 다르게 작동한다. 각 사회 영역에는 고유한 일반 동료가 있다. (그리고 이런 집단 내 하위 집합이 존재한다.) 〈아메리칸 아이돌〉 참가자의 퍼포먼스를 평가할 때는 이 퍼포먼스의 일반 동료를 상상해야 한다. 학술지에 투고된 논문을 검토할 때도 학계 일반 동료를 염두에 둬야 한다. 실제로 학술지 편집인은 논문 심사자에게 자주 이런 내용을 상기시킨다. 개인적 편견 대신 해당 학술단체의 심사 기준을 적용해야 한다는 것이다. 하지만 이런 기준은 구체적으로 정의된 적이 거의 없다. 일반 동료라는 개념 자체가 추상적이기 때문에 구체성을 잃기 때문이다. 철학 학술지 〈현대철학비평Review of Contemporary Philosophy〉은 잠재적 논문 투고자에게 "본 학술지는 현재 스코퍼스와 웹 오브 사이언스Scopus-and Web of Science-indexed literature 인용지수에서 뛰어난 통합적 가치가 있는 원고만을 참작한다"는 번듯한 출판 기준을 수락하는 논문만을 게재할 것임을 명시함으로써 추상적인 학계 일반 동료의 권위를 인정한다.[14]

일반 동료는 해당 프로필의 정체성을 보여주는 청중이다. 개인적이지 않고, 비존재적이며, 동료들처럼 맥락에 따라 달라지기도 한다.

사회적 검증 피드백 순환

페이스북 초대 대표 숀 파커Sean Parker는 뉴스 웹사이트 악시오스Axios에서 실시한 토론에서 주요 소셜 미디어 플랫폼이 구축된 이면의 '사고 과정'을 털어 놓았다.[15] 파커에 따르면 그와 함께 페이스북을 창업한 이들은 "가능한 한 많은 시간을 들여 주목하게 만들고 소비할" 수 있게 하는 방법을 찾으려 애썼다. 즉 그들은 사람들이 중독되는 매체를 만들고 싶었다. 적어도 이 내용은 계속된 파커의 설명에서 시사하는 내용이다. "또 그것은 가끔씩 도파민을 자극하는 무언가가 필요하다는 뜻입니다."[16] 중독은 될 수 있는 한 많은 이들에게 광범위하게 퍼지도록 하되 포르노나 도박처럼 불법이거나 도덕적으로 문제가 되는 것을 기반으로 해서도 안 된다. 파커가 솔직하게 강조하듯이, 그 아이디어는 "취약한 인간의 심리를 찾아서 악용하는" 것이었다. 파커는 사회과학자도 철학자도 아니므로 자신이 추구하는 다른 중요한 차원을 언급하지 않는 것은 놀라운 일이 아니다. 그가 자신과 동료들이 심리학적 요소뿐 아니라 사회학적, 존재론적 취약성을 악용하려 했던 사실에 대해서도 말했으면 더 좋았을 것이다. 파커와 그의 동료들이 언급한 '취약성'은 궁극적으로 정체성을 형성하고자 하는 인간의 욕구였다. (또 탈성실성과 탈진정성의 상황에서도 그렇게 했을 것이다.) 페이스북이 시작한 일은 바로 이것이다. 전 세계 모든 이들이 자신의 프로필로 정체성 작업을 수행할 수 있게 글로벌 온라인 포럼을 제공하는 일이다.

파커는 '도파민 자극dopamine hit'에 대해 말하면서 페이스북이 주로 신경생리학적 유발 요인을 제공하는 역할을 하고 있음을 암시한다. 이 또한 페이스북이 실제 하는 일에 대한 설명으로는 너무 협소하게 생각하는 듯하다. 파커의 말에 따르면 페이스북은 단순히 심리학적 자극을 제공하는 데 그치지 않고 커뮤니케이션을 유도한다. 사람들은 "누군가가 사진이나 게시물 등에 좋아요를 누르거나 댓글을 달았기 때문에 매료됩니다. 그러면 더 많은 콘텐츠를 올리고, 그러다 보면 더 많은 좋아요와 댓글 수를 얻을 수 있겠죠." 궁극적으로 파커는 심리 영역에서 사회 영역으로 이동해서 페이스북이 무엇이고 어떤 기능을 하는지 요약하기 위해 '사회적 검증 피드백 순환'이라는 개념을 주장한다. 우리가 생각하기에 이 개념은 페이스북을 훌륭하게 설명한다. 나아가 이 개념은 프로필성의 핵심 측면이기도 하다. 개인 정체성은 사회적으로 인정돼야 한다. 성실성이나 진정성이 영향을 미치는 상황에서 정체성의 인정은 가족 구성원이나 친구 같은 현존하는 동료에게서 나온다. 프로필성이 영향을 미치는 상황에서 정체성을 확인받기 위해서는 일반 동료의 관심을 끌어야 한다. 잘 알다시피 페이스북상 '친구' 개념은 완전히 새로운 의미다. 1차 질서 관찰에서 2차 질서 관찰 우정으로 전환이 일어나 현재의 동료보다는 일반 동료와 프로필을 공유하고 평가한다. 사회적 검증 피드백 순환은 일반 동료가 모일 수 있는 플랫폼을 제공함으로써 도약할 수 있었다.

티모시 모Timothy Mo는 "자화상보다 더 강렬한 초상화는 없다"는 글을 남겼다.[17] 사람들은 자신의 이미지를 그리는 일에 매료되는 것만큼이나 자화상에 대한 타인의 반응을 관찰하는 데에도 똑같이 큰 관심을 나타낸다. 공개적으로 보여주는 자화상이나 다시 고프만의 주장을 인용해 말하면 '일상에서의 자아 연출'에 대한 호의적인 반응은 도파민이 '높아지는' 단순한 생리학적 경험을 넘어 자아 정체성의 형성과 유지에 대단히 중요하다. 중독이 그토록 강렬하고 단순히 생리학적 수준을 것을 훨씬 넘어서는 이유가 바로 여기에 있다. 제2의 니코틴, 알코올, 심지어 헤로인 치료제가 없어도 자기 자신을 유지하는 것은 가능하다. 실제로 이런 것들이 없으면 훨씬 더 자기 자신처럼 보일 수 있다. 하지만 자신의 정체성을 확인받지 않고 자기 자신을 계속해서 유지하기란 훨씬 더 어려운 일이다. 무엇보다도 우리는 정확히 그런 확인을 통해 정체성을 계속해서 형성해 나가기 때문이다. 페이스북과 다른 소셜 미디어가 번성한 까닭은 새로운 기술로 사회심리학적 정체성을 형성하게끔 한 데에 있다. 이 기술은 2차 질서 관찰과 일반 동료에 대한 자기 투사를 기반으로 작동하므로 프로필성의 조건에 완벽하게 부합한다. 도파민은 페이스북과 이와 유사한 네트워크의 작동 방식에 역할을 할 수 있지만, 소셜 미디어는 사회심리학적 구조라는 훨씬 더 넓고 복잡한 프레임웍 내에서 번성하고 단순한 뇌 화학작용보다 훨씬 더 넓은 규모에서 기능한다. 숀 파커가 페이스북의 중독 효과에서 핵심으로 여기는 사회적 검증 기능은 단순한 감정

이상을 제공한다. 우리의 **정체성**, 즉 우리가 누구인지에 대한 확인이다. 이것이 바로 페이스북 중독을 극도로 강력하게 만드는 이유이다.

소셜 미디어 이용자의 정체성 작업은 게시물을 올리고, 좋아요를 누르고, 댓글을 달고, 또는 파커가 다른 말로 바꿔 표현한 '무엇이든' 하는 피드백 순환에 있다. 자기 이미지에 대한 작업인 동시에 일반 동료를 위한 작업인 셈이다. 타인의 프로필에 다는 댓글은 해당 프로필을 승인하는 행위이자 자신을 투사하는 일이다. 모든 댓글은 다른 댓글을 유도한다. 소셜 미디어상의 모든 '유저user'(흥미롭게도 '유저'라는 용어는 약물 중독자를 지칭하기도 한다)는 프로필로 자신의 모습을 보여주면서 일반 동료의 한 구성원이기도 하다. 이는 책이나 텔레비전, 영화 같은 전통적인 대중매체와 소셜 미디어를 구분하는 가장 큰 차이점이다. 전통적인 대중매체는 등장 인물과 청중의 역할이 엄격히 구분된다. 반면 소셜 미디어에서는 '상호 작용적'이다. 더 많은 개인 참여를 유도하고 정체성 작업을 위한 보다 강력한 소통의 장을 제공한다. 프로필성의 대규모 생성에 모두를 참여시킨다. 프로필 정체성의 작업이란 프로필 당사자와 일반 동료의 역할이 어우러지는 사회적 검증 피드백 순환의 구축이다.

계정

오늘날의 경제에 잘 적응하기 위해서는 은행 계좌와 함께 페이팔, 애플페이, 알리페이, 위챗 등 다양한 결제 수단이 있어야 한다. 마찬가지로 사회생활을 하고 커리어를 쌓으려면 소셜 미디어 계정을 갖는 것이 갈수록 필요해지고 있다. 계정은 프로필을 만드는 데도 필수적이다. 계정은 거대한 건물의 아파트처럼 개인과 기업, 혹은 조직이 소유하거나 사용하고 있는 가상의 공간이다. 우리는 그런 계정 범위 내에서 프로필을 보여준다.

주디스 버틀러가 《윤리적 폭력 비판》에서 지적했듯이 개인 계정에도 책임이 따른다. 계정 소유자가 됨으로써 은행 계좌만큼이나 소셜 미디어에서도 책임을 진다. 소셜 미디어를 소유하고 그에 따른 프로필 정체성을 갖는다는 것은 부자들이 그에 따른 경제적 정체성을 지닌 것과 유사하게 규칙과 규제, 사회제도, 행동 규범의 준수를 수반한다. 소셜 미디어 계정은 정치나 법의 영역에 있는 신분증과 유사한 기능을 수행한다. 미리 정해 놓은 형식의 프로필(이름, 생년월일, 성별, 국적 등)에 개인의 책임을 동시에 부과하는 기본적인 신분 증명의 형식인 셈이다. 한 국가의 시민이라면 세금과 벌금이 부과될 수 있다. 소셜 미디어 계정은 시민권이나 은행계좌와 마찬가지로 해당 계정의 보유 조건을 위반하면 관련 조직에 의해 철회될 수 있다. 개인이나 기관의 프로필은 계정 공급자 역할을 수행하는 기업 또는 조직에 의해 소셜 시스템 안의 계정 소유자에게 귀속된다. 따라서 계정을 통해 '무대 위'에 공개된 프로필은 소유자에게 도덕적, 법적, 경제적 책임을 물릴 수 있는 수단이 된다. 또 계정을 제공한 기업은 엄청난 정치적, 경제적, 실존적 권력을 지닌다. 만약 여러분 중에 엄청난 돈이나 힘을 갖고 싶은 사람이 있다면 계정 공급자가 돼야만 할 것이다.

'계정'은 프로필 정체성의 형성과 연출을 위한 사회적 공간과 형식을 가리킨다. 계정 밖에서는 프로필을 효과적으로 만들거나 다른 사람에게 전달될 수가 없다. 모든 사회 시스템은 계정을 통해 작동한다. 정치체제에서 계정은 출생증명서와 함께 '개설'된다. 대학은 나에게 학생이나 교수로서의 신분증을 발급한다. 교육 시스템 내에 한번 계정이 마련되면 개인의 학술적 프로필을 구축할 수가 있다.

프로필

프로필은 단순히 보이는 게 아니라 보이는 것처럼 보이게 하는 일종의 자아 이미지다. 이 같은 목적을 갖고 의도적으로 작성되고 연출되기도 한다. 성실성이 영향을 미치는 상황에서는 내 역할에 맞게 행동하고 나 자신의 모습, 이를테면 연구에 헌신적으로 몰두하는 연구자로서의 모습을 내 동료들에게 보여줄 수 있다. 그런 다음에는 동료들이 이런 내 모습을 보고 학자로서 내 정체성을 알아봐 주길 바랄 수도 있을 것이다. 진정성이 영향을 미치는 상황에서는 자전거를 타고 레이니어산(Mount Rainier, 미국 워싱턴주 캐스케이드 산맥에 있는 활화산 – 옮긴이)에 오르는 모습을 보여줌으로써 내 안에 있는 진짜 모습을 나타낼 수 있다. 궁극적으로는 친구들이 모험을 즐기는 독특한 내 개성을 인정해주기를 바랄 것이다. 프로필성이 영향을 미치는 상황에서는 똑같은 행동이라도 적절한 방식으로 내 프로필의 일부로 널리 알릴 필요가 있다. 학술지에 게재된 논문 목록이나 자전거로 트래킹하는 내 모습을 인스타그램에 게시하는 행위가 바로 그에 해당한다.

프로필은 자기표현을 위해 행해지는 자아 연출의 형태로 선택되고, 편집되는 것은 분명하다. 내 프로필의 경우 계정의 구성 방식과 목적에 따라 내가 누구인지 보여준다. 이런 프로필은 주로 일반 동료가 들어오는 공개 포럼에 표시되기 때문에 모두가 프로필의 생성 조건을 인식한다. 이곳에서는 모두가 동일한 '사회적 검증 피드백 순환'과 관련 있으며 이와 똑같은 방식으로 자신의 프로필을 생성한다.

프로필은 2차 질서 관찰 상황에서 이루어지는 정체성의 투사이다. 실제로 오늘날의 모든 사회 시스템은 2차 질서 관찰과 함께 작동한다. 이런 이유로 우리들 대다수는 프로필을 통해 서로를 소개하고 평가하는 정체성의 투사 수준에서 일해야 한다. 문자 그대로 웹사이트에서, 또는 직업적인 맥락에서 상징적으로 계정을 개설할 때마다, 우리는 정체성을 형성한 자신의 모습을 프로필에 투사할 필요가 있는 것이다.

프로필은 성실성이 영향을 미치는 상황에서의 사회적 역할만큼이나 다양하고 일치하지 않는다. 각각의 다른 사회적 맥락은 다른 형태의 프로필을 필요로 한다. 하지만 프로필은 중심적인 역할을 하거나 서로 일치하는 것이 거의 없기에 전통적인 사회 역할과는 차이가 있다. 전통적인 사회에서는 가족이 대를 이어 직업을 물려받거나 가정 내 구성원의 역할과 직업이 자주 밀접하게 관련되는 경우가 흔하다. 하지만 오늘날에는 교제 사이트(Tinder.com) 프로필이 학술 사이트(Academia.edu) 프로필에 미치는 영향은 거의 없으며, 그 반대도 마찬가지다. 고도로 차별화된 사회에서는 프로필도 차별화될 필요가 있다. 다양한 사회 분야에서 정체성을 형성하기 위해서는 전문적이고 사적인 프로필의 다양한 역량이 필수적이다.

피드

많은 웹사이트가 더 이상 나열 방식의 페이지를 고수하지 않는다. 대신 피드[*]로 구성한다. 역동적이면서 굶주린 인터넷은 정보가 주어지는 즉시 삼켜버린다. 피드를 통해 이용자도 그만큼 빠르게 정보를 소비한다.

니클라스 루만에 따르면, 사회 시스템은 작동하는 '코드'에 기초하여

---

[*] 피드feed는 여러 의미가 있다. 첫째, 먹이나 여물 등을 의미하는 영어 낱말이다. 둘째, 웹 이용자에게 자주 업데이트가 되는 콘텐츠 제공 데이터 포맷이다. 셋째, 한 기지국에서 다른 기지국으로 보내는 방송 신호를 말한다.

식별할 수 있다. 법조계의 경우 합법과 불법이라는 단순한 코드를 바탕으로 커뮤니케이션이 이뤄진다. 학계에서는 참인지 거짓인지 놓고 논쟁을 벌인다. 동의하는가? 이런 두 시스템은 코드가 비교적 안정적이다. 물론 합법이던 것이 끝내는 불법이 될 수 있고, 그 반대의 경우도 있다. 음주운전과 마리화나(대마초) 흡연이 대표적 사례다. 학계에서는 한때 참이었던 많은 것들이 거짓으로 밝혀지고, 그 반대의 경우도 일어난다. 그럼에도 법과 과학 모두 코드의 양측에 일정한 안정성이 있다. 미국에서 마리화나가 합법(미국의 경우 최근 각 주에서 마리화나를 합법화하고 있는 추세임 - 편집자)이 되기까지 오랜 시간이 걸렸다. 음주운전이 다시 합법화가 될 것인지는 지금으로서는 예측할 수가 없다. 매스 미디어(흔히 '대중매체'라 부르며, 이 책에서는 문맥에 따라 혼용할 예정임 - 편집자)와 결정적인 차이가 바로 여기에 있다. 이런 차이는 매스 미디어 이후 발전한 소셜 미디어 형태에서 더욱 두드러진다.

루만은 소셜 미디어에 대해 잘 몰랐다. 사후에 소셜 미디어가 발전했기 때문이다. 하지만 그는 1995년 독일에서 처음으로 《대중매체의 현실 The Reality of the Mass Media》이라는 제목으로 매스 미디어의 시스템적 역학에 대해 책을 냈다.[18] 루만은 이 책에서 정보와 비정보로 매스 미디어 시스템의 코드를 정의한다. 한 가지 명확한 특성으로 인해 독특한 코드다. 한 번 전달된 정보는 그 즉시 정보로서의 가치를 잃어버리고 비정보로 탈바꿈된다. "뉴스 기사로 두 번 나가는 것은 그 의미가 그대로 유지되더라도 정보로서의 가치가 사라진다"는 점이다."[19] 매스 미디어의 가장 중요한 특징은 메시지 전달을 통해 그 즉시 코드가 자체적으로 전환되는 것이며, 이것이 소셜 미디어로 이어진다. 따라서 소셜 미디어는 코드를 공유한다는 점에서 매스 미디어의 발전된 형태로 간주된다. 여기서 중요하게 강조할 것이 있다. 정보는 단순히 '의미'로만 항목을 나타내지 않는다는 점이다. 우리는 같은 고양이 사진을 여러 번 반복해서 볼 수 있고, 볼 때마다 같은 생각을 할 수도 있다. 하지만 이 사진은 더 이상 정보로서의 가치를 지니지 않는다. 이미 본 적이 있기 때문이다. 매스 미디어와 소셜 미디어가 법과 학계 등 다른 많은 사회 시스템과 다르게 작동하는 이유는 바로 이런 '인식 가치'와 '정보 가치'가 분리되기 때문이다. 또한 이런 이유로 매스 미디어와 소셜 미디어는 항상 정보에 굶주린다. 정보는 즉각적이며 자기 파괴적이므로 새로운 정보로 대체돼야만 하는 것이다. 그래서 오늘날 그토록 많은 웹사이트가 피드로 구성된다.

정보와 비정보 코드에 내재된 자기 파괴적 형태는 매스 미디어와 소셜 미디어를 법과 학계 같은 다른 사회 시스템과 구분 짓는다. 반면 이런 특징은 동시에 현대사회에서 아주 중요한 또 다른 사회 시스템인 경제와 유사하게 만든다. 매스 미디어는 "경제가 소비된 돈을 대체하기 위해 끊임없이 돈을 찍어내듯 쓸모를 다한 정보를 대체하기 위해 끊임없이 새로운 정보를 창출한다. 새로 찍어낸 화폐와 최신 정보는 현대사회를 움직이는 핵심적인 두 원동력이다."[20] 경제가 절대 멈추지 않는 사회 시스템인 이유는 돈을 소비하려면 돈을 벌어야만 하기 때문이다. 소비되지 않는 돈은 가치를 지니지 않는다. 현대사회의 속도 문제를 사유한 폴 비릴리오Paul Virilio와 소외 및 가속을 통해 후기 근대의 시간성을 비판한 하르트무트 로자Hartmut Rosa는 사회적 가속을 제각기 현대성 분석의 핵심 개념으로 삼고, 경제와 미디어 체계의 작동 방식이 낳은 결과임을 드러낸다. 매스 미디어가 소셜 미디어로 진화함에 따라 이러한 가속화는 한번 더 가속이 붙었고, 이제는 모든 사람의 지갑뿐 아니라 휴대전화와 컴퓨터에까지 영향을 미치고 있다. 현대사회를 살아가는 인간의 경험에서 떼려야 뗄 수 없는 측면이 된 것이다.

웹 피드는 현대적 삶을 리드하는 선두 주자라 할 수 있다. 경제 등의 다른 사회적 시스템을 가속화하는 메커니즘과 마찬가지로, 온라인 피드는 인간의 사회 경험에 중대한 영향을 미친다. 프로필성과 소셜 미디어가 밀접한 관계가 있는 것을 감안하면 개인 정체성도 정보가 매우 필요하다는 의미다. 우리의 프로필 자화상은 그 어느 때보다 더 큰 관심을 필요로 한다. 성실성과 진정성이 영향을 미치는 상황에서도 정체성을 새롭게 형성하면서 유지해야 한다는 사실에는 변함이 없으나 프로필성이 지배하는 상황만큼이나 치열하지는 않다. 온라인이든 오프라인이든 프로필로 형성되는 정체성은 대부분 단순한 의미가 아니라 정보로 구성되기에 지속적인 업데이트가 필요하다. 최근 출간물이 없는 출간 목록은 쓸모가 없다. 지난 1년 동안 경력이 공백인 이력서로는 일자리를 찾기가 힘들다. 활동적이고 내세울 만한 개인 프로필을 유지하는 데는 새로운 여행과 활동, 감정이 중요하다.

밈

밈은 본래 리처드 도킨스Richard Dawkins가 1976년 《이기적인 유전자The Selfish Gene》에서 소개한 개념이다. 그가 이 책으로 유명해지자, 이것이 얼마간 밈 그 자체가 됐다. 진화 생물학자인 도킨스는 이 책에서 '유전자'를 비유해 '밈'이라는 용어를 만들었다. 유전자는 자기 복제로 생명체가 번식하는 데 핵심적인 역할을 하는 생물학적 단위다. 도킨스는 사회나 '문화'(그가 책에 정확히 명시하지는 않았지만)에도 비슷한 요소가 존재하고, 이것이 사회 진화에도 똑같이 중요한 것임에 틀림없다고 생각했다. 따라서 그는 원래 '밈'을 특정 기술이나 사물을 만드는 방법처럼 문화적 아이템으로, 또는 멜로디처럼 모방해서 복제하고 시공간을 넘어 유포할 수 있는 예술적인 창조물로 생각했다. 이 용어는 곧 학계를 넘어 인기를 끌었고 마침내 '인터넷 문화'에도 적용됐다. 오늘날에는 도킨스의 책에서 본래 의미했던 것과는 느슨하게 연결되어 '인터넷에서 빠르게 유포되는 아이디어나 사진, 영상 등'을 가리킨다.[21] 도킨스는 2013년 〈와이어드Wired〉 잡지와의 인터뷰에서 개념의 변화를 받아들인다는 입장을 표명했다. "의미가 본래 의도한 것에서 많이 벗어난 것은 아니다. 바이러스처럼 퍼지는 것은 뭐든지 밈이다. 《이기적인 유전자》 마지막 장에서 밈이라는 단어의 본래 의미를 소개하면서 실제로 바이러스라는 은유를 사용했다. 따라서 누군가 인터넷상에서 바이러스처럼 퍼지고 있는 무언가에 대해 이야기한다면 그것이 바로 밈이며 인터넷의 일부 현상으로 적절한 단어일 듯하다."[22] '밈'이라는 개념과 '바이러스처럼 퍼진다'는 비유는 소셜 미디어아 생문하을 흥미롭게 연관 짓는다. 신체와 사회를 연결하면서 정체성에 미치는 현상을 가리키기도 한다. 정체성은 생리학적으로 내재되어 있고 '유전자를 퍼뜨림으로써' 증식 및 확장이 가능하다. 유전자를 통해 발생하는 생물학적 정체성의 형성 및 확산은 '문화'와 특히 인터넷상의 밈을 통해 발생하는 정체성의 형성과 확산에 사회심리학적으로 대응관계에 있다고 말하고도 싶을 것이다. 자신의 유전자를 전달함으로써 스스로를 긍정하고 확장하려는 생물학적 욕구를 지닌 것처럼, 인간은 타인에게 자신의 밈을 전달하려는 사회적 욕구도 있는 듯하다. 이런 면에서 온라인과 오프라인을 막론한 프로필의 급증은 가능한 한 널리 퍼뜨려 밈 정체성을 구성하려는 시도로 여길 수도 있다. '아이디어나 사진, 영상 등'이 급속히 퍼져 나가는 것을 보면서 '절정'을 경험하는 것은 바로 그런 경우일 것이다.

 밈을 성공적으로 퍼뜨리는 것은 기쁨을 주는 것 외에 끊임없이 프로필을 업데이트해야 하는 부담감을 내려놓을 수 있기에 특별한 만족감을 주는 것으로 생각될 수도 있다. 일단 프로필이 빠르게 퍼지면 새로운 정보를 끊임없이 창출해야 한다는 압박은 사라질지도 모른다. 어떤 것은 이미 보이는 것처럼 보인다. 하지만 이런 희망은 종종 현실적이지 않다. 아무리 돈을 많이 벌어도 보통은 부에 대한 갈증이 사라지지 않는 것처럼, 프로필에 대한 갈망은 성공을 맛봤다고 해도 끝나지 않을 것이다.

캐스팅

어빙 고프만은 일상 속에서의 자기 연출을 연극 공연에 비유해 설명했다. 하지만 그때 이후 인기를 끌었던 텔레비전과 영화의 제작 측면인 캐스팅 과정에 대해서는 거의 이야기하지 않았다.[23] 성실성에 기반을 둔 커뮤니티에서 작업하던 고프만에게는 캐스팅이 실제로 중요한 사안은 아니었다. 대부분의 배우가 이미 출생이나 어느 정도는 상속되고 있었던 사회적 지위 같은 요인에 의해 역할이 배정됐기 때문이다. 연기할 특정 캐릭터를 선택할 필요도, 가능성도 거의 없었다. 자신에게 부여된 사회적 역할을 효과적으로 수행하는 것만이 중요했다.

 성실성의 시대가 지나고 텔레비전과 영화가 새로 부상하면서 상황이 달라지자 역할을 놓고 배우들이 더 치열하게 경쟁했다. 게다가 기술 복제로 인해 관객은 전통적인 극장보다 훨씬 더 많아졌고 더 이상은 공연을 직접 보러 가지 않아도 됐다. 이때 청중은 일반 동료의 특징을 띠었다고 볼 수 있을 것이다. 이 또한 캐스팅과 관련됐는데 경쟁력이 있을수록 관객의 흥미나 호기심을 불러일으킬 수 있었기 때문이다. 물론 전통적인 극장에서도 유명 배우는 있었다. 하지만 지금의 영화산업에서 보는 것처럼 전 세계적인 스타는 아니었다. 오늘날의 배우는 그들이 맡은 역할보다 더 중요해지는 경향이 있다. 유명 배우의 프로필은 영화에 가치를 부여한다. 캐스팅은 프로필과 공생한다. 캐스팅이 영화의 프로필을 만들지만, 배우의 프로필에도 영향을 미치기 때문이다.

프로필성이 영향을 미치는 조건에서의 정체성 작업은 캐스팅의 특징을 띤다. 핵심은 이미 부여된 역할을 어떻게 잘 수행하느냐가 아니라 수행할 역할을 어떻게 현명하게 선택하느냐 이다. 이를테면 여행 갈 장소를 선택하는 것은 스스로를 캐스팅하는 한 방법이 될 수 있다. 휴가를 앞두고 여행을 피렌체로 갈 것인지 플로리다로 갈 것인지 결정한다고 한다면 각각의 여행지가 소셜 미디어 계정에 미치는 다양한 영향도 고려할 것이다. 과거 배우들은 극장에서 뿐만 아니라 성실성을 중시하는 사회적 상황에서도 그들에게 부여한 역할에 충실해야만 했다. 오늘날의 영화산업에서 배우는 프로필성에서와 마찬가지로 시장성 있는 대본에 성공적으로 자신을 캐스팅할 수 있는 능력이 더 중요해지고 있다. 특정 시장이라 할 수 있는 학계의 경우도 지원자의 전문적인 능력이나 기술보다는 공개된 프로필과 프로필의 적합성을 더 높이 평가할 수 있다.

큐레이팅

"페르소나가 없으면 사람이 되기 힘들다." 현대의 일렉트로닉 뮤지션에 관한 흥미로운 한 연구에서 지오바니 퍼밀란Giovanni Formilan과 데이비드 스타크David Stark가 한 말이다.[24] 이들은 다수의 사례 연구에서 이 음악 장르의 아티스트들이 다양한 스타일과 페르소나로 공연하기 위해 둘 이상의 예명을 사용하는 경향이 있음을 보여준다. 디제이 웨이, 루이스, 디제이 파이썬, 디제이 자낙스는 모두 동일한 실존 인물로 한 사람이 가진 네 개의 예술적 페르소나다. 뉴욕 퀸즈 출신 브라이언 피녜이로Brian Piñeyro가 바로 그 주인공이다. 사실 예술가가 동일한 이벤트 동안 페르소나를 여러 차례 바꿔 가며 활동하는 사례는 전형적이라 해도 좋을 만큼 흔하다.

퍼밀란과 스타크의 분석에서 알 수 있듯이, 일렉트로닉 뮤지션은 다양한 페르소나를 구현하고 있는 정체성의 거장이다. 페르소나와 아티스트 본인과 청중 사이에는 각양각색의 관계가 형성된다. 매우 역동적인 정체성의 프레임워크가 등장한다. 아티스트와 청중이 얼마나 페르소나에 전념하느냐에 따라 다양한 '정체성의 순간'이 될 수 있다. 예컨대 브라이언 피녜이로가 공연 도중 디제이 파이썬에 개인적으로 애착을 느끼고 청중이 피녜이로와 그의 페르소나의 상호 작용에 열정적으로 참여한다면 '몰입한engaged' 정체성의 순간이 찾아올 것이다. 그렇지 않고 피녜이로가 디제이 자낙스와 거리를 두고 청중은 음악 뒤에 있는 연주자에게는 관심을 두지 않은 채 디제이 자낙스라는 페르소나에만 주목할 수도 있다. 이런 경우 특정한 개인과 상관없는 '익명의anonymous' 정체성이 나타나는 순간이 발생한다.

사람과 페르소나, 청중이라는 세 극의 복잡한 관계로 형성된 정체성은 연출되는 페르소나를 통해 경험된다. 페르소나(또는 더 나은 여러 페르소나)의 구성없이 사람 되기가 불가능하다는 이유가 바로 여기에 있다. 또 퍼밀란과 스타크가 지적했듯이, 이 말은 일렉트로닉 뮤지션뿐만 아니라 모든 사람에게도 해당한다. 독특한 페르소나를 만들고 연출하는 데는 아티스트가 특별히 능숙할 수 있다. 하지만 "사회적 교류에 참여하고 싶은 모든 사람에게는 설득력 있는convicing 페르소나의 개발이 필수 요건이 된다"(3). 사회적으로도 "다수의 괜찮은 페르소나를 유지하고 관리하는 것"은 유용하다. 또 이것은 예술과 인터넷을 넘어서도 마찬가지다. 이런 것들의 "동시다발적 발생이 우리들 대다수가 삶을 영위하는 사회적 차원에 스며들어 영향을 미치고 있기" 때문이다(3-4). 우리는 모두 정체성의 기교를 길러야 할 필요가 있다.

퍼밀란과 스타크는 페르소나의 구성과 연출로 이루어지는 일종의 정체성 형성 과정을 매우 적절한 단어를 사용하여 설명한다. 페르소나가 '**큐레이팅**된다'는 것이다. **프로필성**(퍼밀란과 스타크가 이른바 '투사된 정체성'이라고 일컬었던)의 영향이 미치는 상황에서 페르소나는 "사회에 내놓는 시험으로 의도되고, 끊임없이 수정되고, 갱신되고, 개선된다. 이 과정에서 큐레이터로서의 정체성은 발달한다"(9).

큐레이터는 현대적 의미로 흔히 (예술) 전시회를 책임지는 사람이다. 큐레이터라는 단어의 어원은 '돌보다'는 의미를 지닌 라틴어 동사 'curare'로 거슬러 올라간다. 큐레이터는 공개적인 전시회를 관리한다. 어떤 작품을 보여줄 것인지, 언제 누구에게, 어디서, 어떻게 보여줄 것인지, 나아가 이런 연출의 맥락까지도 큐레이터 업무에 해당한다. 하지만 전시회 총괄자로서 큐레이터가 시사하는 바는 전시품 하나하나에 대해서도 동시에 **관심을 기울여야** 한다는 사실이다. 이런 역할은 큐레이터에게 무언가 중요한 의미가 있을 것이다. 큐레이터 역시 예술가와 마찬가지로 정도 차이는 있지만 다른 사람에게 보여주는 전시품과 동일시하고 애착도 느낄 것이다. 전시에 감정이입을 하고 전시에 대해 걱정한다. 애정이 가는 전시도, 달갑지 않은 전시도 있을 것이다. 이 역시 큐레이터가 애정을 갖고 **살핀다**는 것을 시사한다. 큐레이터는 끊임없이 전시에 관여한다. 이 관계는 계속되며 끊임없는 관심과 감독, 불가피할 경우 간섭도 필요로 한다. 큐레이션은 세 가지 면에서 모두 전시를 책임지고 떠맡는다는 의미다. 사람들과 그들이 공개적으로 보여주는 페르소나와의 관계는 큐레이터와 전시품의 관계와 매우 유사하다.

중요한 것은 큐레이터가 포괄적으로 전시를 책임지고 떠맡는다고 할지라도, 어빙 고프만의 표현을 빌리자면 '무대 뒤back stage'에 남는다는 사실이다. 이는 '무대 위'에 전시되는 작품과 무대 뒤에서 일하는 전시자 사이의 **뚜렷한 거리감**이다. 큐레이터는 자신을 드러내려는 자가 **아니다**. 물론 사람은 페르소나와 완전히 다르다. 퍼밀란과 스타크는 "큐레이션은 결과적으로 비진정성의 과정"(9)이라고 강조한다. 프로필성이 영향을 미치는 상황에서는 큐레이터와 전시품의 차이와 같은 방식으로 사람과 페르소나의 차이도 개인과 청중 모두에게 **이해된다**. 큐레이터와 관람객 모두 이 차이를 분명히 알고 있다. 큐레이터가 전시에 애착을 갖고 동일시하는 것을 인정하고 수반하는 것임에도 불구하고, 엄밀한 의미에서 보면 진정성은 큐레이터쉽(cruatorship, 큐레이터의 직무)에서 의도하는 것이 아니다. 따라서 큐레이션이 비진정성의 과정일지라도 가짜는 아니다.

큐레이터쉽은 큐레이션이 가짜가 아닌 비진정성을 표현한다는 점에서 프로필 정체성을 이해하는 데 적절한 개념이다. 사람들은 자신이 가진 페르소나와 프로필을 관리하면서 감정을 이입한다. 또 자신들이 연출한 무대에 끊임없이 관여한다. 페르소나와 프로필은 예술품처럼 공개적으로 전시된다. 책임을 지고, 관심을 기울이고, 애정을 갖고 살펴야 하는 것들임에 틀림없다.

프로필성의 시의적절성

언급한 용어에 관한 설명에 나와 있듯이, 오늘날 정체성을 형성하는 방법으로 프로필성이 성실성과 진정성을 어떻게, 왜 능가하는 위치에 있는지 알 수 있다. 오늘날은 프로필성이 번성하기에 적합한 시대이다.

고도로 다양화된 사회에서는 여러 분야와 종종 무관할 수 있는 사회 영역에서 작동하는 서로 다른 페르소나를 큐레이팅하는 능력이 중요하다. 또 유연한 정체성을 갖는 것도 중요한데, 여러 개를 동시에 가질 수 있는 프로필은 이를 용이하게 한다. 그리고 이 모두는 끊임없이 '피드'로 관리된다. (즉 프로필을 변경하고, 업데이트하고, 삭제한다.)

프로필성은 끊임없이 모니터링되는 '투명사회'이자 '감시사회'로 불리는 오늘날에 정확히 들어맞는다. 프로필은 일반 동료에게 전시하기 위한 것이기에 알고리즘과 인공 지능이 부여하는 범주 안에서 제약을 받는다. 그렇다고 의도적으로 큐레이팅하고 보이게 한다는 이유로, 사생활이나 자율성에 치명적인 위협으로 간주하는 것은 잘못이다. 프로필은 모든 속 마음을 고스란히 드러내는 것도, 관행을 완전히 무시하는 것도 아니다.

현대사회는 대중의 참여를 유도하고 평가를 하게 한다는 점에서 '민주적'이다. 개인들은 세상에 관심을 기울이고 참여하기를 바란다. 프로필성 역시 본질적으로는 민주적이다. 프로필은 끊임없이 평가에 참여하고, 의견과 판단을 표명하고, 등급 및 순위를 매겨 일반 동료의 구성 요건을 갖추게 하면서 상호 작용할 기회를 제공한다.

다양성

진정성의 관점에서 브라이언 피녜이로와 그의 동료 일렉트로닉 뮤지션들은 가짜(신념을 버리고 잘난 척하는 사기꾼으로)로 비난받을 수 있다. 이들은 자신들의 진짜 모습을 표현하기보다 무대 위에서 다양한 페르소나를 큐레이팅하고 최대한 다채로운 방식으로 관객에게 즐거움을 주기 위해 특정한 쇼 효과를 연출한다. 물론 유명해지고 돈을 벌기 위해서도 그렇게 한다. 성실성의 관점에서 볼 때도, 그들은 스스로의 이미지에 매료되어 성실하지 못한 자아를 투사하면서 헛되이 과시하는 나르시시스트로 비난받을 수 있다. 하지만 일렉트로닉 음악계에 일어나고 있는 일을 진정성이나 성실성으로 생각하는 것은 적절하지 않다. 진정성이 있느냐 없느냐가 아닌 비진정성으로 이해하는 것이 보다 적절할 것이다. 마찬가지로 성실성이 있느냐 없느냐보다는 오히려 비성실성으로 봐야 할 것이다. 이런 공연은 진정한 자기표현도 성실한 역할 수행과도 관련이 없다. 이 점에서 일렉트로닉 음악계는 현대 사회생활의 다른 많은 '장면들'과도 닮아 있다.

퍼밀란과 스타크는 일렉트로닉 음악계에서 우리 시대의 사회구조와 함께 다양한 정체성을 능수능란하게 수렴하는 것을 다음과 같이 간결하게 언급한다. "개인들이 다양한 사회적 맥락(다중근무환경 등)에 참여함에 따라 각양각색으로 큐레이팅된 다수의 페르소나를 각자에게 투사한다." **이것이** 바로 보다 넓은 관점에서 일렉트로닉 음악 공연에서 연출되는 정체성의 교훈이다. 오늘날의 다중근무환경에서는 각자가 자신에게 적합한 페르소나를 개발하는 능력이 필요하다. 이론적 관점에서 볼 때 고도로 다원화된 사회에서는 프로필성이 정체성을 드러내는 가장 유용한 기술이라는 의미다. 이런 사회에서는 성실성과 진정성이 잘 작동하지 않는다. 유연성이 적을 뿐더러 자신의 다양한 모습을 충분히 드러내는 데 한계가 있기 때문이다.

성실성이 기반이 되는 사회에서는 개인의 사회적 페르소나도 역할에 따라 결정된다. 여성은 누군가의 딸로 태어난 순간부터 성 역할에 맞는 페르소나를 키워나갈 것이라 기대된다. 딸, 어머니, 기독교인, 상점 주인 등 한 사람이 다양한 페르소나를 가질 수는 있으나, 이런 페르소나는 모두 성별화된 역할에 부합해야 한다. 진정성이 기반이 되는 사회에서는 모든 이들이 진정한 자신을 발견하거나 창조하길 바란다. 다시 말하지만 한 사람이 여러 페르소나를 가질 수 있다. 예컨대 조경사로 일하는 동시에 올림픽 피겨 스케이트 선수로 활약하는 사람처럼 특별히 창의적인 자아를 가질 수 있고 다방 면에 독창적인 능력을 발휘할 수도 있다. 하지만 이러한 페르소나는 모두 동일한 진정한 자아에 뿌리를 두고 있어야 한다. 고도로 다양화된 사회에서는 통합된 근본적인 자아를 향한 헌신은 더 이상 효율적이지도, 신뢰하지도 않는다. 대신 사람들은 서로 다른 '작업 환경'에 적응하기 위해 유연성을 키워야 한다. 낮에는 대학에서 박사

후 과정을 밟고, 저녁에는 여자친구로 남자친구와 시간을 보내고, 밤에는 클럽에서 DJ로 일하고, 주말에는 축구선수로 경기를 뛸 수 있다. 이런 다양한 정체성이 장기간에 걸쳐 크게 겹치거나 안정적으로 유지될 것이라고는 기대하지 않는다. 박사 후 과정은 길어야 1년 또는 2년 안에 끝날 것이다. 남자친구와는 애정이 깊지 않아 생각보다 일찍 헤어질 수도 있다. 음악계가 변하면 새로운 음악적 페르소나가 개발돼야 할 것이다. 스물아홉 살 여성은 5년이나 6년쯤 지나면 축구 경기에서 더 이상 지금과 같은 기량을 발휘할 수 없거나 같은 팀에 있을 수 없다는 사실을 알고 있다. 그리고 이런 변화는 서로 독립적으로 일어난다. 역할 사이에 겹치는 부분은 많지 않다.

고도로 분화되고 가속화되는 사회에서 페르소나는 안정적인 역할을 따르거나 독특하고 일관된 자아에 기반을 두지 않는다. 대신 페르소나는 유연한 프로필 형태로 생성된다. 퍼밀란과 스타크가 말한 '다중근무환경'에 맞게 '다양하게 큐레이션이 된 페르소나'는 역할 기반도, 자아 기반도 아니다. 바로 프로필 페르소나다. 이들 페르소나는 진정성이나 성실성이라는 외면적 관점에서 평가할 때만 진실하지 않거나 성실하지 않은 듯하다. 프로필 페르소나는 정신병리학적인 정신분열증이 아니다. 퍼밀란과 스타크는 이렇게 이야기한다. "그렇다면 투사된 정체성은 복수의 페르소나를 수반하더라도 **분열된** 정체성이 아니라는 사실을 강조하는 것이 중요하다. 왜냐하면 이 문구가 다시 합쳐질 수도, 그렇지 않을 수도 있는 자아의 조각으로, 산산조각이 난 어떤 핵심적인 정체성이 존재하고 있음을 시사할 수 있기 때문이다"(Ⅱ). 마찬가지로 이것은 프로필성을 성실성 및 진정성과 구별하는 데 도움이 되는 중요한 관찰이며, 따라서 프로필 페르소나를 역할을 기반으로 한 페르소나와 자아를 기반으로 한 페르소나와 구별하는 데도 도움이 된다. 진정성이 영향을 미치는 상황에서는 서로 다른 페르소나라 하더라도 모두 같은 자아를 나타내야만 한다고 가정한다. 사회적 역할이 서로 상대적으로 상호 연관성이 있다는 것을 감안할 때 성실성의 경우에서도 어느 정도 비슷한 논리가 적용된다. 딸, 어머니, 기독교인, 상점 주인의 역할 사이에는 연관성이 존재한다. 이들은 똑같은 '에토스ethos'(사회 집단이나 민족 등을 특징짓는 기풍이나 정신 등 - 편집자)를 지니고 있으며, 따라서 그런 역할에 대한 감정적, 지적 헌신은 가장 중요한 근거나 논리적인 일련의 사건에 기반을 두고 있다. 프로필성이 영향을 미치는 상황에서는 모든 페르소나에 영향을 미치는 '어떤 중심적인 정체성'이 가정되지 않는다. 그런 가정은 역으로 쉽게 문제가 될 수 있다. 밤에 좋은 DJ로 활동하려면 박사 후 과정과 여자친구 페르소나를 잠시 미루는 것이 바람직할 수 있다. 그 반대의 경우도 마찬가지다. 프로필성에서는 정체성이 하나의 자아나 통일된 에토스에 근거하고 있다는 환상은 더 이상 유지되지 않는다. 대신 정체성은 과거에 비해 자유롭게 형성되고 맥락에 따라 달라진다. 내 학문적 관심이나 친분 관계와 상관없이 특정한 음악적 재능이 있다면 음악계에서 활동할 수 있고 음악적 프로필 페르소나를 하나 이상 구축하는 것도 가능하다. 운이 좋게도 나는 성실성과 진정성 시대가 이미 지나간 사회에 살고 있기에 새벽녘 테크노 클럽에서 공연하는 것이 학자나 사랑하는 파트너가 부적절하다고 생각할 수 있는 중요한 에토스를 잠재적으로 위반하는 것에 대해 스스로 정당화할 필요가 없다. 게다가 DJ 페르소나로서의 내면의 경험이 쇼가 있기 불과 몇 시간 전에 학자로 느끼거나 행동한 것과는 완전히 다르다는 이유로 미쳤다거나 '정상이 아닌지' 스스로에게 묻지 않아도 된다.

역할을 기반으로 한 페르소나와 자아를 기반으로 한 페르소나와는 달리, 프로필 페르소나는 다중적이고 유연하다는 이유만으로 분열된 것이라 여겨서는 안 된다. 이 다중성과 유연성은 부서진 자아나 산산조각이 난 에토스가 아니라 오히려 고도로 다원화된 사회에 적합한 정체성의 형태를 반영한다.

투명성, 알고리즘, 프로필성의 거울

투명성은 과거에 긍정적으로 평가되는 단어였다. 그래서 탈세를 목적으로 이익을 은닉하거나, 서로 비밀스러운 거래를 주고받거나, 끔찍한 근로 환경을 숨기는 기업은 보다 투명해져야 했다. 정치인도 은밀히 전략을 수행하고, 적과 공모하거나, 불법적인 자금 마련이 동기가 되어 비난을 받을 수 있었으므로 정치에도 투명성이 필요했다. 떳떳하지 못한 인맥을 유지하거나, 은밀히 학생을 괴롭히거나, 표절을 은폐하는 대학교수는 뭇매를 맞았다. 마찬가지로 대학에서도 보다 높은 투명성이 요구됐다. 투명성이 높아지면 자연스레 기업 부패가 방지되고, 정치 공작과 맞서 싸우고, 직업상의 비위 문제가 해결될 것이라 여겼다. 인터넷이 도움이 될 수 있었다. 점점 더 정보가 많아지면 광범위하게 공유되고 이용이 가능해지기 때문에 궁극적으로는 모든 사람이 책임을 질 수가 있었다. 위키피디아가 지식을 투명하게 모든 사람이 접근할 수 있게 한 것처럼, 위키리크스WikiLeaks는 은밀한 거래와 처리 과정을 만천하에 폭로한다. 정계, 재계, 학계를 막론하고 사람들이 자신의 프로필을 공개하고, 수익 및 세금 납부 내역을 신고하고, 직업 관련성 및 자료 출처에 대해 정보를 공개하고,

학생이 있을 때마다 연구실 문을 열어 둘 의무가 있었다. 모두가 투명성이라는 가치를 수용한 흔적들이다.

하지만 이 분위기는 달라졌다. 투명성의 가치는 강력한 반대 가치인 프라이버시의 공격을 받고 있다. 투명해지는 것이 많을수록 프라이버시는 적어지는 듯하다. 그러므로 '투명성'이 지니는 긍정적인 통념과 더 해로운 반대 측면과 균형을 맞춰야 할 새로운 필요성이 생겼다. '감시 사회'라는 개념은 조지 오웰을 상징적으로 대표하는 소설이자 20세기 디스토피아적 문학의 풍부한 유산을 활용한 소설 《1984》에서 제시됐다.[25] 공항의 보안 검색대부터 교통 단속 카메라까지 감시가 일상 속에 깊숙이 침투하자 감시에 대한 생각과 불편함이 증가했고 '투명성'은 명성을 잃었다. 한국계 독일인 철학자 한병철은 이런 의미론적 변화를 반영해 "투명성을 잘못된 이상으로 비난"하는 '메니페스토manifesto'(대중에게 확고한 정치적 의도나 견해를 밝힌 연설이나 문서 - 옮긴이)로 소개됐던 《투명사회》라는 제목의 짧은 글을 발표했다.[26] 본질적으로 이 글은 '감시사회'에 대해 이미 언급했던 내용에 지나지 않지만 '투명성'이라는 말의 가치를 더 깎아내리는 데 기여한 것은 분명하다. 동시에 한병철 역시 이 새로운 평가를 지지하고 있음을 시사한다.

빅데이터는 오늘날 '투명사회' 또는 대중 감시를 조성하는 주범이다. 페이스북은 상업적 용도와 심지어 정치 공작을 목적으로 데이터 분석을 허용하여 수백만 이용자의 프라이버시를 침해한다는 비판을 받았다. 미국시민자유연맹(ACLU)에 따르면 "미국적 가치와 완전히 다른 진정한 감시사회로 기울어질 위험"이 있으며, 따라서 "시민의 모든 행동과 거래, 커뮤니케이션이 기록되고, 편집되고, 저장되어 당국이 원할 때 언제든지 시

민에게 불리한 방향으로 검토되고 이용"되는 '암울한 미래'가 머지않아 도래하는 듯하다.[27]

 '미국적 가치'가 언급될 때마다 개인주의와 진정성이 그 배경에서 경종을 울리기 시작한다. '미국적 가치'의 중심에는 사유 재산에 대한 권리, 그중에서도 다른 사람들, 특히 정부의 침입으로부터 보호받을 수 있는 개인 공간이라는 개념이 자리한다. 이제는 정부뿐만 아니라 인터넷을 비롯한 다른 새로운 커뮤니케이션 기술을 통해 들어오는 기업에 의해서도 우리의 사적 공간이 디지털 방식으로 침범된다.

 단순히 지켜보기만 하는 것이 아니라, 우리는 조종당하고 있다. 우리가 방문한 웹사이트 기록부터 레스토랑 후기, 단골 술집, 인터넷에서 구입한 새 모이에 대한 품질에 이르기까지 모든 것이 귀중한 자료로 활용된다. 그런 다음 이런 자료는 개인 맞춤형 메시지나 서비스, 거래, 할인을 제공하는 데 이용된다. 하지만 개인 맞춤형 타겟 광고는 시작에 불과하다. 기계 학습이나 인공 지능을 이용해 '보다 심층적인 수준으로' 진화하면서 예측 분석은 그 자체로 강력한 도구가 됐다. 빅데이터를 활용한 예측 분석 시스템은 더욱 개인화된 진단을 개발하여 사회 구성원의 선택에 영향을 미친다. 예측형 광고는 사람들이 새로운 재화나 서비스를 구매하게끔 믿음을 주는 데 그치지 않고 특정 후보에게 투표를 행사하게 한다는 점이 더 문제다. 이런 점에서 감시사회는 개인의 프라이버시뿐 아니라 자율적 행위까지 앗아가는 듯하다.

 감시사회를 비판하는 가장 인기 있는 비평가로 소샤나 주보프Shoshana Zuboff를 들 수 있다. 주보프는 "특정 방향으로 행동하도록 개입하고, 조정하고, 몰아가고, 조작하고, 수정하는" 알고리즘의 사용에 대해 경고하며, 이런 관행이 "개인의 자율성에 용납할 수 없는 위협"이라고 비난하면서 광범위한 우려를 표명했다.[28] 주보프가 확인한 위협은 실재한다. 그런데 여기서 더 큰 문제는 '미국적 가치'와 '개인의 자율성'이 애초에 제대로 보호받고 있었는지이다. 이런 개념들은 한때 한 시대를 풍미했던 정체성 모형이라며 우리 스스로를 납득시키려고 사용된 단순한 내러티브 이상의 것이었을까? 오히려 우리는 빅데이터의 성공과 '감시사회'의 부상을 진정성의 종말과 개인의 자율성 침해를 알리는 신호로 받아들이기보다는, 같은 방식으로 우리 스스로를 확실하게 이해할 수 있는 마지막 시대라 여길 수도 있다. 최근 수십 년간 사회와 기술 발전을 고려했을 때, 어쩌면 더 이상은 인간에게 '자율적 개인'이라는 말은 의미가 없을 수 있다. 또 우리는 고도로 복잡한 사회에 살면서 그런 사회적 네트워크에 깊숙이 들어가 산다는 사실을 알아차려야 할지도 모른다. 그 안에서 특히 한 개인이 행사할 수 있는 통제력은 제한된다. 우리의 외양과 사고, 감정은 우리가 사는 삶의 세계에 크게 좌우된다. 또 이 같은 삶의 많은 부분이 난순히 우리가 마음먹은 대로 되지 않는다. 이미도 세상은 단 한 번도 개인의 의지에 따라 움직인 적이 없었을 것이다.

오늘날 감시를 비판하는 사람은 주로 새로운 인공지능 기술이 개인과 사회에 미치는 영향에 대해 부정적으로 말하는 경향이 있다. 감시가 자율성을 해치고, 모든 것을 가짜로 의심하게 만든다는 것이다. 진정성의 관점에서 볼 때 이런 관찰은 정확하다. 하지만 이 관점에는 진정한 자아와 '개인의 자율성'을 이상적으로 생각하던 과거에 대한 향수가 묻어 있다. 어느 하나도 완벽히 실현될 수 없으며, 과거에도 실현된 적이 없었다. 이런 거짓 기억은 '자신을 다시 위대하게 만들려는' 열망으로 프로필이 형성하는 정체성으로의 전환을 보지 못한다. 진정성이라는 이상에 반하여 감시사회의 기능을 평가한다면 실제로 알지 못할 것이다. 오히려 감시사회의 부상을 다른 새로운 정체성의 형성 기술과 연관 지어 바라봐야 한다. 좋든 싫든 감시는 오늘날 매우 광범위하게 적용되고 효율적으로 작동한다. 그 이유는 진정성을 방해하기 때문이 아니라 프로필성과 함께 잘 작동하기 때문이다.

엘레나 에스포시토가 정확히 강조하고 있듯이, 오늘날의 감시사회 또는 투명성 메커니즘의 중심에 자리한 알고리즘은 "그 자체가 작동하는 세계의 일부다. 알고리즘은 외부가 아닌 내부에서 세상을 관찰한다."[29] 중요한 것은 사회와 개인이 스스로를 관찰하는 방식이 1차 질서 관찰에서 2차 질서 관찰로 바뀌고 있다는 사실이다. 빅데이터와 관련 기술 일부가 번성하는 이유도 2차 질서 관찰 도구이기 때문이다. 이런 기술들은 사회 전반에서 발견되는 관찰 방식의 지속적인 변화에 발맞춰 부상하는 것이지, 정치와 경제 차원에서만 번성하거나 세계를 통제하기 위한 다양한 힘에 의해 적용되는 변칙적 메커니즘은 아니다.

이 책의 서문은 거울에 비친 자신의 얼굴을 의심스럽게 바라보는 남성 이미지를 보여준다. 이 같은 이미지는 진정성의 시대에서 비롯된 것이며 우리는 같은 방식으로 정체성을 찾을 수도, 의문을 가질 수도 있다. 거울을 통해 자신의 얼굴을 직접 보는 것은 1차 질서 관찰이다. 하지만 프로필성이 영향을 미치는 상황에서는 자신의 정체성을 찾고 탐구하기 위해 훨씬 많은 것을 살펴야 한다. 스스로를 어떻게 바라보는지 뿐만 아니라 다른 사람이 어떻게 보는지도 알 필요가 있다. 다른 관찰자를 관찰하는 것은 단순한 자기 관찰보다 더 복잡한 작업이며, 따라서 거울보다는 더 진보된 기술이 필요하다. 알고리즘과 인공 지능이 이 작업을 돕는다. 알고리즘과 인공 지능은 프로필성의 거울로 점점 더 우리의 관심을 집중시킨다.

에이미 웹Amy Webb은 인공 지능과 알고리즘을 "데이터를 활용해 의사 결정을 내리는 자동화 시스템"이라 정의한다.[30] 우리는 일반 동료를 시뮬레이션(실제 상황을 간단하게 축소한 모의실험 – 옮긴이)하는 절차 및 통계 작업이라고 이해하는 것이 나을 수 있다. 티모시 우Timothy Wu가 적절하게 표현했듯이 인공 지능과 알고리즘은 '프로필 작성자'와 같은 역할을 수행한다.[31] 즉 순위를 알려주는 데이터를 수집 및 저장하고, 에어비앤비 슈퍼호스트가 누구인지, 어떤 이력서가 합격 또는 불합격인지, 어떤 범죄자가 가석방될 수 있는지 등을 결정하는 데 도움을 준다. 거울을 보거나 사람을 직접 바라보는 1차 질서 관찰로는 불가능한 일이다. 이렇듯 우리는 효율적이고 가치 있는 결정을 내리기 위해 오로지 2차 질서 관찰을 통해서만 사용할 수 있는 훨씬 더 복잡하고 상황에 맞는 정보를 처리한다. 또 우리는 모두 날마다 종종 감사하면서 기꺼이 2차 질서 관찰에 의존한다. 출판물의 지표를 확인하듯 우리(현재 저자)는 에어비앤비 후기와 레스토랑 순위도 확인한다. 이것이 반드시 우리의 진정한 주체임을 확인하는 것은 아니지만, 프로필성이 영향을 미치는 상황에서는 스스로 보다 효과적으로 행동하고 세상을 탐색하게끔 하기에 우리 개개인에게 '힘을 부여한다.'

프로필 정체성은 공개되는 모습에 크게 좌우되기 때문에 우리가 누구인지 아는 것은 타인이 우리를 어떻게 보는지 아는 것과도 관련된다. 내면을 들여다보거나 거울을 바라보는 것만으로는 정체성이 발견되지 않는다. 우리는 다른 사람의 얼굴을 보고 그들이 보고 있는 것을 파악해, 이를 바탕으로 그에 맞춰 자기 자신을 보여준다. 더욱이 프로필성에서는 이런 타인들이 실존하지 않거나 모르는 경우도 있다. 알고리즘과 인공지능처럼 인간이 아닌 경우도 있다. 우리는 그런 관찰자들과 함께 사회적 검증 피드백 순환에 참여해 프로필 정체성을 큐레이팅하고 구성해서 전시한다.

프로필성이 영향을 미치는 상황이라도 개인이라는 주체가 완전히 부재하는 것은 아니다. 우리는 인터넷 검색을 하고, 도서관에서 책을 빌리고, 신용 카드로 물건을 사면서 데이터를 생성한다. 한편으로 우리는 이런 사실을 알고 있다. 애써 숨기지 않기 때문이다. 다른 한편으로 우리는 정확히 어떤 데이터가 수집되고, 어떻게 처리되고, 이용되는지 모른다. 우리는 수동적으로 데이터를 생성하는 로봇도 아니고 어떤 행위에서 나오는 프로필을 완벽히 통제할 힘을 지녔다고도 볼 수 없다. 보험사가 개별적으로 제공하는 보험료율은 적어도 어느 정도는 우리에게 간이 의자를 판매한 판매자로부터 구매한 기록을 기반으로 한 알고리즘의 계산 결과일 수도 있다.[32] 대다수 사람들의 프로필 정체성은 궁극적으로 개인이라는 주체를 통합하는 과정에서 나타나지만 다중적 사회와 '상호작용적' 맥락에 깊숙히 들어가 있을 때만 드러난다.

웹사이트는 더 이상 모든 사람에게 똑같이 보이지 않는다. 광고뿐만 아니라 유튜브 영상과 뉴스 기사도 알고리즘을 활용해 각자에게 맞춤화되어 이용자별로 제공된다. 프랭크 파스콸레Frank Pasquale, 데이빗 라이온David Lyon과 같은 감시사회 비평가들은 사람들의 행동을 분석하여 도출한 결과물을 설명하기 위해 '평판'이라는 용어를 사용한다.[33] 파스콸레는 이런 글을 썼다. "접근 불가능한 데이터를 처리하는 비밀스러운 알고리즘으로 인물의 평판을 결정하는 분야가 그 어느 때보다 많아졌다"(14). 하지만 '평판'이라는 용어는 오해를 사기 쉽다. 이 용어는 개인이 어느 정도 일관성 있게 안정적으로 평판을 유지하고 모든 공동체 구성원으로부터 비슷하게 평가되는 성실성의 맥락을 내포한다. 하지만 프로필성에서는 특정 맥락이나 '환경'에 따라 아주 다른 프로필이 생성된다. 학자의 H지수(특정 연구자의 연구 성과 및 영향력을 평가하는 지수)와 음악 취향, 하루 평균 걸음 수 사이에는 일관성이 거의 없다. 개인의 학업 수준을 평가하고, 유튜브 영상을 추천하고, 건강보험료율을 제안하는 데는 매우 다양한 프로필이 필요하다. 성실성에서의 맥락과 달리 알고리즘은 공동체 속에서 개인이 획득하는 전반적인 '평판'에 크게 관심을 기울이지 않는다. 중요한 것은 특정 맥락에서 관련성이 있다고 간주되는 것뿐이다. 프로필성에서는 개인들이 하나의 평판만이 있는 게 아니라 다수의 프로필을 갖는다. 그리고 이런 프로필은 고도로 역동적인 사회적 검증 피드백 순환 속에서 끊임없이 변화한다. 성실성과 비교해 보면, 프로필성은 여러 프로필이 서로 상대적으로 별개로 작동할 수 있는 훨씬 더 다양하고 유연한 정체성의 접근을 허용한다.

프로필성은 프라이버시를 진정성과 다소 다른 관점에서 보게 한다. 진정성의 관점에서 볼 때 감시는 사회구성원을 규제하고 조종하기 위해 개인의 사적 영역이나 핵심 자아(core self, 개인이 지닌 가장 중요한 역량이나 능력 – 편집자)를 몰래 들여다보는 것이 목적이다. 하지만 알고리즘은 개인의 진정성에 관심을 두지 않는다. 그 행동 이면에 있는 진짜 모습을 알려고도 하지 않는다. 알고리즘은 특정한 행동 패턴과 다양한 영역에서의 선호도 및 성과에 관심을 둔다. 어떤 영상이 여러분의 영혼에 가장 깊은 감동을 남길지 알고 싶은 게 아니라 여러분이 다음에 클릭할 가능성이 가장 큰 영상을 알고 싶어 할 뿐이다. 또 클릭한 사람에 대한 이해가 아닌 비슷한 프로필을 지닌 사람들의 일반적인 클릭 방식을 수치로 계산한다. 알고리즘과 인공 지능은 상관관계를 분석한다. 이 기술들은 인과 관계에 대한 이해를 기반으로 행동을 예측하지 않는다. 상관관계의 존재 이유나 누군가의 마음속을 분석한 결과물에 대해서도 설명하지 않는다. 영상 선호도에서는 이용자의 성격을 판단하는 게 아니라 미래의 선택에 미치는 영향과 예측을 하는 것이 목표다. 사람들이 개인적으로 생각하거나 느끼는 것은 알고리즘에겐 별로 중요하지 않다. 이 점에서 프라이버시는 알고리즘과 관련이 없으며 그냥 혼자만의 영역이다.

프로필은 투명하다. 이것이 프로필을 만든 이유다. 학술적인 출판물은 언제 어디서나 학술검색 프로필(구글 학술검색 프로필 등)에서 검색이 가능하다. 이런 프로필 덕분에 투명한 학술적 평가가 이루어진다. 하지만 학술적인 프로필 전체를 안다 해도 여전히 개인적으로는 알 수가 없다. 프로필과 프로필성은 프라이버시를 침해하지 않는다. 오히려 프라이버시와는 완전히 동떨어진 공개적인 정체성을 확립한다. 우리는 공개된 프로필과 동일시한다. 그리고 할 수 있는 한 프로필을 큐레이팅하여 스스로의 이미지를 수립하고 표현한다. 하지만 이런 프로필은 우리가 생각하고 느끼는 모든 것을 나타내지도, 의도하지도 않는다.[34] '핵심 자아'를 알 수 있는 중요한 단서도 없다.

감시는 일반 동료에게 보여주는 전시를 보완한다. 목적은 정체성의 조각을 프로필성 형태로 촉진하기 위해서다. 프로필은 많은 사람에게 관찰

될 필요가 있으며, 감시 기술은 이를 대규모로 아주 잘 수행하도록 해준다. 이 기술로 개인은 자신이 어떻게 보이는지 알 수 있다. 관찰자로 접근해 통찰력을 얻고 일반 동료와 함께 검증 피드백 순환에도 참여한다. 자신이 원하는 방식으로 보이게 스스로 연출하는 법도 익힌다.

프로필성과 투명성은 아주 잘 맞는다. 프로필은 보여주고, 또 보여져야 한다. 투명성에 반대하는 사람의 프로필도 예외는 아니다. 프로필성이 영향을 미치는 상황에서 감시에 대한 비판과 동시에 투명성의 추구는, 바로 《투명사회》의 저자 한병철이 스스로 보여주고 있듯이 역설적인 공생 관계에 있다. 2019년 6월 10일 위키피디아에 등록된 한병철의 프로필은 매우 광범위한 내용이 들어 있다. 하지만 위키피디아에서는 "이력서처럼 작성됐다"며 "자신들이 권고하는 학자의 등재기준에 충족되지 않을 수 있다"고 경고한다. 그럼에도 누군가는 그의 정보를 위키피디아에 게재하는 수고를 마다하지 않았다. 프로필은 "얼마 전까지만 해도" 한병철이 "텔레비전과 라디오 인터뷰를 모두 거절했으며 생년월일을 포함한 개인 신상 정보를 대중에 공개하지 않았다"는 사실을 강조한다. 따라서 프라이버시를 지키려는 한병철의 성향은 역설적으로 공개적인 프로필을 구축하는 한 형태로 사용됐다. 이제 그는 프라이버시를 진짜 중시하는 인물로 공공연히 광고된다.[35]

아무튼 한병철은 침묵을 깨고 자신의 개인 정보가 어느 정도 투명하게 공개되도록 허락했다. 2018년 2월 7일 스페인 유명 언론사 〈엘 파이스El País〉 웹사이트에 영어로 게재된 기사에서 한병철은 진정성의 상실을 비판한다. "사람들은 스스로를 진짜로 팔고" 있으며 억지로 "스스로를 만들고" 있다고 한탄한다. 이 기사에는 한병철의 연출된 사진이 함께 실려 있다. 사진 속의 한병철은 멋스러운 검정 의상에 검정 스카프를 두른 록스타 스타일을 하고 사려 깊은 눈빛으로 먼 곳을 응시한다. 기사를 클릭하자, 해당 글은 사진과 함께 대부분 광고로 채워져 있다.[36] 연출된 사진과 광고는 반소비주의적 진정성이란 메시지를 담은 기사와 강한 모순을 이룬다.

한병철은 진정성에 대해 깊이 성찰하고 있지만 "패러다임이 성찰의 대상이 되는 수준에 이르렀다면 그 패러다임은 종말이 임박했음을 의미한다"는 자신의 조언을 아무래도 깜빡 잊은 듯하다.[37]

민주주의

"나에 대해 한 가지 더 이야기하면, 남의 일에는 조금도 신경 쓰는 편은 아니지만 모든 일에 뚜렷한 주관을 가지고 있어요. 설사 모르는 주제일지라도요." 〈걸스Girls〉 시즌6, 1화(〈걸스〉는 2012년 4월 15일부터 2017년 4월 16일까지 HBO에서 방영된 코미디 드라마 – 편집자)에 등장하는 한나의 말이다. 한나의 솔직한 발언은 2차 질서 관찰이 만연하고 프로필성이 영향을 미치는 상황에서 참여 민주주의의 기능을 정확히 요약한다. 수많은 사회 영역에서 '민주적' 절차에 따라 거의 모든 사람이 거의 모든 일에 투표하고, 댓글을 남기고, 비판하고, 리뷰하고, 순위를 매긴다. **모든 것이 리뷰 대상이 된다.** 에어비앤비 또는 우버의 호스트와 게스트는 서로를 민주적으로 평가하는데, 이것이 알고리즘 검색 순위로 변환된다. 〈블랙 미러〉 '추락'의 에피소드에서 생생히 그려진 것처럼 개인의 '상호 평가' 과정이 끊이지 않는 사회가 점차 현실로 다가오고 있다. 프로필성에서는 자기 의견 표명이 필요하다.

18세기 계몽주의 사상가들 가운데 특히 임마누엘 칸트Immanuel Kant는 처음으로 인간 이성이 지배하는 미래사회를 상상했다. 지적으로 '성숙'한 모든 사람은 자신의 비판적 능력을 활용하여 스스로 판단하고 결정한다. 아이디어와 견해를 교환할 수 있는 공개 토론장을 제공하기만 한다면, 합리적인 개인들은 집단적으로 무엇이 선하고 옳은지, 더 나은지, 최선인지 파악해 진정으로 민주적이고 자유로운 사회를 이룩할 것이다. 여기에서 선하고, 민주적이고, 자유로운 것은 모두 이성적 판단과 합리적인 교환에 기반을 둔다. 이런 믿음의 패턴은 여러 사상가를 거쳐 21세기까지 이어졌다. 현대 자유 민주주의의 비공식적 국가 철학자가 될 뻔했던 위르겐 하버마스 Jürgen Habermas도 그중 한 명이다. 처음에는 계몽주의 신념을 신봉하던 다수의 사람들조차 인터넷이 인간의 집단적 합리성이 번성하고 직접 민주주의가 실현되는 '통제로부터 자유로운'(하버마스 용어로는 herrschaftsfrei) 토론의 장을 열어 줄 것으로 기대했다. 안타깝게도 21세기 실제 인터넷 세상은 칸트보다 〈걸스〉의 한나에 가까운 사람이 훨씬 많다.

고도로 다원화된 사회에는 지배적인 에토스도, 근본적인 합리성도 존재하지 않는다. 2차 질서 관찰이 널리 퍼지면서 나타난 근본적인 다양한 관점은 거의 모든 관점에서 거의 모든 것을 평가할 수 있게 한다. 궁극적으로 근거가 확실한 리뷰는 발견될 리가 없다. 매스 미디어와 소셜 미디어의 메시지 전달에서 정보 피드의 시간적 특성을 감안할 때, 비판적 참여는 즉각적이고 끊임없이 이루어져야 한다. 평가는 끊임없이 이어지며, 순위는 언제든지 뒤바뀔 수 있다. 고양이 사진부터 학술 논문, 정치와 관련된 영상에 이르기까지 모든 것에 대한 의견을 제시하도록 모든 사람이 끊임없이 초대된다. 되돌아볼 시간은 길지 않다. 시간이 충분히 주어진다고 하더라도 결과는 크게 달라지지 않을 것이다. 평가하고, 순위를 매기고, 리뷰를 남기는 요점은 보편적 이성의 깊이에 근거해 무언가를 판단하기 위함이 아니다. 관점을 확인하고 데이터 피드에 기여하여 영향력을 끼치려는 데 있다.

비판적 평가와 의견은 프로필에 기여한다. 가능한 넓은 범위에 영향을 미치려는 의도를 지닌다는 점에서 이 또한 프로필 밈으로 간주될 수 있다. 밈으로서의 평가와 의견은 일반 동료를 고려하여 만들어진다. 공개적으로 생성되고 표시되는 평가 및 순위는 탁월한 2차 질서 관찰의 산물이다. 프로필성 시대에 '공적 이성*'과 '개인 의견을 표현할 권리'를 의미하기도 한다. 소셜 미디어 게시물이나 학술 논문에 나타내는 호불호는 일반 동료의 일원으로 합류하는 행위인 동시에 일반 동료에게 프로필을 전시하는 행위이기도 하다. 우리가 콘텐츠에 표시한 좋아요 또는 싫어요도 결국 평가 대상이 된다. 내 평가와 의견은 다른 무언가에 대한 평가이자 자기표현이다. 일반 동료에게 평가를 공개할 때는 나도 동시에 평가하고, 평가 받는 대상이 되는 것이다. 판단은 '민주적인' 사회적 검증 피드백 순환의 일부로 프로필 퍼포먼스와 정체성 형성에 기여한다. 프로필성은 민주적이며, 민주주의는 프로필적이다.

프로필 윤리

주시 스몰렛의 프로필
미국 배우로 활동하는 주시 스몰렛이 벌인 자작극 리얼리티 쇼는 그가

---

* 존 롤스의 개념에 따라 간략히 언급하면 민주 정부, 시민 상호 간 관계, 그리고 이를 규정하는 기본적인 도덕적 정치적 가치들을 규정하고, 정치적 관계를 이해하는 방식과 관련됨.

의도했던 것보다 그의 프로필에 더 많은 관심을 불러일으켰다. 그래도 사건이 전개되면서 예상치 못한 변화가 꽤 있었던 좋은 쇼였다.

스몰렛은 2019년 1월 29일 인종 차별과 동성애를 혐오하는 두 명의 남성에게 신체 공격을 당했다고 시카고 경찰에 신고한 후 전 세계 언론의 주목을 받았다. 스몰렛이 말한 바에 따르면 두 남성은 도널드 트럼프 대통령이 내세운 '미국을 다시 위대하게Make America Great Again'라는 슬로건을 언급하며 '여기는 마가(MAGA) 국가다'('미국을 다시 위대하게Make America Great Again'라는 슬로건의 앞 글자 - 편집자)라고 외치고 그의 목 주변에 올가미를 씌웠다. 당시 폭스 TV 드라마 시리즈 〈엠파이어Empire〉에서 주인공으로 출연하던 스몰렛은 이미 꽤 유명한 배우였다. 이 드라마에서 그는 흑인과 동성애자 권리를 옹호하는 진보주의자로, 공개된 자신의 페르소나를 뒷받침하는 흑인 동성애자 캐릭터를 연기했다.

공격은 노골적으로 정치적 성향을 띠는 듯했다. 이 사건은 때로 트럼프 대통령과 그 지지자들과 관련되면서 미국사회에 빠르게 퍼져나가던 반동성애와 백인 우월주의를 드러내는 이중 혐오 범죄처럼 보였다. 예상대로 이 사건이 전 세계 언론에 보도되자, 당시 민주당 대통령 후보였던 카말라 해리스와 코리 부커Cory Booker를 비롯한 주요 정치인들이 공개적으로 비난하면서 광범위한 분노를 불러일으켰다. 해리스와 부커는 이 사건이 '현대판 교수형'이라 논평했는데, 이는 스몰렛의 목에 둘렀다는 올가미에서 촉발된 것임이 분명했다. 이 사건을 둘러싼 이야기는, 당시 정체성 정치 또는 시민권이라는 대의에 전념하던 진보와 정치적 올바름에 대한 트럼프의 경멸에 동조하던 보수로 분열된 미국사회를 거의 둘로 나누는 듯했던 거대한 윤리적 분열의 서사와 완벽히 연결되어 있었다.

이 사례는 스몰렛이 의도를 갖고 벌인 자작극이었다고 경찰이 공개적으로 발표하면서 기이한 방향으로 흘러갔다. 경찰에 따르면 스몰렛은 자신이 점점 유명해지자 〈엠파이어〉에서 자신이 연기하고 있던 역할의 출연료 인상을 궁극적으로 요구할 목적으로 두 명의 폭행범을 고용했다. 서둘러 그의 편에 서서 그가 표상하던 정치적, 윤리적 대의에 지지를 보여주던 사람들은 경악을 금치 못했다. 스몰렛은 허위 신고 혐의로 기소됐다. 그러나 놀랍게도 검찰과 변호인이 합의에 동의했고, 스몰렛은 보석금만 몰수당하고 몇 시간의 사회봉사 명령을 선고받으면서 2019년 3월 26일 그에 대한 모든 고소가 급작스럽게 취하되는 반전이 또다시 일어났다. 지금으로서는 그 이야기의 추가적인 에피소드가 있을지는 불분명하다. 미국연방수사국은 여전히 그가 혐의를 벗게 된 정황을 조사하고 있으며, 시카고 시당국은 허위 진술로 지출된 공적 비용과 관련해 스몰렛을 고소했다.

주시 스몰렛 사건은 아마도 프로필성이라는 어휘와 함께 정체성 작업이라는 관점에서 광범위하게 설명되는 세계 최초의 범죄 수사 중 하나일 것이다. 2019년 2월 21일 브리티시 채널4 뉴스는 스몰렛이 '〈엠파이어〉에서 쌓은 젊은 흑인 남성 동성애자라는 프로필을 이용해 인종 차별과 호모포비아(동성애에 관한 공포 및 혐오 - 옮긴이)에 반대하는 목소리를 냈다'고 지적하는 기사 내용을 내보냈다.[38] 이 뉴스 보도에서 선택된 단어는 시카고 경찰 총경 에디 존슨Eddie Johnson이 스몰렛의 범죄 동기를 설명하면서 사용한 용어를 그대로 반영했다. 기자 회견에서 존슨 총경은 이 배우가 의도적으로 목의 올가미 상징을 도덕적으로, 정치적으로 사용했다고 말했다. 이유는 "대중에게 공개된 자신의 프로필을 더 향상시키기 위해 그런 상징을 조작할 기회"로 봤기 때문이다.[39] 스몰렛은 이 올가미라는 상징을 이용해, 더 정확하게 말하면 **밈**을 사용해 인종 차별과 호모포비아에 맞서 싸우는 아이콘으로 등극하려 했던 것이 명백하다.

언론 매체와 경찰 총경의 비슷한 단어 선택은 이 자작극 리얼리티 쇼가 본질적으로 무엇에 관한 것인지 보여준다. 즉 스몰렛은 프로필 페르소나에 스스로를 캐스팅하는 형태로 자신의 개인 정체성을 큐레이션을 했던 것으로 보인다. 스몰렛은 이미 범죄를 저지르기 한참 전부터 대중의 공감과 관심을 끌어내는 긍정적 밈을 사용하는 프로필을 쌓아 자신의 정체성과 커리어를 구축해 왔다. 이른바 연출된 폭행 사건은 훨씬 더 극적으로 더 많은 세상 사람들의 시선을 집중시키고 더 많은 수익을 올리려던 바로 이 프로필을 재조명하는 결과를 가져왔다. 폭행 사건을 추정해 보면 배우이자 인권 활동가인 스몰렛는 자신의 페르소나라는 정체성의 가치를 높이고, 나아가 〈엠파이어〉의 전시 가치도 끌어올려 자신의 출연료 인상까지도 바라봤다.

이 사건에 대한 대중의 반응도 동일한 프로필 맥락에서 이해돼야 한다. 정치인, 언론인, 소셜 미디어 평론가 모두 그 이야기를 태그로 달아 밈으로 채택하고 확산시켰다. 이 과정에서 자발적이든 아니든 그들은 주시 스몰렛과 마찬가지로, 즉 공개된 자신의 프로필을 비록 합법적인 수단일지라도 치장하려 한다는 비난을 받았다. 의혹의 폭행 사건이 자작극으로 폭로됐을 때 느낀 좌절감은 부분적으로 깊은 상처를 남겼는데 겉으로 드러난 사건 자체보다는 모두의 마음속에 주시 스몰렛이 자리하고 있었기 때문이다. 다른 사회 분야와 마찬가지로 엔터테인먼트 분야에서도 개인의 정체성과 커리어는 프로필성이 편재하는 시대인 만큼 프로필 큐레이션과 셀프 캐스팅에 갈수록 의존하고 있다. 범죄 수단으로 큐레이팅이 됐는지 여부와 상관없이, 공개되는 모든 프로필은 어느 정도까지는 연출된다. 특히 정치적, 도덕적 밈은 강력하게 연출되는 도구다. 주시 스몰렛의 도덕적 위선에 대한 분노에는 그러한 밈 사용의 이면에 있는 프로필 확장 동기에 대한 일반적인 의심(다른 사람뿐만 아니라 스스로에게도 적용되는 의심)을 수반한다.

시카고 경찰이 스몰렛 폭행 사건을 자작극으로 발표했을 때 진보적 성향의 동료가 꽤 주목할만한 말을 했다. "스몰렛의 진술이 사실이기를 정말 간절히 바랬는데!" 아마 많은 사람이 같은 생각을 했을 것이다. 그녀는 자신이 한 말에 논리적으로 어떤 문제가 있는지 전혀 깨닫지 못했다. 물론 그녀의 말은 흑인과 동성애자 권리를 옹호하는 인물의 프로필이 사기로 판명되지 않는 편이 진보적 대의에 훨씬 나았을 거라는 의미였다. 하지만 그녀가 말한 내용은 사실상 스몰렛이 백인 우월주의자에게 공격당하길 바란 것이나 마찬가지다. 주시 스몰렛이 그간 쌓아 온 프로필이 보호되고 덩달아 그녀가 고수해 온 윤리적, 정치적 프로필이 꾸준히 일관성을 유지할 수 있다면 미국에 인종차별주의자와 동성애 혐오자에 의한 범죄가 한 건 더 늘어나도 괜찮다고 보는 것이다. 기본적으로 스몰렛의 편에 서 있던 다른 모든 사람이 그랬듯이, 그녀는 폭행 사건을 자신의 프로필 정체성과 연관 지어 생각하고 있었다. 즉, 그녀는 이 사건을 1차 질서 관찰의 '사실적' 관점이 아닌 2차 질서 관찰 차원 및 관점에서 보이는 것처럼 보면서 생각했고, 또 평가했던 것이다. 주시 스몰렛 사건은 프로필성이 영향을 미치는 상황에서 도덕적인 정체성이 어떻게 기능하는지 보여준다. 스몰렛 자신뿐만 아니라 이 사건을 태그한 이들도 자신의 프로필 정체성을 긍정하고, 널리 알리고, 향상시킬 수 있는 밈을 퍼뜨리고 있었다.

테일러 스위프트의 정치적 영향

테일러 스위프트Taylor Swift는 오늘날 가장 큰 성공을 거둔 가수로 손꼽힌다. 그녀는 자주 언론에 등장하면서 특히 미국에서 큰 영향력을 끼치는 주요 유명인사가 됐다. 스위프트는 컨트리 음악으로 시작해 점차 주류 팝으로 영역을 넓혀나갔다. 위키피디아에서 설명하듯이 그녀의 음악 스펙트럼은 대개 사랑에 빠지고, 헤어지고, 특별한 날을 기념하고, 불평과 불만을 표출하는 내용 등 '그녀의 개인적 삶'에 관한 전형적인 이야기다.[40] 스위프트는 분명 저항 가수도, 자신이 부르는 노래에 뚜렷한 사회적 명분이나 정치적 메시지를 담지도 않는다.

하지만 사회정치적 이슈에 대한 그녀의 침묵은 2018년 가을에 막을 내렸다. 미국 중간 선거를 앞두고 스위프트는 당시 그녀가 거주하던 테네시주 민주당 후보에 대한 지지를 표명했다. 이 일은 꽤 효과가 있었던 듯하다. CNN은 스위프트가 인스타그램 팔로워에게 Vote.org 웹사이트를 통해 투표하라고 독려한 지 하루 만에 6만 5,000명이 정확히 그렇게 투표했다고 보도했다.[41]

다소 놀라운 이런 정치적 영향력에, 일부는 눈살을 찌푸렸다. 테일러 스위프트가 갑자기 진보주의적인 스타 대열에 동참해 트럼프 대통령에 반대하는 의견을 표명한 이유는 무엇일까? 단순히 홍보용이었을까? 스위프트의 컨트리 음악적 배경과 주류 팝에서의 성공은 트럼프의 선거 기반인 보수적인 미국 중부와 관련이 있다. 게다가 스위프트는 일종의 치

어리더 이미지로 성공한 미국 백인 여성이기에 '백인의 특권'을 대표하는 것으로 생각될 수 있었다. 이런 점은 엔터테인먼트, 문화산업, 전통적 미디어와 뉴미디어의 많은 부분에 종사하고 있는 일반 동료가 사회적 이슈에 대한 자유주의적 입장 및 진보적인 정치 성향을 선호하는 것처럼 보인다는 점을 고려할 때, 주류 예술가에게 유용한 프로필이 아닐 수 있다. 리한 살람Reihan Salam은 〈애틀랜틱the Atlantic〉 잡지에 기고한 기사에서 테일러 스위프트의 정치적 움직임은 자신의 대중적 이미지를 지킬 의도였다는 의혹을 제기했다. 그의 견해에 따르면 "문화산업에서 사회 자유주의 입장 표명만이 점점 더 유일한 선택지다." 그런 다음, 살람은 테일러 스위프트의 정치적 입장이 바뀐 이면에 잠재한 동기에 관해 상당히 날카로운 성찰을 보여줬다.

테일러 스위프트는 예술적 지평을 넓히고 애매한 출신을 뛰어넘기 위해 부단히 노력해 왔다. 타의 추종을 불허하는 높은 인기를 얻은 그녀는 이제 문화산업의 꼭대기에 서 있다. 이곳에서는 사회적 정의에 관심을 기울이는 자유주의 입장이 요구되고 다른 입장을 고수하는 이들에게 낙인을 찍는다. 그녀는 이전까지 중도 좌파적 정치 성향을 명확히 드러내지 않았는데 아마 이런 모습은 테이스트메이커, 즉 여론을 선도하는 사람들 사이에 야박한 평가를 끌어내는 데 일조했을 것이다. 동료의 깨어 있는 정치적 개입에 기뻐한 비평가는 스위프트가 자신의 세계관을 분명히 밝히지 않았다는 점에 주목했다. 이는 그들이 그녀의 일을 어떻게 받아들였는지 알려준다. 정치적 입장은 차치하더라도 그녀의 외적인 조건과 타고난 배경은 의혹을 불러일으키기에 충분했다. 사람들은 소외 계층 출신이라는 그럴듯한 정체성을 지닌 아티스트에게 더 큰 흥미를 나타냈다. 스위프트는 기껏해야 깨어 있는 자유주의 신학을 믿는 이들 중 가장 동정심 넘치는 사람에게 호감을 살 수 있을 뿐이다.[42]

살람이 2차 질서 관찰과 프로필 현상을 얼마나 세심하게 분석했는지 주목해 보는 것도 흥미로운 일일 것이다. 살람이 이야기하는 '테이스트메이커tastemakers'는 매스 미디어와 소셜 미디어 상에서 여론을 조성하며 오피니언 리더 역할을 하는 익명의 비평가들이다. 이들은 〈아메리칸 아이돌〉에 출연하는 심사 위원처럼 일반 동료를 대표한다. 이런 일반 동료의 취향은 스위프트의 실제 동료, 동료 음악인, 셀러브리티들이 진보적인 정치 성향을 드러냈을 때 받았던 관심과 찬사에서 유추할 수 있다. 살람이 넌지시 언급했듯이 지나치게 백인 이미지가 강하고 보수적인 데다 너무 '평범한' 프로필을 지닌 것은 불리하다. 스위프트의 투표 유도는 그녀가 매우 적절한 시기를 포착하여 대중의 환심을 사기에 적합한 페르소나로 진환하는 행동이었으며, 예상치 않게 자신의 정치적 입장을 선제적으로 깜짝 발표하면서 약간의 흥분을 불러일으키기도 했다.

  살람은 테일러 스위프트의 정치적 개입이 정치적이지도, 도덕적이지도 않다는 견해를 밝혔다. 이는 철학적 의미에서 유명인의 공공연한 정치적 발언이 지니는 '가능성의 조건*conditions of the possibility'을 확인하려는 **비판적** 성찰이다. 살람은 경제적 요인, 대중매체, 도덕적 메시지 전달의 조건 등 이런 정치적 발언이 작동하는 사회적 맥락을 설명한다. 무엇

---

* 칸트에 의해 대중화된 철학적 개념. 위키피디아에 따르면 공간의 경우 이를테면 정육면체의 큐브가 존재하기 위한 필수조건이기 때문에 가능성의 조건이다.

보다도 그는 복잡한 사회적 프레임웍의 요지를 설명하기 위해 '워크니스 경쟁 문화*culture of competitive wokeness'라는 표현을 적절하게 사용한다. 이 표현은 겉으로 보이는 현상의 정치적, 도덕적 측면을 훨씬 넘어서기에 적절하다. '경쟁'은 경제와의 관련성을 강조하며, '워크니스'는 거의 종교적 색채를 띤다. 오늘날 흔히 사용되는 용어 'woke'는 (좌파 또는 자유주의적) 정치의식을 의미하지만 '깨어남awakening'을 암시하기 때문에 종교적인 의미도 내포한다. 살람의 주장에 따르면 '워크니스 경쟁'이라는 표현은 자유주의 '신학'이라는 맥락에서 이해할 수 있다. (하지만 이 '신학'은 신이 없고, 문자 그대로 신학theology이 아니기 때문에, 세속 종교나 **시민** 종교로 분류하는 것이 최선일 것이다.)

아니나 다를까 살람이 테일러 스위프트의 정치 데뷔를 '워크니스 경쟁'의 예시로 묘사하자 일부 세력이 불만을 표시했다. 특히 자유주의 성향을 지닌 사람들 사이에서 비난의 목소리가 나왔다. 시애틀에 거주하는 애비 세션스Abby Sessions가 〈애틀란틱〉 잡지사 웹사이트에 올린 독자 게시글은 이러한 정치 영역에서 나오는 반응을 잘 보여준다. 세션스는, 살람이 "젊은이들이 갖고 있는 정치적 신념은 진실하지 않다"고 믿고 가정함으로써, 그의 글이 "오만하다"고 묘사했다.[43] 이런 가정에는 오해의 소지가 있지만 틀린 말이라고도 할 수 없다. 지금부터 그 이유를 설명하겠다.

에비 세션스는 '정직honest'하다는 의미에서 '진실sincere'하다는 용어를 사용했으며, 이 책의 용어로는 '진정성'이라는 의미일 것이다. 세션스는

* 워크니스wokeness는 사회정의와 같은 이슈에 민감한 정도, 또는 사회 불의와 차별, 특히 인종 차별에 대해 경계하는 자질을 의미. woke는 '인종적 편견과 차별에 대한 경고'를 의미하는 영어 형용사.

아마 다음과 같은 요점을 전달하고 싶었을 것이다. 테일러 스위프트를 포함해 다수의 젊은이가 보여준 (좌파적) 정치적 신념은 진짜다. 이런 젊은이의 발언은 그들이 실제 생각하는 것에 근거한 것이다. 따라서 젊은 유명인의 공개적인 정치 발언은 진정성에 근거한 것으로 이해돼야 한다.

그런데 리한 살람은 사실 '워크니스 경쟁'이라는 개념으로 테일러 스위프트나 '정치적 올바름'을 발언한 다른 유명인이 실제로 그들이 말한 것을 믿는지 의문을 제기하지 않았다. 살람은 테일러 스위프트가 사람들에게 민주당에 투표하도록 요청할 때 거짓말을 했고 실제로는 그녀가 공화당에 투표하길 바랐을 수도 있다고 암시하지도 않았다. 사실 이 주장 자체가 말이 안 된다. 살람의 분석에서 핵심적인 주장은 바로 유명인이 대중 정치를 하고 도덕적인 메시지를 전달하는 모든 현상이 성실성이나 진정성의 수준에서 기능하지 않는다는 사실이다. 우리는 테일러 스위프트나 다른 엔터테인먼트 스타가 인스타그램에 글을 게시하거나 공개 발언을 할 때 진정으로 그들이 믿고 느끼는 게 무엇인지 알지 못하고 알기도 불가능하다. 또 **중요하지도 않다**. 인스타그램 게시물, 특히 유명인의 게시물에 성실성이나 진정성의 잣대를 들이대서는 제대로 된 판단이 어렵다. 선행의 표시와 마찬가지로 '정치 성향의 표시'는 자신의 내면을 표현하는 것이 아니라 프로필 큐레이팅으로 이해돼야 한다.

소셜 미디어 계정상 테일러 스위프트는 진정성을 지닌 다른 개인들에게 진정성을 지닌 한 개인으로 말하지도, 현재 개인적으로 아는 동료와 소통하는 커뮤니티 일원으로서의 역할도 성실히 수행하지 않는다. **여기서 테일러 스위프트가 큐레이팅한 프로필은 일반 동료를 대상으로 한다.** 이런 맥락에서 말하고 있는 내용을 제대로 이해하려면 성실성이나 진정성의 조건을 잘못 가정해서는 안 된다. 세션스의 주장은 옳다. 살람은 소셜 미디어에서 일반 동료에게 표명된 정치적 신념이 진실하지 않다고 정확히 암시했다. 하지만 이 말은 세션스가 살람의 말을 잘못 받아들인 것처럼 그들의 신념이 거짓이라는 의미는 아니다. 달리 말하면 일반 동료(또는 이 책의 저자와 리한 살람과 마찬가지로 테일러 스위프트와 개인적으로 친밀한 관계를 맺지 않은 모든 사람)는 테일러 스위프트가 인스타그램에 올린 게시글이 거짓인지 여부에 실질적으로 관심이 없다. 그들이 성실성이나 진정성에 의문을 품는 것은 무의미하다. 하지만 우리는 비판적 분석을 통해 테일러 스위프트의 프로필이 소셜 미디어와 다른 계정을 통해 말하는 내용의 프로필 특성을 평가할 수 있다. 또한 애비 세션스나 리한 살람이 〈애틀랜틱〉 웹사이트에서 공개적으로 말하는 글도 마찬가지다.

제이 지의 질문

제이 지Jay-Z(미국의 래퍼이자 사업가인 숀 코리 카터Shawn Corey Carter의 예명 – 옮긴이)의 노래 〈노 처치 인 더 와일드No Church in the Wild〉 랩 일부에는 "그가 독실한 건 신이 독실한 사람을 사랑하기 때문일까? 소크라테스는 물었어, 너흰 누구의 견해를 따르느냐?"라는 철학적인 가사가 있다. 제이 지는 플라톤의 대화집 《에우튀프론Euthyphro》에 기록된 소크라테스의 질문을 인용해 이런 가사를 썼다. 제이 지가 여기에서 묻고자 하는 바는 다음과 같다. 신을 기쁘게 하는 것이기 때문에 선한 것인가, 선한 것이기 때문에 신을 기쁘게 하는 것인가? 플라톤도, 제이 지도 이에 대한 해답은 내놓지 못했다.

이 《에우튀프론》 딜레마를 프로필성이 영향을 미치는 상황에 적용하려면 수정이 필요하다. '신'을 '일반 동료'로 바꾸면 된다. 이로써 세속 사회의 문제에 더 가까워진다. 일반 동료가 인정하기 때문에 선행 발언이 선한 것인가, 선행 발언이 선하기 때문에 일반 동료가 인정하는 것인가? 또는 이렇게 물을 수도 있을 것이다. 내 프로필을 강화하기 때문에 도덕적 명분이 선한 것인가, 도덕적 명분이 선하기 때문에 내 프로필을 강화하는 것인가? 내 프로필에 맞기 때문에 도덕적 입장과 동일시하는 것인가, 내 도덕적 입장에 맞기 때문에 프로필과 동일시하는 것인가?

아니면 이도 저도 상관이 없는가?

소크라테스의 조언에 따르면 이 질문에는 변증법이 있다고 추정할 수 있다. 명분과 동일시하다 보면 내 정체성과 명분이 갈수록 얽히고 설키게 되어 결국에는 더 이상 서로를 명확히 구별할 수 없을 정도가 된다. 성실성이나 진정성이 그랬듯이, 프로필성에서도 정체성과 도덕이 융합될 수 있다. 내가 도덕적 명분을 위해 일반 동료로부터 더 많은 프로필 신뢰를 얻거나 정체성의 가치를 높일수록 그 명분도 내게는 더 중요해질 것이다. 또 나에게 중요한 도덕적 명분일수록 일반 동료에게 더 열정적으로 연출해 보일 것이다. 하지만 이때 내 정체성과 도덕적 명분 사이에는 불가피하게 이해 충돌이 일어난다. 내가 도덕적 명분과 동일시하여 내 프로필의 일부가 된다면, 그 명분과 일반 동료에게 보인 내 프로필은 똑같이 위험하다. 명분과 동일시하는 정도가 강할수록 사람들은 '이기적'인 모습을 보인다. 동성애자 및 흑인 인권운동과 동일시하는 사람들은 주시 스몰렛이 실제로 공격당했기를 바랄 수도 있다. 그런 폭행 사건이 진짜여야 그들의 도덕적 프로필이 더 적절하고 가치 있게 보이기 때문이다. 마찬가지로 환경운동가는 지구 온난화가 실제로 일어나고 있다는 사실 확인에 반가워할 수도 있다. 그와 관련된 뉴스가 이를테면 정치나 학계의 '친환경' 프로필을 지닌 사람들에게 더 많은 사회적 기회를 제공하기 때문이다. 정치인이라면 당선 확률이 높아질 테고, 학자라면 논문 발표의 기회가 많아질 수도 있다. "너흰 누구의 견해를 따르느냐?"는 앞서 언급한 노래 가사이자 소크라테스의 말이다. 프로필성에서 우리는 일반 동료가 관심을 두고 있는 것은 찾아내고, 또 추구해야 한다.

선행 발언

다른 정체성의 기술과 마찬가지로 프로필성에서 정체성 가치를 형성하기 위해서는 도덕적 승인이 무엇보다도 중요하다. 도덕적 승인은 정체성을 돋보이게 하는 여주인공이자 계속해서 찾게 되는 헤로인 같은 존재다. 정체성을 끝없이 드높일 수 있지만 그만큼 낮은 곳까지 끌어내릴 수도 있다. 우리는 스스로 **선하다**고 생각할 때 자랑스러움을 느낀다. 정체성에 대한 자부심은 일반적으로 도덕성에 대한 자부심과 함께 나타난다. 프로필성이 영향을 미치는 상황에서는 자신의 프로필이 선하게 보이는 것처럼 보일 때 스스로를 선하다고 여긴다. 테일러 스위프트 경우처럼, 프로필 정체성에 도덕적 차원의 결핍이 있다는 생각은 상당히 해로운 것으로 보인다. 도덕성이 없는 프로필은 거의 찬사를 받지 못하며, 따라서 도덕적 밈은 그 가치와 독성까지도 증가시킨다.

시대를 막론하고 선행 발언은 도덕적인 정체성을 확립하는 데 매우 중요하지만 의혹을 불러일으키기도 했다. 공자는 이미 2,000여 년 전에 이를 지적했다. "내가 사람을 대할 때 그들이 하는 말을 듣고 그 말대로 살 것이라 믿었던 때가 있었다. 요즘에는 내가 사람을 대할 때 그들이 하는 말을 듣고 그들의 행실을 지켜본다."⁴⁴ 성실성이 영향을 미치는 상황에서는 선행 발언만으로 충분히 선한 것이라 여기지 않았다. 오히려 그 자체를 의심스러워하는 경향이 있었다. 시도 때도 없이 자신의 도덕성을 강조하는 사람은 성실성을 쉽게 의심받을 수도 있다. 이 사람 그냥 허풍쟁이 아닌가? 선행 발언과 미덕 과시는 행동이 뒤따르지 않으면 그저 떠벌리는 말일뿐 검증이 필요했다. 그러나 프로필성에서는 다소 차이가 있다.

오늘날에도 여전히 사람들은 말뿐만 아니라 실천이 뒤따라야 한다고 생각한다. 그러나 우리는 공자가 그랬던 것처럼 자주 '행실을 지켜보기'에는 현실적 제약이 따른다. 공자가 살던 시대의 대부분 사람들은 어떤 식으로든 직접적인 관계를 맺으면서 살았던 까닭에 일상생활에서 어떻게 행동하는지 지켜볼 수가 있었다. 오늘날에는 늘 그렇게 하지 못한다. 우리는 테일러 스위프트라는 사람이 인터넷에 자신의 프로필 페르소나를 나타내는 게시물을 올릴 때 실제로 어떤 생각을 하는지 판단할 입장이 못 된다. 마찬가지로 그녀가 실제로 하는 일에 대해서도 판단할 수가 없다. 우리가 아는 스위프트는 매스 미디어와 소셜 미디어에 비친 모습이 전부이기 때문이다. 우리는 그녀의 프로필을 알고 있지만 오로지 그 프로필로 아는 것만을 안다. 우리는 그녀를 사적으로 알고 싶지도, 알 필요도, 알게 되리란 희망도 품지 않는다.

말과 행동을 엄격하게 구분하기란 늘 어려웠던 것은 분명하다. 테일러 스위프트가 자신의 프로필에서 하는 말은 그 또한 행동이다. 발화 행위라는 개념은 바로 이런 의미다. '말하기도 행동이다.' 그렇지만 오늘날의 발화 행위는 매스 미디어와 소셜 미디어가 등장하기 이전 전통사회의 발화 행위와는 다른 경향이 있다. 1차 질서 관찰의 상황에서 발화 행위는 일반적으로 지금 함께 있는 동료에게만 해당한다. '그쪽에 소금 있나요?'라는 질문은 '소금 좀 건네주세요'라는 뜻을 지닌다. 그러면 테이블에 앉아 있는 누군가가 실제로 소금을 건네줄 것이다. 이런 모습은 행위지만, 발화 행위는 아니다. 이론의 초기 단계에서 오스틴 J. L. Austin이 구상했던 방식도 바로 이런 발화 행위였다. 이 발화 행위들은 지금 함께 있는 동료들이 상호작용하는 맥락에 나타나는 어떤 특정 행위로 이해된다. 하지만 2차 질서 관찰 상황에서는 달라진다. 오늘날 인스타그램에 게시하는 것과 같은 발화 행위는 일반 동료에게 전달되며 일반적으로 이 수준에 머물러 있다.

우리는 함께 있고 않고 물리적으로도 접촉할 수 없어, 단순한 전통적 의미의 '행위'만으로는 상호작용이 불가능한 잘 모르는 사람들과도 종종 소통한다. 우리는 그들과 단지 '상호간 발화 행위inter-speech-act'만 할 수 있을 뿐이다. 그들이 웹에 올린 글을 읽거나 말한 것을 들을 수는 있어도 소금을 건네주지는 못한다. 2차 질서 관찰로의 전환과 프로필성의 부상으로 말미암아 일상 속 경험에서도 실제 행위보다는 발화 행위 비율이 더 높아지는 추세다. 시간이 갈수록 '묘사에 대한 묘사'를 통해 사건과 인물을 관찰하는 경우가 늘고 있다.[45] 우리는 '민주적'이고 '비판적'인 세상 속에서 끊임없이 온갖 순위와 평가, 댓글, 비판, 의견을 접한다. 이 모두가 새로운 형태의 발화 행위다. 이런 것들은 현재 곁에 있는 사람에게 소금을 건네받을 수 있는 것과는 다르다. 그럼에도 다수의 낯선 사람이 상품을 구매하거나, 투표권을 행사하거나, 영상을 시청하도록 유도할 수는 있다.

지금 함께 있는 동료와의 상호작용에서 일반 동료의 '상호간 발화 행위'로의 변화는 도덕성을 실천하는 데도 영향을 끼친다. 우리는 선하거나 나쁜 비발화 행위보다 선하거나 나쁜 발화 행위를 훨씬 더 자주 접한다. 따라서 "사람을 대할 때 그들의 말을 듣고 행실을 지켜본다"는 공자의 전략은 더 이상 통하지 않는다. 우리는 현대사회에 맞게 1차 질서 관찰로 현재의 동료들 사이에서 행해지던 발행 행위에 접근하는 성실성 중심의 방식을 버려야 하며, 오히려 2차 질서 관찰 상황에서 일반 동료에 대한 발화 행위를 평가하는 프로필성 기반의 접근 방식을 취해야 한다. 이제 공자의 지혜도 다음과 같이 업데이트가 필요하다. "사람을 대할 때 그들의 말을 듣고 다른 사람이 그에 대해 뭐라 말하는지 지켜본다." 우리는 테일러 스위프트라는 사람을 지켜볼 방법이 없다. 하지만 일반 동료가 그녀를 어떻게 바라보는지 알 기회는 많다.

 2차 질서 관찰의 맥락에서는 단순히 선을 행하기만 해서는 안 된다. 오늘날에는 단순히 소금을 건네는 행위에 더해 소금을 건네는 동영상을 게시하는 것이 더 효과적이다. 소금을 건네는 행위 자체만으로는 프로필 가치에 무의미하기 때문이다. 또, 단순히 동영상을 게시하는 것보다는 조회 수와 좋아요 수가 훨씬 많은 동영상이 낫다. 핵심은 선하게 보이는 것이 아니라 선하게 보이는 것처럼 보여지는 것에 있다. 옳고, 선하고, 미덕으로 간주되는 무언가의 진열에 가치가 있다. 개인의 미덕은 순위, 리뷰, 댓글에 드러나야 가치가 있다. 도덕적인 메시지 전달이 오늘날 중요해진 이유가 여기에 있다. 현존하지 않는 일반 동료는 실제로 우리가 미덕을 행하는 순간을 관찰할 수가 없는 것이다. 단지 우리의 발화 행위가 덕이 있는지 없는지만 알 뿐이다. 미덕은 **선행 발언** 형태로 일반 동료에게 진열된다. 우리는 덕이 있는지 관찰하고, 선행 발언을 진열하고, 도덕적인 메시지를 전달하면서 스스로의 미덕을 드러낸다. 이제는 종종 '미덕의 과시'로, 보다 노골적으로는 '정치적 올바름'이라 부르는 것은 도덕적 관찰을 하고, 또 도덕적 관찰을 위해 스스로를 드러내는 도덕적 의사소통의 한 형태가 된다. 우리는 프로필의 도덕성 검증 피드백 순환에 자신의 도덕적 프로필을 새겨넣는다

2차 질서 관찰 상황에서는 (앞서 설명한 프로필 의미에서 '계정'에 대해 생각해 볼 때) 무언의 행위가 아닌 발화 행위에 대해 **책임을 져야** 한다. 우리는 계정을 통해 일반 동료가 보도록 덕이 있는 관찰 게시물을 올리고 나서야 그들의 에토스에 합류한다. 선행 발언은 소셜 미디어 계정의 프로필 피드에 올라가야만 비로소 미덕으로 인정받을 수 있다. 이것이 바로 프로필의 미덕이 만들어지는 방식이다.

도덕적 프로파일링

프로필성에 대한 현대인의 도덕성이 행위에서 발화 행위로 전환된 것을 고려하면, 성행하는 '미덕의 과시'와 정치적 올바름에 대한 관심은 새삼스러운 일이 아니다. 선행 발언은 프로필성을 쌓거나 드높이는 데 종종 필수적인 도구로 강력한 힘을 발휘한다. 유명인뿐만 아니라 일반인들도 소셜 미디어상 프로필을 구축하기 위해 (기업과 국가가 투사된 프로필을 돋보이게 하듯이) 선행 발언을 한다. 마찬가지로 정당과 정치인이 자신의 프로필을 구성할 때에도 도덕적 메시지 전달에 큰 비중을 둔다. 물론 도덕적 논쟁은 시대를 막론하고 정치와 떼려야 뗄 수 없는 관계다. 하지만 최근 몇 년 동안 미국의 정당들은 보다 전통적인 경제적, 정치적 이슈보다 도덕적 문제를 강조하는 경향이 있다. 민주당은 갈수록 '정체성 정치'를 강조함에 따라 중산층과 노동자 계급을 경제적인 측면에서 옹호했던 과거의 정체성을 수정했다. 어떤 면에서 이 같은 도덕화라는 정당 노선은 실제로

잘 작동하지 않았다. 이는 도널드 트럼프가 일반 투표에서 민주당에 큰 차이로 졌음에도 대통령으로 당선되는 주요 요인이었던 것 같다. 트럼프도 최근의 기억으로는 거의 알 수 없는 '거짓말쟁이 힐러리' 같은 강렬한 노골적인 도덕적 미사여구에 의지했다. 그는 완전히 다른, 일종의 선행 발언으로 '정치적 올바름'을 반박했다.

전통적인 대중매체에서도 선행 발언은 점점 더 많아지고 있다. 여전히 '객관적'이고 '중립적'인 보도를 추구한다지만 미국의 좌파 언론과 우파 언론은 모두 현대의 정치적 저널리즘에서 도덕적 평가를 중요시하는 경향이 있다. 방송사와 신문사, 개인 기자까지도 뉴스를 내보내며 자신의 도덕적 프로필을 형성하느라 분주하다. 심지어 오스카 시상식을 비롯한 주요 엔터테인먼트 행사들도 유난히 눈에 띄는 도덕적 프로필을 보여주는 데는 거리낌이 없다. 이 모든 사례가 윤리적 정체성의 가치를 획득하거나 고양시키려는 시도들이다.

보다 최근에는 학계에서도 도덕적 셀프 프로파일링이 정규 고용 및 승진 과정의 일부가 됐다. 미국의 많은 대학은 구직자나 재직자에게 이른바 다양성 에세이 제출을 요구한다. '교육 에세이'와 유사하게 '다양성 에세이'는 학생의 인종, 성별, 성적 취향 등 다양성에 부여된 도덕적 가치를 전문가 입장에서 어떤 식으로 고양할 것인지 학자의 견해를 대략적으로나마 서술할 것을 요구한다. 네브라스카대학 대학원 사무실은 다양성 에세이에 대해 이렇게 설명했다. "다양성 에세이를 요구하는 모든 대학이 다양한 학생들을 지원하고 포용하는 데 전념하고 있으므로 그런 임무에 기꺼이 함께할 사람을 찾고 있다고 생각해도 좋다."[46] 이 다양성 에세이가 전하는 메시지는 분명하다. 대학은 다양성이라는 가치에 의심을 품지 않을 교육자와 함께하길 바란다. 대신 교육자는 이 다양성의 지지를 표명해야 할 의무를 지닌다. 다양성 에세이를 요구하는 대학에서 일하길 바라거나 이미 일하고 있는 사람은 그 어떤 경우에도 다양성이라는 가치에 반대를 표시해서는 안 된다. 따라서 이 에세이의 기능은 실제로 누군가가 얼마나 성실하고 진실하게 다양성에 헌신했는지 알아내는 것은 아니다.

다양성 에세이는 성실성과 진정성이 아닌 프로필성의 맥락에서 이해할 필요가 있다. 이런 에세이를 공식적으로 요구하는 행위 자체는 선행 발언이나 다름없다. 대학은 이 요구 사항으로 지원자와 그 대학에 소속된 직원, 학생, 이해관계자, 그리고 일반인에게 다양성에 관한 도덕적 입장을 명확히 전달한다. 따라서 다양성 에세이는 도덕적 프로필 피드다. 상대적으로 구직자는 입사를 희망하는 기관의 프로필에 부합하는 실질적인 선행 발언을 준비하지 않을 수 없다. 실제로 다양성에 대한 그들의 진심 어린 성실한 헌신을 증명할 방법은 없지만, 다양성 지지자로 스스로를 캐스팅할 만한 능력이 있음을 증명할 수는 있다. 이런 과정에서 기관이나 구직자가 성실하고 진정성 있는 태도로 다양성을 추구했는지 여부는 이 절차와는 무관하다. 다만, 다양성 에세이를 작성한 사람이 선행 발언을 만들어 자신의 직업 프로필에 통합할 의지와 능력을 보여주는 것과 관련될 뿐이다. 다양성 에세이는 대학이 원하는 방식으로 지원자의 프로필 정체성을 형성하며 대학의 프로필 또한 이 과정에서 강화된다. 이 모든 과정은 도덕성 검증 피드백 순환으로 이 안에서 지원자와 기관의 프로필 정체성은 선행 발언 행위를 통해 서로에 대한 정보를 수집하고 공개한다.

프로필 정치

니클라스 루만은 2차 질서 관찰 상황에서 특히 정치상의 인기 콘테스트라 할 수 있는 선거를 통해 국민의 대표를 선출하는 민주주의 국가에서 정치가 어떻게 작동하는지 설명하며 이렇게 말한다. "자신이 어떻게 보이는지를 조작할 수 있는 경우에만 지도자가 될 수 있다."[47] '지도자'를 의미하는 독일어 Führer는 나치가 독일을 지배하던 시절 총통을 일컫는 단어로 사용된 까닭에, 루만의 발언은 자유 선거로 집권한 히틀러를 암시하는 것으로 해석되기 쉽다. 누구나 민주주의 정치에서는 대중이 공감할 공적 프로필을 구축할 수만 있다면 정치인으로 선출될 수 있다. 이 경우는 도널드 트럼프와 소셜 미디어가 등장하기 한참 전으로 거슬러 올라간다. 민주주의 정치가 잘 관리된 프로필에 반응하는 이유는 그 자체가 좋은 정치이기 때문이다.

니클라스 루만은 프로필성(이 개념을 직접 사용하지는 않음)의 경쟁처럼 민주주의 정치 과정을 거의 시저으로 짧게 묘사했다.

> 단순히 공포 때문에 아이들은 늘 자신이 관찰되고 있는지 여부를 살펴야 했다. 정치에도 같은 논리가 적용된다. 정치인은 여론을 앞에 두고 스크린상에서 춤을 춰야 한다. 온갖 여론 조사에도 불구하고 사람들이 진짜 어떤 생각을 품고 있는지 확실히 아는 정치인은 아무도 없다. 기껏해야 통계적 계산 결과를 보고 일부 사람들이 생각하는 바를 알 뿐이다. 개개인의 머릿속에서 어떤 일이 벌어지고 있는지 정계나 정치인이 안다는 것은 불가능한 일일 것이다. 그 짐작하는 것조차 상상이 불가능

할 것이다. 이에 대한 대안으로 여론이 등장한다. 따라서 정치는 본질적으로 여론에 보이는 방식들을 구성해서 경쟁자보다 더 호의적으로 관찰되는 것이다. 진정으로 정치적인 것(das eigentlich Politische)은 2차 질서 관찰의 반영이다.

위 글은 상당히 급진적이다. 정치(좌파와 우파, 보수와 진보, 환경주의자와 성소수자)가 포퓰리즘적인 '스크린상의 춤'이라는 관점에서 이해될 수 있다는 사실은 전혀 새로운 일이 아니다. 루만이 살던 시대에 '포퓰리즘' 개념은 지금과 같이 사용되지 않았다. 하지만 일반적으로 유권자가 자신의 이익이나 정치적 의지를 합리적으로 고려하듯이, 적어도 외모와 카리스마, 선거운동 전략, 유권자의 심리에 희망이나 공포를 심어줄 수 있는 정치인이나 정당의 프로필이 지닌 대중적 호소력에 의해 민주적 선거가 결정됐다는 사실은 분명하다. 이 모든 것이 루만이 살던 시대나 지금의 정치에서 그렇다는 것은 확실하다. 하지만 루만은 현대 정치가 이제 2차 질서 관찰의 반영으로 '진정으로 정치적인 것'('진정한 정치', '적절한 정치', '흔히들 이야기하는 정치')이 된 것이 '본질'이라고 지적하면서 자신의 분석에서 한 걸음 더 나아간다.

정치는 선거가 프로필성 콘테스트처럼 치러지는 까닭에 매스 미디어와 소셜 미디어가 주목하는 것에 더욱 주의를 기울일 필요가 있다. 선거가 끝나 결정이 나고 권한이 실행될 때 '여론에 어떻게 비춰질지 정하는 것'이야말로 주된 관심사임에는 틀림이 없다. 국민의 뜻을 주기적으로 살피는 자리인 만큼 선거도 마찬가지다. 모든 일에 간섭하는 부모 밑에서 불안해하는 어린아이처럼, 정치인도 자신이 관찰되는지 여부와 어떻게 관찰되는지 살피는 것을 결코 중단하지 **않는다**. 정치인들의 댄스 마라톤은 결단코 끝나지 않는다. 1969년 개봉한 시드니 폴락Sydney Pollack 감독의 영화 〈그들은 말을 쏘았다They Shoot Horses, Don't They?〉에 등장하는 참가자들처럼, 정치인의 모든 행동(이를테면 결혼하고, 피자를 먹고, 맥주를 마시는 등)은 잠재적으로 경쟁에서 이기기 위해 일반 동료에게 펼치는 공연 일부가 될 수 있으며 따라서 '정치적'이다. 이 점에서 정치적인 것은 본질적으로 '탈정치화'되거나 '포퓰리즘적'이다. 전통적인 정치적 의사 결정에만 국한되지 않는다. 권위주의 국가와 달리 현대 자유 민주주의 국가에서는 정치인이 일반 동료의 눈에 어떻게 관찰될지 전혀 고려하지 않은 채 단순히 국가를 통치하기 위해 결정을 내릴 수 있는 '순수한' 1차 질서 관찰 정치가 상대적으로 거의 남아 있지 않다. 루만에 따르면 정치 기술은 2차 질서 관찰(혹은 프로필 큐레이팅)을 잘 '반영'하고 '조작'하는 데 있다.

국가 프로필의 구축, 독일의 기억문화

정치는 단순히 정치인과 정당의 프로필 작업에 관한 것만이 아니다. 또 이들의 정치적인 정체성 형성에 관한 것만도 아니다. 더 큰 범위에서 정치는 국가 브랜드, 즉 프로필 형성에 관한 것이기도 하다.[48] 국민국가는 여전히 오늘날 정치의 주요 틀을 이룬다. 프로필성 콘테스트와도 같은 정치는 국가를 대표하는 것만큼이나 통치에 관한 것이다. 정치인은 '국가 얼굴'이 되기 위해 경쟁하며, 국가 얼굴이 된 다음에는 정치인의 모습이 국가 프로필을 형성하는 데 큰 영향을 미친다. 정치인의 프로필은 보통 그 자체로 국가 프로필 계정에 새겨진다.

2차 질서 관찰 상황에서의 정치는 프로필성 작업이다. 말하자면 국가의 이익보다는 국가 프로필에 이익이 되는 방향으로 결정이 이뤄진다는 의미다. 그렇지 않다면 오히려 이런 두 목적은 거의 합쳐져 있다는 뜻일 것이다. 국가 프로필에 보탬이 되는 것은 국가에도 보탬이 된다. 오늘날 국가의 형성은 국가 프로필 작업이다.

전통적으로 민족 정체성은 인종, 언어, 종교적 신념, 이념적 사상 또는 역사적 경험과 같은 사람들의 공통된 특성을 기반으로 구축됐다. 이런 요소는 오늘날에도 여전히 강력한 정체성의 표지로 작용한다. 이슬람 공화국이나 유대 국가, 혹은 '명백한 사명'을 공유하는 사람들에 의해 세워진 국가의 경우가 그러하다. 이런 국가의 정치인들은 어떻게든 국가 프로필의 성장 및 큐레이션에 맞춰 자신의 프로필을 향상시키고 큐레이팅해야 할 것이다. 그렇게 하는 것들이 국가 프로필을 '다시 위대하게' 만들기 위한 많은 기회를 제공한다.

국가 프로필을 다시 성공적으로 형성한 매우 흥미롭고 놀라운 사례가 최근의 독일 역사에서 일어났다. 이 사례는 프로필성이 한 국가의 정체성 형성이라는 보다 큰 맥락에서 어떻게 작동하는지, 또 한 국가의 프로필이 시민의 개인 프로필과 어떤 연관성을 지니는지 유익한 설명을 제공한다.

독일은 제3제국(1933년부터 1945년까지 독일의 나치 정권을 일컫는 말로 주로 사용됨-편집자)의 잿더미 속에서 빠르게 성장했으며 1950년대 '경제 기적'을 통해 곧 놀라운 수준의 부를 축적했다. 그러나 과거 나치 통치로 망가진 국가 이미지는 회복될 기미조차 보이지 않는 듯했다. 전후 동독인들은 스스로를 '안티파시스트'로, 서독인들은 스스로를 '포스트파시스트'로 단순히 정의하려는 시도는 제한적인 성공만 거두었다. 동독의 안티파시스트

과거는 공산주의 정권의 억압적, 전체주의적 이미지를 개선하는 데 도움이 되지 않았다. 서독은 돈으로 조상에게 물려받은 죄를 씻어내려 했고 결국 일종의 결승선(Schlussstrich)에 도달한 후 죄책감에서 벗어날 수 있었다. 이 역시 의도한 결과를 가져오지는 못했다.

하지만 동독과 서독이 통일한 이후 일종의 '정체성 기적'이 일어나 독일 경제의 부활이 가져오지 못한 부분을 보완했다. 독일은 지난 수십 년간 새로운 국가 정체성과 자부심을 큐레이팅하며 관리했다. 이는 공적 생활의 중심에 있는 독일 시민의 종교와도 같은 새로운 형태의 실천으로 이른바 '기억 문화'(독일어Erinnerungskultur)로 가능했다. 이 같은 독일의 프로필 재형성 과정은 여전히 진행 중이며 끊임없는 정치적 관심이 필요하다.

영어 단어 'remembrance'와 'reminiscence'는 'mind'과 어원적인 연결을 통해 기억을 '생각나게 하다'로 묘사한다. 그러나 기억을 뜻하는 독일어 'Erinnerung'는 어원과 의미가 현저히 다르다. '되돌리다'는 뜻의 영어 접두사 're'와 달리, 독일어 접두사 'er'은 목표 지향적 과정을 나타내거나 뒤따라오는 동사의 의미를 강화한다. 더욱이 'innerung'는 순수한 지적 행위보다 더 깊은 포괄적인 내면화를 가리킨다. 따라서 'Erinnerung'는 단순히 무언가를 다시 생각한다는 뜻이 아니라 문자 그대로(특히 헤겔의《정신현상학Phenomenology of Spirit》에서) 객관적인 것도 주관적인 것으로 받아들이고, 외부에 있는 무언가도 내면화함으로써 자신의 것으로 만들고 소유하는 것을 의미한다. 즉 역사적인 요소를 내면화해 자신의 정체성을 형성한다는 의미다.

독일의 기억문화에 대해 말하려면 정체성 형성의 가장 중요한 측면을 알아야 한다. 기억문화의 기능은 단순히 과거 지식을 보존하는 것만이 아니라, 국가와 시민에게 내면화시켜 집단적 정체성으로 강화하고 탈바꿈시키려는 목적도 있다.

집단적 정체성을 지지하거나 불러일으키기 위해 추모 의식을 치르는 사례는 새로운 일도, 드문 일도 아니다. 추모 의식은 동서고금의 크고 작은 공동체에서 흔한 일이었다. 하지만 현대 독일 문화는 대표적으로 2005년 베를린 중심가에 세워진 기념비적인 홀로코스트 추모 공원으로 상징되는데, 이는 두 가지 면에서 특별하다. 첫째, 독일의 기억문화는 제3제국의 비교적 짧은 가까운 기간에 초점을 맞추고 전적으로 이례적인 것으로 간주한다. 그래서 오늘날의 독일은 자신들의 정체성이 이 기간의 연속이 아니라 그 반대로 정의한다. 둘째, 기억의 핵심 대상인 홀로코스트는 국가의 위대함을 나타내는 영웅적 표현도, 견뎌내야 할 비극적 고난이나 불의도 아니다. 오히려 그 규모를 가늠하기 힘든 가장 흉악한 범죄로 이해한다.

독일의 정체성은 과거의 영광이나 승리, 인내라는 기억을 통해 형성된 게 아니다. 역설적이게도 지울 수 없는 수치심을 받아들이고 끔찍한 죄책감을 인정함으로써 느끼는 자부심을 기반으로 정체성을 형성했다. 받아들이기 힘들 것 같은 수치심을 받아들이고 거의 용납하기 힘든 죄책감을 인정하는 이 행위가 수치심과 죄책감을 영웅적인 위엄 형태로 아주 영리하게 재활용한다. 죄책감이 자부심으로 전환된 것이다. 지금까지 저지른 가장 큰 죄 중 하나를 기억하고 그에 따라 책임을 질 수 있다는 힘이 있다는 점에서 윤리적으로 예외적이라고 주장하는 것은 도덕적 자부심이다. 기억문화의 내러티브는 이렇다. 우리 독일인은 다른 나라 사람이 감히 기억하지 않는 과거를 기억하기 때문에, 다른 나라 사람이 스스로를 감히 비난하지 않는 과거에 대해 우리 자신을 탓하기 때문에, 이제 우리는 도덕적 모범으로 간주될 자격이 있다.

기억이 무엇인지는 독일어 단어 Erinnerung이 영어 단어 'remembrance'보다 더 정확하게 표현한다. 영어 단어가 과거의 사건을 주로 머릿속에 떠올리는 과정이라면, 독일어 단어는 개인이자 집단으로서 '우리'가 자신에 대해 듣고 싶어 하면서 받아들이게 되는 이야기와 집단 또는 개인이 동일시하는 것을 의미한다. 이런 이야기는 일반적으로 우리를 자랑스럽게 만들고 인간의 가치가 올바르다는 확고한 믿음을 지지하며, 또 그러한 것을 공유하고 싶은 충동을 불어넣는다. 다른 사람에게 투사될 수 있는 정체성 프로필을 형성하기 위한 틀을 제공하기도 한다.

독일은 새로운 정체성이라는 프로필을 만드는 데 성공했으나 몇 가지 역설적인 결과를 가져왔다. 독일의 기억문화가 낳은 정치적 효과로는 2015년 난민 위기 동안 독일 국경을 개방한 것이었다. 외국인을 적대시하던 나치의 잔재가 완전히 청산됐음을 그 자체로 세상에 증명하기 위해 독일은 환영문화Willkommenskultur라는 또 다른 문화를 개발했고, 특별히 전쟁과 빈곤을 피해 탈출한 중동과 아프리카 이주민을 수용했다. 이 정책은 적어도 처음에는 독일의 정치 영역에 있는 상당한 사람들과 유권자 대부분이 열성적으로 수용했지만 유럽연합 내에서 마찰을 일으켰다. 영국의 유럽연합 탈퇴Brexit는 어느 정도는 독일이 난민 수용에 소극적인 다른 나라에 환영문화를 수출하려는 시도가 실패한 결과라 할 수 있다. 유럽연합에 속한 다른 국가는 독일의 기억문화 같은 배경과 정체성을 갖고 있지 않기 때문에 환영문화를 반가워하지 않았던 것이다.

그럼에도 독일의 국경 개방은 독일인들이 자신들의 국적을 다시 한번 자랑스럽게 여기도록 만들고, 국가 프로필도 성공적으로 드높일 수 있었다. 프로필성의 측면에서 정치를 이해하는 관점으로 볼 때, 이런 결정은 대부분 이주민에게 즉각적 이익도 주지 않고(많은 이들이 독일로 가는 길에 사망) 독일 국민의 물질적 이익에도 보탬이 되지 않았다.(재정적인 측면을 비롯해 여러 분야에서 안게 되는 부담). 오히려 독일의 국경 개방은 국가 프로필에 대한 투자였다. 아울러 국가 프로필에 좋은 것은 국가와 국민에게도 좋은 영향을 끼치므로 독일 국민의 장기적 이익을 위한 결정이기도 했다. 그러나 영국과 같이 국가 프로필이 독일과 전혀 다른 나라에서는 이 논리가 그대로 적용될 리 없었다. 다른 유럽연합 국가들이 국경 개방을 거부한 이유도 마찬가지다.

2015년 국경 개방이라는 새로운 이민 물결 이후 독일은 이제 다민족 국가라는 사실을 점점 더 깨닫게 됐다. 1960년대 시작된 터키를 비롯한 다른 나라로부터의 대규모 이민에 이어 사실상 독일은 이미 다민족 국가였다. 물론 다문화 독일은 새로운 국가 프로필에 환영받을 만한 확인이었다. 하지만 동시에 기억문화에 근본적인 문제를 야기했다.

독일의 기억문화는 홀로코스트와 동일시함으로써 성립한다. 오늘날 독일 인구 대부분을 차지하는 1945년 이후 출생한 사람은 이 중대 범죄에 개인적인 죄책감을 인정하지 않으려 하는 것에 반해, 기억문화는 수치심을 내면화하고 그에 대한 '역사적 책임감'도 가져야 하는 의무를 함의한다. 그런데 환영받으며 새롭게 독일인이 된 모든 사람에게 어떻게 이런 태도를 요구할 수 있을까? 그들에게도 마찬가지로 나치 범죄로 형성된 국가적, 개인적 정체성을 포용하도록 말할 수 있을까? 설사 포용한다고 하더라도 그래야만 하는 것일까? 이런 고충은 기억문화에 가장 큰 걸림돌로 꼽혔다. 전후 독일의 기억 이론가로 영향력 있는 알라이다 아스만Aleida Assmann은 독일 이민자도 "홀로코스트 희생자의 이야기에 관심을 기울이고 더 나아가 동일시해야 한다"라고 주장했다.[49] 독일의 유대인 대학살 피해자와 스스로를 동일시하지 않아도 기억문화를 공유할 대안으로, 아스만은 아르메니아인 집단학살을 부인하는 자신의 아버지를 비판하던 터키 출신 대학생을 예시로 들었다. 아스만에 따르면 독일 이민자는 기억문화와 동일시할 두 가지 선택이 있는 듯하다. 유대인 대학살 희생자와 대리인으로 동일시하거나 그들이 뿌리를 둔 국가나 문화에서 일어난 집단학살로 대체해서 역사적 책임감을 가지는 것이다. 기억문화는 상당히 복잡한 정체성 구조로 나타난다. 이 때문에 알라이다 아스만의 프로필에는 꽤 도움이 된 듯하다. 하지만 독일의 이주민들이 기억문화를 자신들의 프로필 일부로 받아들이는 데 얼마나 열정적일지는 두고 볼 일이다.

슈퍼 브랜드의 논리, 프로필성과 자본주의
리버 클레그River Clegg는 〈뉴요커〉 풍자 칼럼에서 "나에게 제품이 아닌 정체성을 파시오"라고 요구한다.[50] 그는 또 자신이 어떤 종류의 정체성을 선호하는지도 알려준다. "자신이 정한 규칙에 따라 플레이하는 멋진 녀석"이다. 아무래도 그는 맥(Mac, 개인용컴퓨터)을 가져야 할 것 같다.

2006년 애플은 "매출을 늘리고 가장 큰 경쟁자인 마이크로소프트를 따돌리기 위해" 상징적인 "맥을 가져라Get a Mac"라는 광고 캠페인을 시작했다.[51] 이 캠페인은 놀라운 성공을 거뒀다. 아마도 광고 역사상 가장 큰 성공 가운데 하나일 것이다. 더 정확하게는 브랜딩 역사에서, 더욱더 엄밀하게 말하면 **프로필 정체성 마케팅** 역사에서 그렇다. 이 캠페인은 66개 텔레비전 광고로 구성되어 북미 전역과 다른 많은 일부 선진국에서 방영됐다.[52] 이 광고는 "캠페인이 시작된 후 매년 12퍼센트가 증가해 2006년 말까지 전체 매출을 39퍼센트나 끌어올리면서 맥의 판매량이 엄청나게 늘어나는 시기"로 나아가게끔 했다."[53]

이 광고는 맥이 이용자의 개인 프로필을 제공한다는 대담한 프로필 정체성 마케팅이었다. 광고는 모두 동일한 구조와 형식, 스타일을 따랐다. 광고에서는 남성들이 등장해 짧은 대화를 나눈다. 캐주얼로 깔끔하게 차려입은 젊은 남성이 자신을 이렇게 소개한다. "안녕하세요, 맥입니다." 그리고 평범한 헤어스타일에 정장을 입고 안경을 걸쳐 다소 딱딱한 분위기를 풍기는 중년 남성이 대화를 이어나간다. "또 저는 피씨입니다." 대화는 마이크로소프트 피씨보다 애플 맥의 이점을 중심으로 전형적인 방식을 취했지만, 이 같은 제품 비교는 더 중요한 메시지를 전달하는 수단에 불과했다. 맥은 '젊고, 잘생기고, 여유로운 캐릭터'다. 반면, 피씨는 '매우 어수룩하고, 여유가 없고, 전체적으로 지루한 모습'이다.[54]

이 캠페인보다 더 두드러지게 정체성에 기반하여 마케팅한 사례는 없을 것이다. 애플은 프로필성 논리에 따라 캠페인을 전개함으로써 성공을 거뒀다. 카페, 교실, 공항에서 맥북을 꺼내 드는 것은 의식적으로든 무의식적으로든 보는 이들에 의해 평가받게 될 것임을 의미한다. 이를 피하는 것은 불가능하다. 제품에 스티커를 덕지덕지 붙여 기기를 가리려 할 수도 있겠지만, 이 또한 프로필이 된다. 이 경우 컴퓨터는 자신을 투사하는 프로필의 중요한 일부가 된다. 자신의 프로필을 특정한 방식으로 관리하려는 다수의 사람들은 이제 맥을 구입하는 것 외에 선택의 여지가 없다.

1999년 처음 출간되어 베스트셀러에 오른 《슈퍼 브랜드의 불편한 진실No Logo》에서 나오미 클라인Naomi Klein은 애플이 컴퓨터를 많이 파는 게 아니라 멋을 팔고 있다는 데 주목했다. 이 책은 이제 이십여 년이 됐고, 따라서 애플의 '맥을 가져라'라는 캠페인 성공을 막지도, 새로운 미디어를 이용한 브랜딩의 확산도 알지 못했다. 브랜딩의 확산은 맥 캠페인과 거의 같은 시기에, 그리고 바로 그때 팔린 컴퓨터상에서 시작됐다. 하지만 클라인의 책은 멋이나 정체성의 가치라는 자본주의 상품화에 대한 비판적 사례 연구를 상세히 다루면서 브랜딩 경제를 분석하여 널리 읽히는 데 성공했다. 다소 마르크스주의적 관점에서 볼 때 클라인은 거대 기업이 잠재 고객에게 제품을 알리기 위해서가 아니라 거대한 기생충처럼 인간의 페르소나에 들러붙기 위해 얼마나 엄청난 돈을 지출하는지 보여준다. 거대 기업은 인간의 정체성을 착취하고 소외시키며 프로필성의 생산과 판매를 통해 스스로를 풍요롭게 하고 있다.

브랜딩은 사실 수천 년 전에 나온 아주 오래된 개념이다. 아주 초기에 브랜딩은 가축을 표시하는 데 사용됐다. 브랜드는 그 동물이 누구의 소유인지 나타냈다. 근대 초 자본주의에서는 브랜딩이 더 이상 직접적인 소유권을 나타내지 않았다. 오히려 포드나 후버처럼 자주 그들의 성으로 생산자와 판매자를 표시했다. 이때까지만 해도 '브랜드'의 오래된 의미와 새로운 의미 사이에는 여전히 명백한 유사성이 있었다. 두 경우 모두 브랜드는 고유한 특성(소, 자동차, 진공청소기)이 아닌 이익을 얻는 사람들의 관점에서 무언가를 표시했다.

자본주의 경제가 2차 질서 관찰에 맞춰 발전하자 브랜딩 논리는 다시 한번 바뀌었다. 브랜드는 더 이상 상품을 만드는 제조업자가 아닌 제품 '이미지'와 관련됐다. 이런 변화는 주로 광고를 통해 일어났다. 광고는 자본주의 목적을 위해 대가를 지급하고 2차 질서 관찰 형태로 연출된다. 광고도 철저한 프로필 활동이다. 단순히 무언가를 알리기 위해 연출되는 게 아니라 더 높은 이윤을 남기고 판매될 수 있도록 일반 동료에게 알려져 있는 것처럼 연출된다. 광고는 우리가 살 수 있는 것을 보여주는 것뿐만이 아니라, 더 중요하게는 그 물건(즉 대중에게 알려져 있는 그대로의 물건)의 프로필을 구축하고 구체화한다는 점이다. 애플은 여전히 제조사를 가리킨다. 하지만 '맥'은 컴퓨터와 함께 구매 프로필을 나타내는 브랜드다. 2차 질서 관찰이 널리 퍼져 있는 선진 자본주의 사회에서 브랜드는 상품의 소유자도 구매자도 아닌 프로필을 통해 상품의 정체성을 나타낸다. 상품은 프로필이 된다. 그 상품이 지닌 프로필성은 구매자가 원하든 원하지 않든 상품을 산 사람들에게 전달된다. 내가 구매해서 갖고 있는 상품의 프로필은 내 프로필의 일부가 된다. 내 계정의 일부가 되었기에 이에 대한 책임도 진다. 따라서 전통적인 브랜딩의 논리는 완전히 역전됐다. 예전에 브랜드는 소유한 것에 관해 소유자에게 정체성을 부여했다. 동물을 사면 그 동물에 낙인을 찍고 소유자명을 넣을 수 있었다. 현대 자본주의에서 브랜드 프로필은 소유자에게 상품의 정체성을 부여한다. 내가 구매한 컴퓨터는 내 이름을 따서 명명되지 않는다. 하지만 이 구매에서 내가 맥을 구매할 경우 '맥을 쓰는 사람'으로, 피씨를 구매할 경우에는 피씨를 쓰는 사람'으로 보이게 된다.

20세기 브랜딩 메커니즘에 대한 나오미 클라인의 유사 마르크스주의적 설명은 비교적 포괄적이고 정확하다. 하지만 클라인의《슈퍼 브랜드의 불편한 진실》에서는 프로필성으로까지 개념을 확장하지 못했다. 프로필성 개념으로 우리는 클라인이 다루던 복잡한 문제를 더 잘 이해할 수가 있다. 예를 들면 클라인은 "기업이 제품이 아닌 브랜드를 생산해야 한다는 생각"(xvii)이 책의 핵심 주제로 전개된 것을 발견하고 당황했다.[55] 그녀에게 이 문제는 다소 걱정스럽고 심지어 수치스러워하는 것처럼 보였다. 초판이 나온 다음 10년 뒤 발표된 회고록에서, 클라인은 다음과 같이 썼다.

> 나이키는 단순히 러닝화 회사가 아니며, **스포츠의 한계를 뛰어넘어 다양한 아이디어를 구상하는** 회사다. 스타벅스는 단순히 커피숍 체인점이 아니며, **공동체에 대한 다양한 아이디어를 가지고 있는** 체인점이다. 이런 사실을 깨달은 것은 지구상에 있는 자체 공장에서 제품을 제조하면서 대규모로 안정적인 노동력을 유지했던 많은 회사가 이제 어디에나 편재하는 나이키의 모델을 채택했음을 의미했다. 공장을 폐쇄하고 계약자와 하청업자의 복잡한 망을 통해 제품을 생산하시오. 그리고 당신의 거대한 아이디어를 완전히 투사하려면 필요한 디자인과 마케팅에 자원을 쏟으시오. 마이크로소프트 모델을 선택한 기업도 있었다. 회사의 '핵심 역량'을 가진 주주와 종업원은 엄격한 통제 센타에서 관리하시오. 또 우편물실을 운영하는 것에서 코드를 작성하는 일까지 외부의 임시 직원에게 모든 일을 위탁하시오. 일부는 이렇게 재구성된 기업을 '공동(空洞)기업hollow corporations'이라 불렀다. 그들의 목표가 사물의 물질적 세계를 초월하여 무엇에도 방해받지 않는 브랜드가 될 수 있

는 것처럼 보였기 때문이다. 기업 전문가 톰 피터스Tom Peters는 이렇게 말했다. "소유는 멍청이나 하는 짓이다!"(xviii)

2차 질서 관찰이 작동하는 사회에서 상품 프로필이 실제 제품보다 더 큰 가치를 지닐 경우, 기업은 '물건'을 제조하고 배포하기보다 프로필을 큐레이팅하는 데에 집중하는 편이 합리적일 수 있다. '무엇에도 구애받지 않는 브랜드'는 소유자나 제조업자의 정체성을 나타내던 이전의 '브랜드' 의미에서 오늘날 프로필성으로의 전환을 대표한다. 나오미 클라인은 기업이 생산 공정을 하청업체에 맡기지 않고 직접 제품을 만들던 보다 '진정한' 자본주의에 어떤 향수가 있는 듯하다. 하지만 프로필이 시장을 움직이는 자본주의 사회에서는 제품보다 오히려 프로필이 주요 이윤의 원천이 된다. 대부분의 자본주의 사회가 프로필에 관심을 기울이는 이유가 바로 여기에 있다.

나오미 클라인은 '공동기업'과 '공동정치' 사이에 있는 유사점을 정확하게 간파한다. 클라인은 어떻게 오늘날의 정치가 전부 브랜딩에 관한 것인지도 설명한다. 그녀의 관점에서 버락 오바마는 "슈퍼 브랜드가 된 최초의 미국 대통령"(xix)이었다. 경제에서와 마찬가지로 정치에서도 그녀는 이런 상황을 한탄하며 "진짜"(xxvii)로의 복귀를 희망한다. 진짜는 아마도 보다 진정한 정치에 있을 것이다. 만약 클라인이 경제와 정치뿐 아니라 사회 전반에 프로필성이 미치는 영향과 개념을 더 잘 이해했더라면 프로필이 이제는 '진짜'라는 사실을 깨달아야 했을 것이다. 실제로, 프로필은 정체성을 확립하고, 수익을 내고, 권력을 행사하는 데 아주 강력한 도구다. 어떤 식으로든 비현실적이라거나 가짜에 불과하다고 여기는 것이야말로 바로 프로필의 진짜 힘을 심각하게 과소평가하는 일일 것이다.

클라인이 대단한 것은 무엇보다도 그녀의 책《슈퍼 브랜드의 불편한 진실》이 대중적으로 대성공을 거두면서 또 하나의 슈퍼 브랜드가 됐다는 사실을 그녀가 잘 알고 있고 명시적으로 언급한 점에 있다. 게다가 그녀가 극구 부인했음에도 그녀 "자신의 브랜드"(xvii-x1) 나오미 클라인을 만들었다는 점이다. 클라인이 브랜딩을 심도 있게 분석한 것을 감안하면 그녀도 이런 국면을 피할 수 없음을 알고 있었다. 이런 국면들은 슈퍼 브랜드의 논리와 프로필성을 뒤따른다. 이는 다시 한번 프로필성이 **진짜**가 되는 법을 보여준다. 프로필성이 영향을 미치는 상황에서는 그에 맞서는 어떠한 '성공적인' 비난도 역설적으로 프로필성의 확장만 가져올 뿐이다.

동료의 힘, 프로필성에서의 리뷰 과정

프로필은 경제적 측면에서 볼 때 수익을 낸다. 정치적 측면에서는 권력을 부여한다. 학술적 측면에서는 '진리' 또는 적어도 신뢰성을 구축한다. 뛰어난 프로필로 인기를 끄는 학자는 논문 발표 및 출간이 한결 쉽다. 수백, 수천 명이 참석하는 주요 컨퍼런스에 기조연설자로 초대되기도 한다. 연설이 끝난 다음에는 비교적 프로필이 덜 알려진 수많은 학자들이 작은 패널로 분산되어 저명한 학자의 발표 내용에 대한 서로의 견해를 경청한다.

프로필성이 주는 큰 좌절감 가운데 하나가 바로 여기에 있다. 극소수만이 이름을 알리고 관심을 받을 뿐이다. 나머지는 그저 그런 프로필을 유지하며 상황에 맞춰 살아간다. 성실성에서는 모두가 성실한 사람이 될 수 있다. 성실성을 확인하기 위해서는 가까이에 있는 동료(예를 들면 가족 구성원)만 필요할 뿐이다. 진정성에서는 무엇보다도 대중이 인정하지 않는 천재로서 스스로를 동일시하는 것이 독특함을 느끼는 한 방법일 것이다. 몇몇 사람들이 진정성을 알아준 경우만이라도 진정으로 삶에 만족을 느낄 수 있다. 어쨌든 다른 사람들은 모두 가짜다. 프로필성에서는 이런 전략이 통하지 않는다. 가족이 눌러 준 좋아요는 실제로 중요하지 않고, 눈에 보이지 않는 프로필도 거의 가치가 없다. 자본주의 경제에서와 마찬가지로 프로필성이라는 복권은 실제로 성공한 사람과 그렇지 못한 사람 간 격차만 커지게 할 뿐이다.

다수에게 주목받는 사람이 아니라면 모든 것을 고려할 때 프로필이 인상적이지 않을 가능성이 있다. 기조연설자가 되기보다 홀을 채우는 동료의 대열에 합류할 것이다. 그래도 보상이 있기는 하다. 적어도 한 가지는. 만연해 있는 사회적 검증 피드백 순환은 모든 사람에게 열려 있다. 대부분의 내 동료처럼 평범한 프로필 정체성을 받아들여야만 하는 경우라도 타인을 검증할 기회는 끊임없이 주어진다. 〈아메리칸 아이돌〉 무대에 올라 노래를 부를 수 있는 사람은 소수에 불과하나 투표할 사람은 많다. 학계도 기본적으로 이와 동일하다. 동료 심사 시스템 덕분에 학술지에 실리기 위해 제출된 거의 모든 원고를 여러 동료 연구자가 검토하여 선택된 소수의 논문만을 걸러 낸다.[56]

이 책의 저자들은 수십 년간 학계에서 활동하며 논문 저자와 심사자가 서로를 숨긴 채 진행되는 더블 블라인드 동료 심사가 때로는 우리 자신을 포함하여 사람들로 하여금 최악의 모습을 보이게 만들 수 있다는 결론에 도달했다. 학자들이 왕왕 거들먹거리고, 파괴적이고, 심지어 학술지 게재를 방해하려는 의도로 제출 논문을 무시하는 심사평을 쓰도록 유혹을 느끼는 경우가 있다. 심사자가 기분이 나쁜 날에 심사할 수도 있다. 논문 저자가 싫어하던 사람이라는 사실을 우연히 알게 될 수도 있다. 심사자가 천성적으로 까다롭고 편협해 괜한 트집을 잡을 수도 있다. 경쟁자인 동료에게 학문적 프로필을 높일 기회를 줘야만 하는 이유를 알지 못해 합리적이라 생각할 수도 있다. 아니면 자신이 전에 제출한 여러 논문이 심사를 통과하지 못해 좌절감을 느꼈는데 복수할 때라고 생각할 수도 있다. 물론 검토 중인 글이 실제로 엉망일 가능성도 분명히 있다.

산발적으로 맞닥뜨리는 무자비한 동료 심사 보고서에 대한 이러한 잠재적 이유 중 마지막 두 번째, 즉 자신의 이전 연구물이 동료 심사에 통과하지 못했다는 이유로 인색한 심사평을 남기는 행위는 학자를 비롯해 프로필 작업이 필요한 다른 사람의 심리 속으로 들어가는 데 돌파구가 될 수 있다. 확률적으로 프로필성이 뛰어난 사람보다 평범한 사람이 훨씬 더 많다. (또 나오미 클라인이나 주디스 버틀러 같은 저명한 작가가 얼마나 많은 동료 심사를 맡는지 확실하지도 않다.) 여기에서부터 큰 불만이 시작된다. 매일 부지런히 프로필을 관리하고 있으나 결정적인 돌파구는 결코 일어나지 않는다. 이런 상태가 장기적으로 갈 수 있다. 정체성 가치는 계속 무너지고 절망감이 슬금슬금 밀려온다. 그런데 대부분의 사회 영역은 일반 동료로 구성된 대중에게 어느 정도 일정 간격으로 권한을 부여하고 자극함으로써 좌절감을 해소할 수 있게끔 매우 효과적인 배출구를 제공한다. 〈아메리칸 아이돌〉과 선거에서 사람들은 자신의 목소리를 내고 투표권을 행사할 수 있다. 유튜브에 댓글을 달 수 있고, 아마존에 리뷰를 남기고, 동료 학자의 논문을 평가할 수 있다.

사회적 검증 피드백 순환을 유지하려면 힘의 흐름을 적절히 규제하고 조절하는 게 매우 중요하다. 그렇다. 권력은 뛰어난 프로필을 가진 소수에게만 집중되어 있지만 평범한 프로필을 가진 이들도 모두 순환에서 낙오되지 않도록 끊임없이 힘의 순환에 통합되고, 또 통합돼야만 한다. 사회적 검증 피드백 순환은 사회적 힘을 생성하고 또 재생하는 역할을 한다. 자본주의 경제 체제에서 빈곤층이 가진 적은 돈이나마 (결국 이 돈이 부자들을 더 부유해지게 만들도록) 소비할 기회가 꾸준히 주어지는 것처럼, 프로필성 측면에서 평범한 프로필을 지닌 이들이 타인의 프로필을 평가하는 데 프로필 힘을 사용할 기회도 끊임없이 주어질 필요가 있다. 이 순환은 자기 강화적이다. 나오미 클라인이나 주디스 버틀러의 글을 인용할 때마다 그들의 뛰어난 프로필의 가치는 더 높아질 것이다. 그렇다고 그들의 글을 인용하지 않는다면 우리의 평범한 프로필은 '담론 안에' 존재하지 않음으로써 훨씬 더 가치가 내려갈 것이다.

 일반 동료와 일원이 되는 것은 용기가 나고 격려받는 느낌일 수 있다. 평범한 프로필을 지닌 동료에겐 꼭 필요한 존엄성을 회복시킨다. 실제로 이것은 차이를 만들 뿐만 아니라 상징적인 일반 동료의 구성에 참여하는 것이 절대적으로 필요하고 필수적이라는 사실을 모든 사람에게 보여준다. 뛰어난 프로필은 일반 동료가 후하게 인정한 경우만 가능하다. 프로필성이 영향을 미치는 상황에서는 일반 동료가 특별한 자원일 수밖에 없는 이유다. 신도, 가족도, 내면의 자아도 일반 동료를 대신하지 못한다. 익명의 대중들은 자부심과 함께 존중받는다는 느낌과 연대감, '행동의 주체'로 느끼며 종국에는 자신의 정체성이 인정받는다는 느낌을 확인받을 필요가 있다. 자신의 평범한 프로필로 그런 욕망을 결코 충족할 수 없기에 전능한 일반 동료와 연합하여 정기적으로 구원받는 경험을 하게 된다.

프로필성의 역사

프로필성은 새로운 것이 아니다. 그저 소셜 미디어만의 현상이 아니라는 얘기다. 그렇지만 프로필성의 역사는 아직 쓰여지지 않았다. 여기서는 이 역사에 관한 몇 가지 참고 사항만을 소개한다. 구체적으로는 프로필성의 측면을 설명하지만 용어도, 그에 따른 개념적 틀도 사용하지 않은 초기 이론에 역점을 둔다.

픽처레스크, 인쇄와 사진시대의 프로필성

마카오대학은 진주강 삼각주에 있는 헝친섬Hengqin Island에 자리한다. 캠퍼스 경계를 따라 벽이 세워져 있는데 이 대학을 제외한 나머지 섬이 마카오가 아닌 중국 본토에 속하기 때문이다. 캠퍼스로 들어가려면 유일하게 마카오와 진주강 어귀에 설치된 지하 터널을 통과해야 한다. 터널을 빠져나와 캠퍼스에 도착하면 맨 먼저 왼편에 보이는 것은 터널 출구 위에서 찍은 대학 캠퍼스 사진을 보여주는 환영 팻말이다. 따라서 우리의 관심은 오른쪽에 펼쳐진 실제 캠퍼스보다 높은 구도에서 똑같은 캠퍼스를 촬영한 왼쪽의 환영 팻말로 먼저 향한다.

　환영 팻말에 걸린 사진은 아주 근사하다. 마카오에서는 보기 드문 매우 맑고 화창한 날에 찍은 사진이다. 말 그대로 대학 캠퍼스가 가장 멋져 보이는 순간을 보여준다. 그러나 시선을 동시에 오른쪽으로 돌리면 실제 캠퍼스를 볼 수 있는데 굳이 출구 왼편에 사진을 걸어 둔 목적은 뭘까? 답은 프로필성에 있다. 프로필성이 영향을 미치는 상황에서는 단순히 사물을 보는 것이 아니라 보이는 것처럼, 또는 마땅히 보여져야 하거나 보여주고 싶은 사물로 보게 한다.

프로필성 원리는 마카오 전역에, 특히 대형 카지노에 흔히 적용된다. 라스베이거스 베네시안 호텔을 모방한 베네시안 마카오는 실제 베네치아를 재현했다. 산마르코 광장, 리알토 다리, 그리고 내부에 있는 대운하에서 백인 곤돌라 뱃사공이 곤돌라 노래를 부르는 시설이 완벽히 갖춰져 있다. 베네시안 마카오 바로 옆에는 파리지앵이 있어 미니 에펠 탑을 오르거나 그랜드 대로를 산책할 수 있다.

이탈리아나 프랑스에서 온 방문객들은 모국의 주요 명소를 대규모 관광지로 개발한 '문화적 전유'(다른 문화의 요소를 채택하는 것으로 '문화적 도용'이라고도 한다-편집자)를 발견하고 다소 불쾌하게 여길 수도 있다. 천박하고 저속한 모조품이라 생각할 수도 있다. 모욕감을 느끼지 않더라도 오로지 상업적 목적을 위해 위대한 건축물과 예술품을 어설프게 베끼는 행위가 썩 달갑지는 않을 것이다. 달리 말하면 방문객들은 진정성을 기준으로 카지노를 평가할 수도 있다. 진정성의 관점에서 볼 때 실제로 베네시안 마카오와 파리지앵은 거짓의 전형이다. (하지만 결코 진짜가 되려는 것은 아니다.) 마카오대학의 환영 팻말에 걸린 사진처럼 최고로 멋진 장소로 보여주기 위한 것이다. 더 정확히 말하자면 어떤 장소를 보여주려는 것이 아니라 어떤 장소가 어떻게 보이는 것처럼 보이는지 보여주려고 한 것뿐이다. 장소 프로필을 보여주면서 다른 일을 하는 것처럼 가장하지도 않는다.

기호학적 관점에서 프로필 이미지나 인공물은 재현보다 연출에 가깝다. 실제 대상의 재현이 아닌 프로필 연출이다. 픽처레스크 전통으로도 이해할 수 있다. 어떤 것을 픽처레스크로 인식한다는 것은 그것을 그림으로 생각하는 것이 아니라 그림을 보는 사람이 보이는 것처럼 생각한다는 의미다. '픽처레스크' 개념은 예술 관행으로 18세기 낭만주의와 함께 대중화되어 꽤 오랫동안 인기를 이어갔다.[57] 이런 현상은 분명 소셜 미디어와 인터넷 이전에 등장한 프로필성을 나타내는 징후들이다.

1800년 9월 작센Saxony 동부를 여행하던 독일 작가 하인리히 폰 클라이스트Heinrich von Kleist는 아름다운 시골 전경에 깊은 감명을 받았다.[58] 그가 약혼자 빌헬미네 폰 쳉게Wilhelmine von Zenge에게 보낸 편지에는 미학적으로 시골 농장의 완벽한 모습을 넌지시 언급하는 내용이 있다. "모든 농장이 풍경이다." 언덕 꼭대기에 올라 탁 트인 전경을 바라보면서 대지를 내려다보고는 "마치 액자 속에 있는 한 폭의 풍경화 같다"고도 했다.[59] 폰 클라이스트가 자신의 감정을 표현하는 방식은 당시에는 드문 일이 아니었다. 현대 극작가 루트비히 티크Ludwig Tieck에 따르면 독일 낭만주의와 관련된 지식인들 사이에서는 '풍경을 '가장 아름다운 그림', 즉 그림처럼 생각하는 것이 '정형화된 관찰'이었는데, 바로 이때가 1800년 경이었다.[60]

하인리히 폰 클라이스트는 열정적으로 다른 곳에서 본 풍경하의 렌즈로 작센의 들판을 내려다보며 감탄을 연발했다. 그는 시각적 모델 형태로 자신의 머릿속에 있는 풍경화의 기준을 떠올리며 자신 앞에 펼쳐진 전경을 바라봤다. 이런 관찰 방식은 '정상적인' 지각 순서로 간주될 수 있는 것에 반전을 나타낸다. 아는 사람의 초상화를 보면 '꼭 닮았어요!'라고 탄성을 지르는 경우 실물과 얼마나 일치하는지에 따라 그림 수준을 평가한다. 하지만 픽처레스크 경우 이 순서가 뒤바뀐다. 폰 클라이스트는 풍경의 아름다움을 그가 보았던 그림과 얼마나 일치하는지에 따라 판단했다.

픽처레스크는 낭만주의가 등장하면서 널리 알려졌고, 19세기 내내 문학과 예술 관행에 지대한 영향을 끼쳤다. 이 같은 인기는 대중매체의 발달과 점점 더 많은 사람들이 사진을 접할 수 있게 되면서 가능했다. 신문이나 잡지, 책에 삽화가 실렸고, 나중에는 예술 작품과 '자연의 아름다움'이 사진으로 표현됐다. 또, 박물관과 미술관이 설립되면서 더 많은 사람들의 접근성을 높였다. 미적 인식의 형성은 같은 방식으로 보이는 이미지가 큰 영향을 미쳤다. 모든 사람에게 사물이 얼마나 아름답고, 흥미롭고, 세련되게 보이는지, 또 얼마나 대중에게 보여질 가치가 있는지 보이게 할 필요가 있다는 것을 증명했다. 이미지는 먼저 종이에 그려져 감동을 주고 많은 사람들에게 배포되면서 깊은 인상을 남겼다.

매튜 깁슨Matthew Gibson은 《드라큘라Dracula》의 저자 브램 스토커Bram Stoker를 주제로 한 연구에서 19세기와 20세기 초반 연극 대본을 쓰고 무대에 올리는 데 그림이 어떻게 영감을 주고 지대한 영향을 미쳤는지 상세하게 보여준다. 깁슨에 따르면 브램 스토커는 자신의 글에서 "자주 독자가 장면을 '구체화' 할 수 있게 지시하려 할 때 그림이나 화가의 작품을 언급"하거나 "유명한 빅토리아시대 회화를 인용해 독자의 이해를 도왔다."[61] 당시 연극과 소설은 관객 및 독자의 취향과 프로필 측면의 기대에 부합하기 위해 픽처레스크 기법을 채택했다.[62] 오늘날에도 영화의 이미지나 장면을 인용하는 베스트셀러 소설을 종종 볼 수 있다. 9·11테러가 텔레비전에 생중계됐을 때도 많은 사람들은 뉴스 보도가 헐리우드 영화 같다고 느꼈다. 마찬가지로 그 테러도 '픽처레스크'였고, 아마 의도한 것일 수도 있다. 브램 스토커가 활동하던 시기에 인기를 얻고 있었던 작가들은 사람들이 책을 읽거나 연극을 관람할 때도 그림을 감상한다는 생각이 들게끔 집필했다. 오늘날의 소설(또는 테러 공격)은 영화를 보는 듯한 경험을 불러일으킬 때 더 극적인 것이 될 수 있다. 두 경우 모두 작품에 현실을 재현하려는 게 아니라 사물과 사람, 혹은 사건을 보여주는 것처럼 연출해 관심을 끌고 '좋아요'를 받으려는 시도라 할 수 있다.

픽처레스크는 다소 역설적이다. 풍경이 풍경화를 평가하는 기준으로 삼기보다 풍경화가 풍경의 기준(혹은 소설에서도 풍경을 설명하는 기준)이 된다. 픽처레스크 작가는 소설에서 풍경을 묘사할 때 '바깥에서' 본 실제 풍경을 참고하는 대신 잡지나 미술관에서 본 풍경화를 떠올릴 것이다. 작가로서의 성공은 이런 작업을 얼마나 잘할 수 있는지에 달려 있는 셈이다.

이 역설은 특히 픽처레스크가 호응을 얻던 낭만주의 시기와 관련하여 주목할 만하다. 낭만주의자는 일반적으로 진정성에 대한 탐구와 관련된다.[63] 하인리히 폰 클라이스트는 약혼자에게 편지를 쓸 때 자기 자신을 가장 개인적이고 주관적으로, 그리고 가장 친밀하게 표현하려 했을 것으로 예상할 수 있다. 빌헬미네에게 쓴 편지에서는 진심으로 풍경을 **즐길 줄 아는** 사람처럼 자신을 연출한다. 폰 클라이스트는 풍경을 그림으로 표현함으로써 풍경에 미적 가치를 부여해 예술 수준으로 끌어올리는 동시에 자신 또한 심미안을 갖춘 교양인으로 치켜세운다. 역설적이게도 폰 클라이스트는 당대 지식인에게 영감을 불어넣은 진정한 낭만주의자라는 전형적 프로필에 스스로를 캐스팅한다.

폰 클라이스트의 관찰력은 풍경을 최고로 빛나게 했을 뿐 아니라 그 자신 역시 열정적이면서 창의적이고 감각적인 남성처럼 보이게 한다. 2차 질서 관찰 방식으로 보면 그는 빌헬미네가 풍경을 떠올리는 한편 관찰자로 자신을 관찰해주기를 바랄 것이다. 아마 그는 자신이 보이고 싶은 방식으로 그녀가 자신을 보게 의도했을 수도 있다. (연인과의 의사소통에서 누구나 다 이런 마음이 아니겠는가?) 그가 쓴 편지는 풍경에 대한 프로필을 나타내는 것 뿐만 아니라 진정성을 갖춘 개인으로서 폰 클라이스트의 프로필이다. 단순히 풍경을 묘사하는 게 아니라 젊은 예술가의 초상화 역시 보여준다.

전시 가치, 영화시대의 프로필성

픽처레스크는 2차 질서 관찰의 특징을 모두 갖추고 있어, 프로필성이 발현되는 초기 형태를 대표한다. 하지만 그렇게 여겨지지 않았다. 오히려 사람들은 이 같은 낭만주의 현상을 무엇보다도 **미학적** 아이디어로 아름답고 매력적인 무언가를 만들거나 존재하는 방식으로 이해했다. 보다 넓은 사회적, 심리학적 맥락에서 이해하지 못했고 '정체성 문제'와도 연관시켜 반영하는 사례는 거의 없었다. 새롭게 부상한 대중매체와 밀접하게 관련시키는 것조차도 대수롭지 않게 생각하는 듯했다. 오히려 '진정성의 시대'가 꽃을 피우면서 픽처레스크는 다소간 부르주아지의 19세기 취미로 개성을 역설적으로 표현하는 데 사용할 수 있는 장식품이었다. 픽처레스크는 이론이 아니라 스타일이었다.

20세기에 들어와 부르주아적 픽처레스크 미학은 뒷전으로 밀려나 마침내 더 새롭고 훨씬 더 강력한 프로필성의 힘에 추월당하고 말았다. 유럽에서 시작한 산업화 물결이 전 세계로 퍼져나갔다. 새롭게 등장한 노동계급이 스스로 정치세력을 형성하고 혁명을 일으키려 하고 있었다. 새로운 기술은 제1차 세계대전에서 증명했듯이 삶과 죽음의 방식뿐 아니라 대중매체를 완전히 바꿔 놨다. 사진이 빠르게 퍼지면서 현실을 인식하는 방법이 바뀌고, 이를 바탕으로 이내 영화라는 새로운 매체가 개발됐다. 이런 엄청난 발전의 가속화로 인해 프로필성도 대규모로 더 빠르게 발전할 수 있었으며, 이제는 이론화가 됐다. 그리고 이런 표현이 정확하지 않다면 최소한 실질적으로는 1936년에 출간된 발터 벤야민의 유명한 글 《기술복제시대의 예술작품》에 등장한 내용이 (거의 틀림없이) 프로필성에 대한 최초의 이론일 수 있다.⁶⁴

이 글에서 예술에 대한 벤야민의 접근 방식은 미학적이지 않고 최소한 예술을 예술적이고 아름답게 또는 매력적으로 만드는 전통적 의미의 탐구도 아니다. 완전히 새로운 기술로 가능해진 전혀 새로운 형태의 예술이 지닌 혁명적인 사회적 기능에 대한 분석이다. 벤야민은 사진과 특히 영화가 예술의 생산 방식을 완전히 탈바꿈시키고 사회정치적 잠재력을 근본적으로 바꿔 놨다는 사실을 성찰한다. 영화와 사진 형태의 예술은 그 자체로 대중매체로 자리를 잡았으며, 따라서 낡은 방식의 미학적 고찰보다는 이 같은 관계에서 이해돼야 하는 것이었다. 벤야민은 영화와 사진의 사회정치적, 문화적 측면을 되돌아보면서 '예술'이라는 전통적 개념을 여전히 사용하지만, 사실상 그는 이미 본질적인 면에서 대중매체로 간주한다.

발터 벤야민은 찰스 테일러Charles Taylor가 《세속시대A Secular Age》⁶⁵에서 '진정성의 시대'를 선포하기 70여 년 전, 이미 우리가 프로필성을 이해하기 위한 핵심적인 아이디어를 이렇게 표현했다. "진정성의 전성기가 끝을 향하고 있다." 대중매체와 그에 따른 사회적 영향력도 진정성의 종말을 막아내지는 못했다. 벤야민에 따르면 기술복제시대가 도래하기 전 예술 작품은 종종 종교적 공간이기도 했던 특별한 곳에 소중히 보관된 독창적인 창작물이었다. 이런 예술 작품은 '아우라'를 얻게 되는데 세상에서 단 하나뿐이고 쉽게 접근할 수가 없기 때문이다. 이 아우라가 예술 작품을 숭배의 대상으로 만들고 '숭배 가치'를 부여했다. 종교에서 이런 숭배 가치는 예술 작품이 전반적으로 기능했던 종교 의식의 맥락에서 그 자체로 나타났다. 하지만 부르주아 계급이 지배하는 세속시대에도 이런 예술 작품의 특별한 가치는 그 독특함에서 나왔다. '위대한' 예술 작품은 숭배 가치가 계속 유지되면서 보통은 공개되지 않았다. 아직 세상에 하나뿐인 원본은 손길이 거의 닿지 않는 단 한 곳에만 있었다.

벤야민의 이론이 말하는 핵심적인 통찰력은 "진정성의 전체 영역은 기술(물론 기술적인 것뿐만이 아닌) 복제 가능성의 밖에 있다"라는 데 있다."[66] 구체적으로 이 내용은 벤야민에게 다음과 같은 의미다. "네거티브 필름만 있으면 몇 장이든 똑같은 사진을 인화할 수 있다. 그중 어떤 사진이 '진정성'을 지녔는지 묻는 것은 의미가 없다"(20). 사진과 영화에는 원본이 없다. 따라서 진정성도, 아우라도, 상응하는 종교적 또는 부르주아적 숭배 가치도 없다.

발터 벤야민에 따르면 원본에서 복제본으로의 변화는 예술에서만 일어난 것이 아니다. 주로 사회정치적 영역에 동시적으로 변화를 가져왔다. 한번 대중에게 공개되고 소비된 예술은 더 이상 종교의식의 맥락에서나 귀족적 미학으로 기능하지 않는다. 대중매체로 자리 잡은 예술은 이제 대중사회와 프롤레타리아적 삶의 일부가 됐다. 예술에서 대중매체로의 전환은 봉건제에서 자본주의로의 전환을 의미한다. (이것은 벤야민이 희망한 것처럼 보였듯이 훗날 공산사회로 나아가기 위한 길을 닦을 것일 수도 있다.)

벤야민에게 있어 예술이 특권적 사회 영역에서 벗어나 대중을 위한 매개체로 발전하는 것이야말로 인식의 변화를 의미한다. 그가 직접 이런 표현을 사용하지는 않지만, 이것은 본질적으로 2차 질서 관찰로의 변화다. 연극을 관람할 경우, 청중은 자신들 앞에서 실제 공연하는 배우를 직접 바라본다. 영화에서는 이것이 근본적으로 바뀐다. 배우의 연기는 촬영되고, 관객은 스크린상으로 배우를 본다. 벤야민이 이야기했듯이 "배우의 연기가 카메라를 통해 연출되므로 배우는 일련의 광학적 테스트를 거친다"(27). 다양한 구도, 다양한 거리에서 촬영된 배우의 영상은 편집에 편집을 거쳐 마침내 대중에 공개된다. 벤야민은 전통적인 연극과 달리 영화 "배우와 동일시하는 관객은 실제로 카메라와 동일시한다고 결론지었다. 결과적으로, 관객은 카메라의 관점에서 배우를 바라본다"(27). 이것이 가장 중요한 단계다. 관객은 더 이상 단순히 캐릭터를 보는 것이 아니라 보이는 것처럼 캐릭터를 바라본다. 그리고 이것은 다른 형태의 동일시를 불러온다. 이제 우리는 캐릭터뿐만 아니라 동시에 이들을 관찰하는 '동료'와도 동일시한다.

벤야민의 분석에 따르면 극장에서 영화관으로의 전환과 함께 인식의 전환이 일어나면서 "관객이 배우와 사적인 접촉을 경험하지 않고도 비평가 입장을 취할 수 있게 한다." 영화에는 아우라가 사라지고, 따라서 숭배도 사라진다. 2차 질서 관찰은 경건하지 않다. 퍼포먼스를 **퍼포먼스 그 자체로** 보며, 비평적 거리에서 공연을 평가할 수 있는 위치에 놓이게 된다. 벤야민은 이런 글을 썼다. "영화와 스포츠는 그 기술의 기량을 목격한 사람은 누구나 어느 정도 전문가라는 사실이 내재되어 있다"(31). 관찰 대상에 대한 관찰자의 힘은 영화에서 더욱 확연해진다.

발터 벤야민은 영화 배우를 자신의 운명을 좌우할 보이지 않는 일반 대중 앞에 서서 전전긍긍하는 모습으로 묘사한다. 이는 벤야민이 영화 관객을 새로 부상하는 일반 동료로 아주 가깝게 여겼음을 보여준다. 하지만 그의 마르크스주의적 이론 틀을 감안해 볼 때, 벤야민은 자본주의 소비자 시장을 의인화라는 관점에서 생각하기를 좋아한다.

> 카메라를 마주하는 동안 배우는 궁극적으로 시장을 구성하는 소비자인 대중과 마주하게 될 것임을 알고 있다. 노동력뿐 아니라 마음과 영혼까지 온전한 자신의 모습을 바치는 이 소비자 시장은 그의 영향력 밖에 있다. 촬영이 진행되는 동안 배우는 공장에서 생산되는 물품처럼 소비자 시장과는 거의 접촉이 없다. 영화는 움츠러드는 아우라에 대응해 스튜디오 바깥에서 인위적으로 '퍼스낼리티'를 창조해낸다. 영화산업의 돈으로 육성된 영화 배우의 추종은 개인의 독특한 아우라가 아니라 상품의 가짜 마법인 '퍼스낼리티의 마법'을 보존한다. (31)

벤야민은 영화 관객으로서 일반 동료에 대한 마르크스주의적 초상화만 (뒤에서 설명하듯이 다소 순진하게) 보여주는 게 아니다. 전반적인 주장과는 다소 모순되게 '개인의 독특한 아우라'를 그리워하는 듯한 모습을 보이기도 한다. 어찌됐든 영화배우의 '퍼스낼리티'를 '상품의 가짜 마법'에 빗댄 벤야민의 묘사는 우리 저자들이 이해하는 프로필 페르소나와 상당히 일치한다. 가짜든 가짜가 아니든 자본주의적 맥락에서 영화배우의 '퍼스낼리티'는 정체성의 상품화를 나타낸다. 우리들 대부분의 프로필 페르소나도 마찬가지다.

    영화에는 진정성도 유일무이함도 없고, 예술품도 예술가도 없다. 새로운 '숭배'는 대중 앞에 공개되어 더 이상 은밀한 종교 의식과는 관련이 없다. 벤야민이 깔끔하게 언급했듯이 새로운 예술과 예술가의 가치는 **전시 가치다**. 이 책의 저자인 우리의 관점에서 볼 때 이 분석은 예술, 대중매체, 문화산업에만 한정되지 않는다. 전시 가치는 사회 전반에 걸쳐 관찰되는 모든 프로필의 정체성 전시에 부여된 가치다. 프로필성이 영향을 미치는 상황에서는 배우와 예술가만이 자신의 프로필을 일반 동료에게 전시하고 마케팅하는 것이 아니다. 정치가와 학자도 마찬가지다. 경제적 측면의 가치도 1936년 존 메이너드 케인스John Maynard Keynes가 증명했듯이 벤야민이 전시 가치라 부르는 것의 변이다.

케인스의 미인대회

케인스는 그의 고전적 연구 《고용, 이자 및 화폐의 일반이론The General Theory of Employment, Interest and Money》에서 독특한 미인대회를 예시로 들어 현대 경제가 어떻게 가치를 창출하는지 설명한다.

> 전문 투자는 경쟁자가 신문경연대회에서 100명의 사진을 보고 가장 아름다운 6명의 얼굴을 선발하는 것에 비유될 수 있다. 상금은 전체 경쟁자의 평균적 선호도와 가장 유사한 선택을 내린 경쟁자에게 돌아간다. 따라서 각각의 경쟁자는 자신이 가장 아름답다고 생각하는 얼굴이 아니라 동일한 관점에서 문제를 바라보는 다른 모든 경쟁자의 마음을 사로잡을 가능성이 가장 크다고 생각하는 얼굴을 선택해야 한다. 자신의 판단에 따라 실제로 가장 아름다운 사람을 선택하는 것도, 평균적인 견해를 가진 사람들이 진정으로 가장 아름답다고 생각하는 사람을 선택

하는 것도 아니다. 우리는 평균 의견이 무엇일지에 대한 평균 의견을 예상하는 데 지성을 쏟는 세 번째 단계에 도달했다.[67]

물론 〈아메리칸 아이돌〉를 비롯한 다른 많은 프로그램에서도 이 같은 방식이 작동한다. 엘레나 에스포시토가 지적하듯이, 케인스의 미인대회는 경제에서 가격이 정해지는 방식을 보여주는 훌륭한 예시일 뿐만 아니라 2차 질서 관찰의 가장 적절한 예시이기도 하다.[68] 전통적 미인대회는 1차 질서 관찰을 기반으로 진행된다. 다수의 사람들이 대회에 참가한 다수의 얼굴을 직접 보면서 가장 아름다운 사람을 선택한다. 가장 많은 표를 받은 참가자가 우승한다. 경연이 2차 질서 관찰 수준으로 전환되면, 이 모든 것이 바뀌고 훨씬 더 복잡해진다. 이제는 평가 대상인 참가자뿐만 아니라 심사 위원들도 경쟁한다. 심사 위원들은 어떤 얼굴이 미인대회에서 우승할 것인지 맞히기 위해 경쟁하고 평가를 2차 질서 관찰 수준으로 전환한다. 심사 위원들은 단순히 얼굴만 보는 것이 아니라 최소한 그 얼굴이 다른 사람에게 어떻게 보이는지 생각하면서 살핀다. 이것이 더 나아가는 가장 결정적인 변화를 가져온다. 이제 **모든 사람은 다른 모든 이들도 2차 질서 관찰 형태로 관찰하고 평가하고 있다는 사실을 알고 있다.** 또 사람들이 '진짜 어떤 생각'을 하는지 (즉 사람들이 1차 질서 관찰 형태로 어떤 관찰을 하는지)도 무의미해진다. 다른 사람의 관찰과 평가만이 유일하게 관찰과 평가의 대상이 된 것이다. 아울러 이 미인대회에서 경쟁력을 갖춘 참가자가 되기 위해서는 자신이 관찰하는 관찰자가 2차 질서 관찰을 통해 자신을 관찰한다는 사실을 알 필요가 있다. 참가자 역시 자신의 얼굴 보는 게 아니라 다른 사람이 자신의 얼굴을 어떻게 보는지 살핀다. 따라서 얼굴 자체는 기껏해야 부차적인 평가 대상에 불과하다. 오히려 심사 위원들은 다른 심사 위원이 생각하는 것에 대해 다른 심사 위원은 어떤 생각을 하는지 면밀히 검토한다. 이런 형태의 경연은 우리에게 다른 사람들의 관찰에 대한 다른 사람들의 관찰을 관찰할 것을 요구한다.

케인스의 미인대회는 2차 질서 관찰의 현실(즉 프로필성의 현실)이 나타나는 역동적인 인스타그램과 다른 플랫폼을 설명한다. 테일러 스위프트(혹은 그 밖의 다른 사람)가 인스타그램에 올린 게시물에 대해 진심으로 어떤 생각을 했는지 중요하지 않은 것처럼, 사람들이 미인대회에서 얼굴의 아름다움에 대해 진심으로 어떤 생각을 하는지는 중요하지 않다. 요점은 평균 의견이 무엇일지에 대한 평균 의견을 예상하는 것에 지성을 쏟는다는 데 있다.

애초에 케인스는 투자자가 어떻게 생각하고 행동하는지, 그리고 이를 통해 금융산업에서 가치가 어떻게 확립되는지 보여주기 위해 미인대회를 예시로 들었다. 미인대회 참가자의 아름다운 얼굴은 주식이나 채권에 해당된다. 주식이나 채권의 시장 가치는 자신의 (존재하지 않는) 내재 가치에서도 1차 질서 관찰, 즉 투자자의 '진짜 의견'에서도 나오지 않는다. 시장 가치는 무언가가 보이는 것처럼 보이는 방식으로 바라봄으로써 확정된다. 발터 벤야민이라면 이것을 전시 가치라고 불렀을 것이다. 1차 질서 관찰 형태로 볼 수 있는 특정한 동료가 아니라 비개인적인 일반 동료의 시선으로 보이는 가치이기 때문이다. 경제에서는 시장이, 영화에서는 관객이 일반 동료인 셈이다. 그래서 이 또한 발터 벤야민이 유명 배우와 그들의 퍼스낼리티 가치가 어떻게 기능하는지 보다 정확하게 분석할 수 있었음을 의미한다. 배우들은 벤야민이 글에 썼던 "공장에서 생산되는 물품"보다는 월스트리트에서 거래되는 주식과 훨씬 더 비슷한 듯하다.

케인스의 미인대회에서는 평균 의견을 가장 정확히 맞힌 사람, 즉 2차 질서 관찰 방식으로 가장 유효하게 예측하는 사람이 우승한다. 오늘날의 실제 삶에서도 모두가 2차 질서 관찰 방식으로 관찰하고 다른 사람들 역시 모두 그렇게 한다는 사실을 알고 있는 심사 위원처럼 경쟁한다. 이 관찰 방식은 더 이상 단지 이상한 신문 게임에서 승리하는 데만 필요한 독특한 기술이 아니다. 모든 사회 전반에 보편적인 관찰 방식으로 자리 잡았다.

스펙타클

벤야민과 케인스 이후 30년이 지난 1967년, 프로필성과 거의 유사하게 설명하는 또 다른 이론이 발표됐다. 프랑스 작가 기 드보르Guy Debord가 쓴 《스펙타클의 사회The Society of the Spectacle》가 바로 그 주인공이며, 아마 앞서 언급한 독일인 벤야민과 영국인 케인스가 쓴 것보다 훨씬 열정적이고, 시적이며, 단호할 수 있다.[69]

이 책은 마치 암묵적인 무장 요구처럼 들리는 강력한 선언으로 시작한다. "한때 직접적인 삶이었던 모든 것이 단순한 재현에 불과한 것이 됐다"(1). 현대 자본주의 사회에서의 실존은 '직접적인' 삶을 경험하기보다 이미지 안에서, 이미지를 통해 일어난다. 오늘날 우리는 재현적인 전시 방식으로 삶을 살아간다. 스펙타클의 사회에서는 "사람들 사이에 형성되는 모든 사회적 관계"가 "이미지에 의해 매개된다"(4). 이처럼 직접적인 즉각성에서 간접적인 재현으로의 변화는 "가지는 것에서 보이는 것으로의 전환"(17) 역시 수반한다. 현대인은 이미지를 보는 것만이 아니라 이런 이미지를 소비하고 투사한다. 스스로의 이미지도 예외는 아니다. 상품을 이미지 형태로 소유하고 상징적인 수행 방식으로 행동한다. 스펙타클 사회에서 "지각할 수 있는 세계는 기존의 세계보다 우월하지만 동시에 스스로를 분명히 지각할 수 있는 일련의 이미지로 대체된다"(36).

스펙타클은 위계를 뒤집는다. 세상은 "완전히 바뀌었다"(9). 옛날에는 사람과 사물의 '직접적인' 존재가 존재의 재현보다 우선시됐다. 이제는 이미지가 우위를 점한다. 무엇보다 큰 가치가 된 것이다. 이런 반전에 대한 드보르의 묘사는 실제로 그림이 풍경의 아름다움을 지각하는 기준이 됐던 픽처레스크의 낭만주의 미학을 따른다. 상품 가치가 브랜드 가치를 결정하는 대신, 브랜드 가치가 상품 가치를 결정한다는 나오미 클라인의 슈퍼 브랜드의 논리와도 일맥상통한다. 드보르가 이야기하는 "삶의 반전 inversion of life"(2)에는 "기호"(8)가 궁극적인 '최종 산물'이다. 가끔은 이런 기호나 이미지를 단순히 "환상" 또는 "가짜 인식"(3)의 지표로 비난하기도 한다. 하지만 그는 동시에 "스펙타클은 현실임"을 강조한다. 시적으로 표현하자면 '스펙타클 안에서 현실이 분출한다.' 스펙타클을 구성하는 이미지와 기호는 "실제 활동"(8)의 산물이라고 드보르가 강조할 때마다, 이런 이미지와 기호들은 우리가 '프로필'로 언급하는 것과 아주 많이 닮아 있다. 스펙타클의 사회에서 진정성은 제 기능을 상실한다. 아니면 오히려 스펙타클(또는 이 책의 용어로는 프로필성)에 사용될 때만 기능한다고 가정할 수도 있을 것이다. "진정성 있는 삶을 사는 것인 양 행세하더니 나중에 보니 더 진정한 스펙타클한 삶을 살고 있는 것에 불과했다"(153).

드보르는 논증 과정에서 비판적인 마르크스주의적 관점에 기호학적 분석을 종속시킨다. 마르크스주의적 용어로 설명하면 스펙타클은 궁극적으로 "이미지가 된다는 점에서 축적된 자본"(34)으로 재정의된다. 스펙타클이 "어떤 특정한 경제와 사회 속에서 형성된 것"으로 이해돼야 하는 것도 같은 방식이다. "객관적인 힘으로 변형된 세계관"이기에 "물질 영역"에서는 "지배적인 생산 양식"(5-6)이 된다. 이 스펙타클은 경제적, 이데올로기적 개념이 된다. 인간을 소외시키고 착취하면서 이윤을 창출할 책임을 진다는 점에서 나오미 클라인의 슈퍼 브랜드 논리와 다를 바 없다. 스펙타클은 자본을 축적하기 위한 주요 자원이자 거대한 상품이 된다.

벤야민처럼 드보르는 자본주의 정치경제학과 이미지의 기술적 재생산 사이에 긴밀한 관계가 있다고 본다. 그에게는 뉴스, 광고, 오락이 "현실의 비현실성"을 드러내는 스펙타클의 "구체적 현시들(6)"이다. 따라서 대중매체는 스펙타클의 "가장 바보스러운 피상적 현시"(24)로 내몰린다.

드보르도 벤야민과 마찬가지로 스펙타클 형태로 편재하는 대중매체가 인간의 정체성에 어떤 영향을 미치는지 성찰한다. 대중매체 스타들은 스펙타클을 제공하는 존재로 비난받으며 거짓된 개인들로 전락한다. 이뿐만이 아니라 배우는 "타인 안에 있는 개인의 모습을 해치듯 자기 자신 안에 있는 개인의 모습도 해치는 적"(61)이다. 배우는 스스로를 구경거리로 만들고 타인도 똑같이 그렇게 하도록 유인한다. 이들은 스스로를 상품화하고 구경거리가 되며 다른 사람들도 그렇게 하도록 유인하기도 한다. 드보르가 시적으로 한탄하듯 말한다. 배우는 "스펙타클의 진부함이라는 본질을 가능한 역할 이미지로 정제한다"(60). 드보르는 스펙타클에서의 삶이 진부하지만 스펙타클이 자리를 잡기 이전에는 한때 그렇지 않은 시기가 있었다고 생각하는 게 분명하다. 영화배우와 스펙타클에 봉사하는 이들이 진부한 역할을 맡도록 사람들을 유혹하지 않았다면, 역할 연기를 넘어 진부하지 않은 삶이 여전히 존재할 수도 있다는 듯하다.

사실 드보르는 스펙타클 이전 진부하지 않고 역할에 기반하지 않는 진정한 개성 있는 삶이 어떤 모습이었는지 설명한 적이 없다. 솔직히는 드보르가 말하는 개성 있는 삶이 실제로 존재했는지도 확실치 않다. 그럼에도 불구하고 스펙타클과 그로 인해 발생하는 문제들, 스펙타클이 낳은 사회적, 개인적 병리학적 측면에 대한 드보르의 설명은 매우 적절하다. 또 어떤 면에서는 프로필성과 놀라운 유사성을 보여준다. 가끔은 인터넷과 소셜 미디어에 대한 당대의 비판이 상대적으로 진부하게 보일 정도로, 드보르가 오늘날의 온라인 세상을 거의 예견한 듯한 분석을 보여준다. 하지만 때때로 그는 스펙타클의 위협 뒤에서 어렴풋이 보이는 완벽한 인간 생활과 완전하게 조화를 이루는 정체성의 가능성에 지나치게 표준적인 마르크스주의적 암시로까지 되돌아간다. 하지만 스펙타클 이전에 모든 사람이 행복하고 만족스러운 삶을 살면서 계급 구분이 없는 목가적인 원시사회가 실제로 있었을 가능성은 매우 희박하다. 프로필성 체제로 이해했을 경우라도 스펙타클이 "한때 직접적인 삶이었던 모든 것"을 대체하지는 않는다. 하지만 성실성과 진정성 체계는 대체했을 수도 있다. 정체성을 이런 형태로 회복하더라도 낙원으로의 복귀는 아니다. 잃어버린 낙원은 존재하지 않을 뿐더러 스펙타클이 사라진다고 낙원이 찾아오지는 않는다. 사실 이런 거짓 유토피아도 자본주의든 공산주의든 상관없이 스펙타클 이미지이기도 하다. 쉽게 전유되고 자신의 스펙타클을 영속시키는 데 사용되는 기호들이다.

토스터기의 혁명적 중요성

기 드보르는 마르크스주의자로 대중매체를, 특히 텔레비전과 영화를 탐탁하지 않게 생각했다. 지나치게 스펙타클하다는 이유 때문이었다. 그의 비관적 태도는 발터 벤야민, 테오도르 아도르노Theodor W. Adorno, 막스 호르크하이머Max HOrkheimer의 뒤를 이어 '계몽의 변증법'으로 '문화산업'을 맹비난했던 당시 정치적 좌파의 입장을 대변하는 것이었다.[70] 대중매체가 선사한 부르주아적 자유*는 독으로 돌아왔다. 대중의 새로운 아편인 대중매체는 닐 포스트먼Neil Postman의 표현을 빌리자면 사람들을 "죽을 때까지 스스로 즐겁게" 인도함으로써 바보로 만들고 노예로 만들었다. 역설적이게도 노동계급 편에 선 지식인들에게 대중매체는 지나치게 군중지향적으로 보였다.

하지만 예외도 있다. 1970년 독일 작가 한스 마그누스 엔첸스베르거Hans-Magnus Enzensberger는 당시 그가 편집을 맡은 트렌디한 독일 좌파 잡지 〈커스부흐Kursbuch〉에 짧은 글을 게재했다. 영어로 〈미디어 이론의 구성 요소〉라는 제목의 이 글은 대중매체를 대하는 좌파의 접근 방식을 완전히 바꾸려는 의미였다. 엔첸스베르거는 미디어를 단지 자본주의 지배를 나타내는 한 현상으로 보는 대신 '해방의 잠재력'과 '동원력'에 대한 인식이 높아지길 희망했다.[71] **이런** 생산 수단이 영화사와 텔레비전 및 라디오 방송국을 소유한 자본가의 손에서 일단 벗어나면, 즉 미디어의 진정한 민주화가 실현되어 대중의 손으로 넘어간다면 누구든 미디어에 기여할 수 있게 될 것이다. 엔첸스베르거는 바로 미디어 기술로 이를 가능하게 할 것이라는 데 주목했다. "구조적인 특성상 모든 트랜지스터 라디

---

* 부르주아 사회는 신분에 구속받지 않고 자유롭고 평등한 개인의 이성적 결합으로 이루어진 사회로 자유·평등·박애를 도덕적 이상으로 내세운다. 자본주의 자유경제체제가 지배적인 사회를 일컫기도 한다.

오는 동시에 잠재적인 송신기다. 회로를 전환하면 다른 수신기와 양방향 소통이 가능하다"(97). 유감스럽게도 자본의 독점 탓에 미디어는 원래의 기능을 다 하지 못했다. 아직까지는 대기업이나 국가가 일방적으로 대중에 정보를 전달하는 방식만이 있었다. 이런 방식은 자본가들이 자신의 이익을 위해 대중을 조작하고 착취할 수 있게 했다. 사람들은 그저 수용자에 불과했다. 하지만 일단 신기술의 잠재력이 드러나면 누구나 발신자이자 수신자가 될 수 있었다. 엄밀히 말해 새로운 기술로 "모든 독자는 자신만의 책을 쓸 수 있어야 한다는 것이었다"(127). 보다 문자 그대로 말하면 모든 라디오 청취자나 텔레비전 시청자는 자신만의 방송을 제작할 수 있는 것이다. 같은 방식으로 진정한 민주주의와 사회주의 사회도 나타날 수 있었다. 대중매체는 공동으로 소유될 것이고 모두가 적극적으로 참여할 것이다. 엔첸스베르거는 이를 시적으로 표현했다. 우리는 "무용수만큼 자유분방하고, 축구선수만큼 지각 능력이 뛰어나고, 게릴라만큼 기습적일 것이다"(97).[72] 다른 많은 이들과 마찬가지로, 〈와이어드〉 잡지의 공동 창립자 니콜라스 네그로폰테Nicholas Negroponte는 인터넷이 우리 모두에게 행복하고 창의적이고 적극적인 정치 참여를 끌어낼 것이라며 그 놀라운 잠재력을 극찬했다. 아마 그가 일찍이 마르크스주의자로 태어났다면 엔첸스베르거와 같은 입장이었을 것이다.[73]

엔첸스베르거의 주장은 곧 당대의 대표적인 프랑스 문화 미디어 이론가인 장 보드리야르에 의해 반박됐다. '시뮬라시옹simulation', '초현실hyperreal'과 같은 가상성의 핵심 개념을 개발한 것으로 유명한 보드리야르는 대중매체에 대한 프로필성 이전의 설명으로 엔첸스베르거 주장과 상반되는 내용으로 강한 비판을 쏟아 냈다.[74] 그의 요점은 해방된 대중매체도 모든 사람이 서로 생산적으로 상호작용할 수 있는 자유롭고 평등한 사회를 만들지는 못한다는 것이었다. 이와 달리 대중매체 안에서는 모든 사람이 "응답 없는 발언"(169)이라는 대규모 운동에 참여하고 있었다. 보드리야르에게 "대중매체는 반매개적이고 비전이적이다"(169). 매체가 '비전이적'이라는 것은 진정한 관계를 수립하지 못한다는 의미다. 대중매체가 모든 사람에게 무언가를 보여주거나 말하게끔 할 수는 있을지 몰라도 그 대가로 서로 자기 견해나 관점으로 참여하게 하지는 않는다. 그저 또 다른 진열일 뿐이다. 대중매체 장치는 삶을 단지 더 기술적으로 만들었고 따라서 우리를 더 가깝게 하기보다 서로에게서 고립시켰다. 모든 개인을 해방하거나 정치적으로 전복할 힘도 없었다. "마치 텔레비전이나 카메라의 소유가 새로운 관계나 교류의 가능성을 열어준 것처럼 보인다. 엄밀히 말하면 이런 기기들은 냉장고나 토스터기를 소유하는 것과 크게 다를 바 없다. 기능적 사물에게서 응답이라는 것은 없다"(171). 셰리 터클 Sherry Turkle과 함께 다른 사람들이 40년 후에 소셜 미디어에 대해 쓴 것과 유사하게,[75] 보드리야르의 요점은 약간 다른 말로 표현하면 텔레비전과 라디오가 우리를 '함께 외롭게' 만든다는 것이었다. 나아가 텔레비전과 라디오는 우리를 덜 외롭게 하기보다 더 외롭게 만들 뿐 아니라 더 독창성이기보다 덜 독창적으로 만든다. 엔첸스베르거의 믿음처럼 대중매체는 모든 사람을 창의적인 작가로 만들지 않았다. 오히려 싸구려 글쟁이만 낳는다. 1970년대 초 보드리야르가 무전기를 두고 한 이야기는 약간 달라도 오늘날 스마트폰에 대입해도 거의 위화감이 없다. 그는 다음과 같이 쓰고 있다. "우리는 무전기의 대량 소유나 모든 사람이 자신의 영화를 만드는 것과 같은 현상이 가져오는 결과를 알고 있다. 일종의 개인화된 아마추어리즘으로 일요일에 이 시스템 주변을 어설프게 손보는 것과 같다."(182). 텔레비전과 라디오가 해방을 가져온다는 엔첸스베르거의 시각은 나중에 인터넷에 대한 찬사를 열거하는 네그로폰테와 그 밖의 사람들의 관점과 놀랍도록 유사하다. 마찬가지로 보드리야르와 드보르는 오늘날 셰리 터클, 로베르토 시마노스키Roberto Simanowskis의 초기 입장과 비슷하다. 이들에게 온라인 세상은 '우리 자신을 상실하는' 디스토피아적 블랙홀이다.[76] 명시적으로든, 그렇지 않든 드보르와 보드리야르는 텔레비전, 영화 같은 새로운 미디어가 진정성을 위협한다고 생각했다. 그들은 이런 매체가 직접적인 삶의 경험과 상호 주관적 교류, 개인의 창의성에서 나오는 '진정한' 주체성을 파괴할까봐 우려했다.

그런데 보드리야르와 드보르가 은연중에 드러낸 진정성에 대한 편향과 향수를 걷어내면 프로필성의 중요한 측면이 전면에 드러난다. 프로필성은 진정성이 없는 것이 아니라 비진정성이다. 보드리야르가 대중매체에 대한 엔첸스베르거의 열광을 식게 한 것은 적절했다. 대중매체는 진정성을 향상시키지도 그럴 만한 잠재력도 지니지 않는다. 1960년대나 1970년대보다 오늘날 우리는 매스 미디어와 소셜 미디어가 (단 한 번도 실재하지 않았던) 진정성을 파괴하는 부정적인 힘이 아닌 프로필성을 확산시키는 플랫폼으로 기능한다는 사실을 더 분명하게 알 수 있다. 이런 미디어는 또한 정치를 보다 진정하게 민주적으로 만들지는 않지만 민주적인 프로필의 실행 가능성을 향상시킨다. 나아가 민주적인 주체로서 우리에게 실제로 더 큰 권한을 부여하지는 않지만 일반 동료와 결합하여 이전보다 더 많은 권한을 **느끼게** 한다. 우리 모두가 독창적인 예술가가 되는 것은 아니지만 이런 사회와 기술 등장은 우리가 하여금 무엇을 하는지, 만드는지, 먹는지,

그리고 어떻게 사는지 전시하면서 프로필을 끊임없이 큐레이팅하게 만든다. 미디어는 삶을 보다 상호 주관적이거나 상호 작용적으로 만들지는 않지만 우리를 함께 묶는 사회적 검증 피드백 순환을 구축하고 결과적으로 상호 의존적인 동료가 되어 정체성을 서로 긍정하는 공생 관계를 만든다.

프로필성의 기호학, 차이 만들기

기 드보르와 장 보드리야르는 종종 기호학적 개념으로 사회와 정치, 그리고 대중매체에 대해 성찰했다. 당시 기호학은 특히 프랑스에 널리 알려져 있던 개념이었다. 1916년 상당히 혁명적인 언어 연구라 할 수 있는 페르디낭 드 소쉬르Ferdinand De Saussure의 《일반 언어학 강의Course in General Linguistics》가 출간됐다.[77] 이 책의 요점은 무엇보다도 단어의 의미가 그것이 일컫는 사물이나 관념이 아닌 다른 단어와의 관계로 결정된다가 사실이다. '이슬비'는 특정한 강수량을 나타내는 객관적인 용어가 아닌 '보슬비', '폭우', 비를 나타내는 또 다른 용어들과 다른 의미를 지닌다. 따라서 언어의 의미가 어떻게 작동하는지 보기 위해서는 언어의 구조, 정확히 말해 **그 구조를 구성하는 언어 내 차이**를 살펴봐야 한다. 이런 차이는 언어 내에서 살펴볼 필요가 있는데, 사물이나 개념의 경우 언어 외적인 무언가가 아니라 언어 내 차이를 이해할 필요가 있다. 소쉬르의 아이디어는 구조주의와 후기구조주의를 발전시킨 토대였다. 이것이 우리가 이 같은 지적 사상과 연관되는 드보르와 보드리야르에 관해 살펴봤던 이유다. 기호학을 살펴봐야 하는 것도 같은 이유에서다.

의미가 외적 재현(즉, 기호에 의한 어떤 것의 재현)이 아닌 내적 차이('기호들' 자체간의 차이)를 만드는 것에 기반을 두고 있다는 생각은 20세기 서구 지성사에서 아주 중요한 것이었다. 프랑스 후기구조주의 뿐만 아니라 영미 철학의 언어학적 전환, 사회학의 사회구성주의, 기호학의 흥망성쇠와도 많은 관련이 있다. 이 책이 다루는 프로필성의 개념과도 연관된다. 프로필성 역시 탈재현적postrepresentational이고 그런 내적 차이와 관계가 있다.

전통적으로 아리스토텔레스의 경우 짧은 논문《명제에 관하여On Interpretation》에서는 말을 표현하기 위해 글이 사용됐고 그다음에는 사물을 나타내는 마음속의 생각을 표현하기 위해 사용됐다. 이런 내용은 오늘날에도 여전히 널리 퍼져 있는 상식이자 언어로 표현 가능한 생각과 사물의 실제 세계가 있음을 알려준다. 따라서 단어 자체는 자의적일 수 있을지 몰라도 단어의 의미는 객관적인 현실에 근거한다. 'dog'라는 단어의 경우 '개'라 부를 수 있고, 독일어로 '훈트Hund'라 부를 수 있다. 물론 단어가 잘못 표현될 수 있다. 우리는 어떤 단어나 단어들이 아이디어를 제대로 나타내는지 여부를 두고 논쟁할 수 있다. 그다음, 이 재현을 성실성 및 진정성과도 관련시킨다. 어떤 사람이 실제로 어머니인지 물어볼 수 있기 때문에 우리는 그녀가 자신의 역할을 성실히 수행하는지, 또는 그녀의 어머니 페르소나가 그녀의 진정한 내면을 표현하는지 질문할 수 있다.

이와 대조적으로 프로필성은 '탈재현적으로' 기능한다. 내 학술 프로필은 역할에 충실한지도, 내 안의 자아를 나타내지도 않는다. 오히려 내 H지수 인용 점수는 다른 학자의 프로필에 있는 H지수 인용 점수와 비교해야만 의미가 있다. 브라이언 피네이로는 다수의 페르소나를 지니고 있다. 디제이 자낙스가 그를 가장 진정하게 대변하는지 여부에 대한 질문은 다소 논쟁의 여지가 있다. 오히려 디제이 자낙스나 보다 나은 그의 예술적 '의미'의 중요성은 브라이언 피네이로를 비롯한 다른 아티스트의 다른 음악적 페르소나와의 관계 속에서 이해된다. 브랜드 이미지도 기업이 진정성이 있다거나 진실하다는 표상으로 받아들이지 않는다. '맥' 로고는 애플의 진정한 모습을 나타내지 않는다. '맥'은 마이크로소프트와 같은 다른 기업의 로고와의 관계 속에서 이해해야 하는 프로필 로고다. '겟 어 맥'이라는 캠페인이 보여주었던 것도 바로 이것이다. 마이크로소프트 프로필과의 차이점을 설정하여 모든 사람이 맥 프로필의 의미를 이해하게 한 것이다. 프로필성에서의 정체성은 어떤 역할이나 진정한 자신의 모습을 보여주는 것이 아니라 다른 사람의 프로필과 차이가 나는 프로필을 가지는 것에 있다.

3장

성실성

사람을 뜻하는 단어 'person'의 첫 의미가 가면이라는 것은 단순한 역사적 우연이 아닐 것이다. 오히려 모든 사람이 어느 정도 의식적으로 항상 어디서나 역할을 수행하고 있다는 사실에 대한 인식일 수 있다. 이런 역할을 통해 우리는 서로를 안다. 우리가 스스로를 아는 것도 이런 역할을 통해서다. 어떤 의미에서, 그리고 이 가면이 우리가 스스로에 대해 형성해 온 개념(우리가 부응하기 위해 노력해 온 역할)을 나타내는 한, 이 가면은 보다 진정한 우리의 자아, 우리가 되고 싶은 자아다. 결국, 우리의 역할이라는 개념은 제2의 본성이자 우리의 성격을 구성하는 데 필수적인 일부분이 된다.
— 로버트 에즈라 파크Robert Ezra Park, 《민족과 문화Race and Culture》

우리는 클럽 동료에게 보이는 모습을 아이들에게 보이지 않고, 고용인에게 보이는 모습을 고객에게 보이지 않고, 가까운 친구에게 보이는 모습을 고용주에게 보이지 않는다. 이는 인간이 여러 자아로 분열된 실제 모습들이다. 지인들이 다른 곳에 존재하는 사람처럼 대하는 것을 두려워하는 불협화음의 분열일 수도 있다. 아니면 자신의 아이들에게 다정한 사람이 그의 명령을 따르는 군인이나 죄수에게 엄격한 것처럼, 분열된 자아가 조화를 이루어 완벽한 분업을 이끌어낸 것일지도 모른다.
— 윌리엄 제임스William James, 《심리학의 원리The Principles of psychology》

페이스북과 인터그리티

마크 저커버그Mark Zuckerberg에 따르면 페이스북의 핵심에는 인터그리티integrity(성실성, 청렴성, 무결점 등 여러 의미를 나타냄-편집자) 윤리가 자리한다. 2010년에 출간된 《페이스북 이펙트》에서 데이비드 커크패트릭David Kirkpatrick은 정체성에 관한 저커버그의 생각을 자세히 설명한다. 소셜 미디어가 유저에게 자신의 프로필을 다양하게 연출할 기회를 줌으로써 인간의 '진정성'을 약화시킨다는 흔한 비판을 확산시키기 위한 목적인 듯하다.

"정체성은 하나입니다." 2009년 인터뷰에서 저커버그가 1분 동안 세 번이나 강조해서 한 말이다. 저커버그는 페이스북 초창기에 일부가 성인 유저에게 업무용 프로필과 '재미있는 사교용 프로필'을 모두 제공하는 서비스를 주장했다고 회상한다. 그는 이런 주장에 반대했다. "함께 일하는 친구나 동료에게 보여주는 이미지와 다른 지인에게 보여주는 이미지를 구분하는 시대는 얼마 지나지 않아 끝날 겁니다." 그가 한 말이다.

그는 몇 가지 의견을 낸다. 저커버그는 도덕적인 측면에서 "정체성이 두 개라는 것은 인터그리티가 결여된 사례"라고 말한다. 하지만 실용적인 사례도 내놓는다. "이제 세상의 투명성 수준은 한 사람이 두 개의 정체성을 지니는 것을 지원하지 않을 겁니다." 다시 말해 인터넷과 다른 곳에서 우리에 대한 정보가 확산됨에 따라 개인 정보와 직업 정보를 분리하고 싶어도 그렇게 할 수가 없다는 말이다. 한 사람이 투영하고 싶은 다양한 이미지에 대해서도, 예를 들면 집에서 모범생인 척 생활하면서 친구와 몰려다니며 마약을 하는 십대에게도, 저커버그는 똑같은 말을 했을 것이다.

저커버그는 그의 주요 동료 집단과 함께, 자신의 존재를 공개적으로 인정하고 모든 친구들 사이에서도 일관된 모습을 유지하는 행동이 더욱 건강한 사회를 만드는 데 도움이 될 것이라 믿는다.[1]

마크 저커버그는 일관된 성격을 공공연히 드러내면서 인터그리티를 주장했으나 위선자라는 비판을 피할 수 없었다. 자칭 '세상의 연결자'라며 개방성을 중시하는 동시에 다소 은둔 생활을 하고 있어, 사례에 나오는 청소년처럼 이중적이기 때문이다. 그는 사생활을 확보하기 위해 팔로알토 자택 주변의 집을 사들이는 데 3,000만 달러를 썼다.[2] 또 '정체성은 하나'라고 단호하게 주장하고 있지만, 그는 대담하고 냉철한 기업가로 의회 앞에서는 자신만만하다 못해 건방지다는 평가를 받는 동시에 인터뷰 중에는 수줍고 겸손하기로 유명하다. 그는 2018년과 2019년에 걸쳐 방영한 프로그램 〈기술과 사회의 미래〉에서도 힘겹게 대담을 이어나갔다.[3] 인간의 정체성은 단일한 것이어야 한다는 주장에도 불구하고, 저커버그는 자주 여러 페르소나를 통해 자신의 모습을 보여준다.

그중 어느 정체성이 옳은 것일까? 누가 진짜 마크 저커버그일까? 그는 자신이 할 수 없거나 하지 않을 일을 다른 사람에게 요구하는 위선자에 불과한 것인가? 그는 자신이 페이스북에서 가능하게 하려던 바로 그 인터그리티라는 정체성이 결여된 '위선자'일까? 아마도 진짜 문제는 마크 저커버그라는 사람이 아니라 그의 단순한 정체성 철학과 결과적으로 결함이 있는 인터그리티 윤리에 있을 것이다. 우리는 저커버그의 성격 대신 그의 논리에 의문을 제기해야만 한다. 어떤 사람이 모든 사회적 환경에서 동일한 캐릭터를 보여주는 것이 실제로 가능한 일일까?

당연히 사람들은 상황에 따라 다르게 행동**한다**. 집에 있는 아기를 부르듯 직장 상사를 부르지는 않는다. 처음 본 사람을 부모처럼 대하지 않듯, 부모를 낯선 사람처럼 대하지 않는다. 교실에서는 공놀이 할 때나 교회에서처럼 행동하지 않는다. 만약 우리가 어느 곳에서나 일관된 행동을 했다면 실제로 더 나은 건강한 사회가 되는 것일까? 특정한 사람들과 우리에게 주어진 다양한 역할이 그러하듯이, 서로 다른 상황은 우리에게 서로 다른 요구를 한다.

'정체성은 하나'라는 저커버그의 지나친 광범위한 주장은 역사적, 사회적, 심리학적 근거와는 거의 관련이 없다. 또 소셜 미디어의 실제 사용과도 완전히 모순된다. 정체성은 섬세하면서도 역동적인 패치 작업(patch work, 각양각색의 헝겊 조각을 잇는 작업-편집자)과도 같다. 저커버그의 주장처럼, 모든 사람이 하나의 근원적인 자아를 갖고 있다는 생각은 '진정성의 시대'인 근대사회에 들어와서야 두각을 나타냈다. 그리고 이 자아는 '인터그리티'를 갖기 위해 일관된 형태로 개성을 공공연히 드러내고 확인받아야 하는 것이며, 이런 생각은 대개 의문의 여지 없이 보편적으로 받아들여졌다. 진정성의 시대가 의미하는 것은 곧 페이스북 정신이 의미하는 것이었다. 그런데 근대사회 이전에는 종종 다른 방식으로 정체성을 이해했다. 사람들은 사회에서 수많은 역할을 맡아야 했기에 언제나 똑같은 '진정한' 페르소나에는 인터그리티가 있지 않다는 사실을 알고 있었다. 오히려 인터그리티는 각자의 역할을 올바르고 선하게 수행하고 진정으로 동질감을 느끼면서 그 역할을 충실히 수행하는 데 있었다. 이것이 성실성 시대의 인터그리티였다.

복숭아와 양파

고(故) 미국 유교 철학자 헨리 로즈먼트 주니어Henry Rosemnot, Jr.는 복숭아와 양파의 비유를 이용해 사람들을 핵심 자아를 지닌 존재로 보는 것과 사회적 역할 및 관계로 이루어진 존재로 보는 것의 차이를 설명했다.

사람들을 복숭아 같은 존재로 볼 수 있을 것이다. 복숭아의 껍질을 벗기면 과육이 드러난다. 이 과육은 우리의 신체이자 인격이고 역사다. 그다음엔 복숭아씨, 우리의 자아가 있다. 이 자아는 날마다 변하지 않으려 안내한다. 말 그대로 미래 삶(생물학적, 정신적)의 씨앗이다. 하지만 양파로 대신 생각해보라. 나는 겹겹이 쌓인 층을 벗겨낸다. 첫째 아들, 그다음에는 남편, 아버지, 할아버지 모습이다. 나는 계속해서 친구, 학생, 교사, 동료, 이웃 등의 층을 벗겨낸다. 더 이상 벗겨낼 층이 없으면 무엇이 남는가? 아무것도 남지 않는다.[4]

자신의 사상을 드러내는 데 전혀 거리낌이 없었던 로즈먼트는 스스로를 복숭아 관점으로 보는 사람이 있으면 망설이지 않고 이의를 제기했다. 만약 당신이 변하지 않는 핵심 자아를 지녔다면, 왜 그 자아에 대한 서술적인 묘사가 사회적 상호 작용을 통해 쉽게 설명될 수 있는가? 역할과 관계를 제외하면 당신의 삶은 어떤 의미가 있는가? 우리는 타인과 우연히 관계를 맺은 추상적인 개인으로 살아가는 게 아니라 유대를 통해 정체성을 형성한다. 누군가의 아버지로, 딸로, 형제로, 스승으로 살아간다. 우리는 다양하고 역동적인 개인들로 연결된 집합체다. 이런 것들이 바뀌면 우리도 달라진다. 큰 변화가 우리의 정체성을 완전히 달라지게 할 수 있지만, 작은 변동도 우리를 불안하게 만들 수 있다. 가족 구성원 한 명이 사망해도 우리의 삶은 완전히 달라진다. 결혼을 하거나 아이를 낳으면 세상이 극적으로 바뀌기도 한다. 로즈먼트는 '지각perception'이라는 단어를 '역할role'로 대체하고, 데이비드 흄David Hume의 말을 인용하여 다음과 같이 주장했다. "내 경우, **나 자신**이라고 부르는 것을 가장 가까이서 들여다볼 때면 항상 아들 아니면 아버지, 친구 아니면 이웃, 스승 아니면

성실성　　　　　　　　　　　　　　　　　　　　　　　　　　　　　165

제자라는 어떤 특정한 역할이나 다른 역할을 우연히 발견한다. 역할을 멀리하면 **나 자신**이 아닌 것 같고, 역할의 관점에서 보지 않으면 아무것도 관찰할 수가 없다"(49-50). 사람의 자아 또는 '나'라는 자아는 단순히 다양한 역할과 관계가 복잡하게 얽힌 융합물일 뿐이다. 이것이 바로 정체성을 확립하는 방법으로써의 '성실성'이 의미하는 것이며, 사회적 역할 부담이 우리의 정체성을 형성한다는 사실을 인식하는 것과도 관련이 있다.

로즈먼트가 옹호한 입장은 분명 급진적이다. 그에게 사회적 역할과 관계는 단순히 자아감이나 정체성을 형성하는 데 기여하는 것만이 아니다. 그 자체가 전부 자아나 정체성을 구성한다. 그는 현대사회의 맥락에 맞게 역할에 기반을 둔 정체성 개념에서 억압적 측면을 제거하고 장려함으로써 사회정의를 구현하고 사악한 자본주의를 극복하길 바라는 좌파 공산사회주의자였다. 오늘날에는 이런 '극단적' 개념에 동의하는 사람은 많지 않을 것이다. 개인의 자아를 창조하거나 찾는 데 중점을 두는 진정성은 지난 수백 년간 점점 더 중요해졌다. 하지만 전근대에서는 개인의 특질에 대한 양파의 관점이 더 쉽게 설득력 있는 것으로 받아들여졌다. 로즈먼트는 유교의 전근대적 역할 윤리를 다소 이상적으로 재구성하여 오늘날 발생하는 대부분의 사회정치적 문제의 근원으로 인식한 초개인주의를 근절하기 위한 영감을 얻었다.

로즈먼트의 양파 비유는 전근대에 맞는 윤리와 정체성 개념이다. 사람들은 자신을 정의하고 어느 정도는 피할 수 없었던 다수의 역할과 관계를 타고난 것(다시 말해 양파처럼)으로 받아들였다. 독특하고 독창적인 핵심 자아에 대한 아이디어를 발전시킬 여지는 거의 없었다. 어떤 직업을 가질지, 어디에 살지, 누구와 결혼할지, 어떤 사람과 친구가 될지 등 삶의 선택지가 상대적으로 적었다. 빵 굽는 사람의 아들은 왕, 공작은 고사하고, 대장장이조차 될 가능성이 없었다. 빵 굽는 사람의 딸 인생은 그녀가 누구와 결혼하는지에 따라 거의 좌우됐다. 사람들은 사회에서 특정 역할로 플레이스홀더(placeholder, 임시 대체물-편집자)가 되는 경향이 있었다. 열 살짜리 왕도 여전히 왕이었다. 주요 역할의 반전은 거의 일어나지 않았다. 이혼은 흔치 않았고, 정치사상과 종교적 신념 변화도 드문 일이었다. 물론 예외도 있었다. 그럼에도 전근대적 정체성은 대체로 평생 비교적 안정적으로 유지되는 출생과 재산에 의해 획득되는 역할과 결부되어 있었다. 이런 역할은 타인과의 관계, 자아의식, 세계관을 결정했다.

라이오넬 트릴링은 그의 대표작 《성실성과 진정성》에서 게오르크 빌헬름 프리드리히 헤겔G.W.F.Hegel을 인용해 성실이라는 경험으로 형성되는 전근대적 정체성을 설명한다.

> 헤겔이 설명하려던 것은 개인 관계가 사회라는 외부적 힘으로 변화하면서 일어나는 절대정신의 기사실현이라고 하는 역사적 과정이다. 이 과정의 초기 단계에서 설명되고 있는 개인 의식은 사회라는 외부적 힘과 동일시할 정도로 완전히 조화로운 관계에 있다고 한다. 이 관계에서 개인 의식은 사회라는 외부적 힘에 헤겔이 말한 '순종적 봉사'를 하고 그에 대한 '내면적 경외심'을 느끼게 만든다. 이 봉사는 순종적일 뿐만 아니라 침묵과 불합리를 당연시하기도 한다. 헤겔은 이를 '말 못하는 봉사의 영웅주의the heroism of dumb service'라 부른다. 여기서 전체적으로 명확하지 못한 개인 의식과 사회라는 외부적 힘의 합의는 '숭고함'의 속성을 가지고 있다고 한다.[5]

역할 기반의 성실성이 영향을 미치는 상황에서의 정체성은 이미 정해진 관계, 규범, 관습이 나타내는 '외부적 힘'에 순응함으로써 형성된다. 정체성의 가치와 도덕적인 신망('고결함')은 사회적 요구를 준수하고 역할 기반으로 다른 사람과 상호 작용하면서 '순종적인 봉사'를 통해 생성된다. 생각과 감정을 역할에 맞춰 헌신하는 '내면적 경외심'은 종내에는 역할에 완전히 복종하는 것에서 영광을 찾는 '말 못하는 봉사의 영웅주의'로 귀결된다.

성실성이 영향을 미치는 상황에서는 종종 '이중 대응dual correspondence'을 요구한다. 단순히 역할에 맞게 행동하는 것에 그치지 않고 심리적으로 자신의 행동을 지지해야 한다. 정직하게 자신의 역할과 동일시한다는 것은 바로 이런 식일 것이다. 나아가 모든 사람이 그렇게 할 경우 조화로운 상호작용과 사회적 안정이 뒤따를 것이라고 일반적으로 가정하는 것도 같은 시각이다.

성실성은 전근대 사회에서 정체성을 형성하던 주요 방법으로 오늘날에도 가족과 종교 공동체, 스포츠 등에 여전히 적용된다. 직업적 맥락에서도 자신이 맡은 일이나 팀 또는 단체에서 맡은 지위에 부여된 역할을 충실히 수행하면서 동일시할 경우 칭송되기도 한다. 이런 일들은 한 사람의 자의식을 생성하는 동시에 의미와 중요성의 주요 원천이 된다. 성실성은 규범적 틀을 제공한다.

알래스데어 매킨타이어Alasdair MacIntyre 교수는《덕의 상실After Virtue》에서 개인의 성격이 사회적 역할과 동일시하는 것을 설명하기 위해 '캐릭터'라는 개념을 소개한다.[6] 그가 말하는 '캐릭터'에는 프로이센 장교, 사회민주주의자, 19세기와 20세기 독일의 대학교수가 포함된다. 이들은 모두 이미 근대사회에서 성실성의 대표적 사례로, 성실성이라는 정체성의 기술이 새롭게 부상하는 진정성의 시대와 어떻게 공존할 수 있는지 보여준다. 교수의 경우 대학에 출근해서 학생을 가르치고, 과제에 점수를 매기고, 학과 회의에 참석해야 한다. 이런 일은 매킨타이어가 현대의 '일반적인 사회적 역할'과 연관시키는 의무다. 하지만 진정한 캐릭터는 이런 '일반적인' 역할 기대에 부응하는 데 그치지 않고 훨씬 더 많은 일을 해야 했다. 캐릭터는 대학과 무관한 모든 분야로 확장된다. 교수는 쇼핑에서부터 기차 타는 것에 이르기까지 모든 면에서 교수답게 옷을 입고, 행동하고, 말하고, 생각하고, 느끼기를 요구받는다.

매킨타이어의 '캐릭터'는 역할 기반의 정체성 기술과 이와 결부된 윤리가 근대성으로 이어지는 것을 설명한다. 성실성이 지배하는 전근대 사회에서 사람들은 자신을 역할 및 관계와 동일시하면서 양파 같은 존재로 여겼다. 근대사회로 접어들면서, 개인은 '일반적인' 사회적 역할과 구별되는 독특한 개성의 씨앗을 지닌 복숭아 같은 존재로 받아들여졌다. 하지만 근대적 캐릭터는 복숭아와 양파가 혼합된 교배종에 가까운데, 매킨타이어에 따르면 "**캐릭터**의 역할과 성격이 일반적인 것보다 더 구체적인 방식으로 융합되는 경우, **캐릭터**가 일반적으로 개별 남성이나 여성에 속한다고 여겨지는 것과 보통은 사회적 역할에 속한다고 여겨지는 것을 병합"(28)하기 때문이다. 한편 매킨타이어는 전형적인 현대적 방식으로 사회적 역할에서 "개별 남성 또는 여성"을 분리할 수 있다(복숭아에서 씨앗을 분리할 수 있듯이)고 주장한다. 하지만 '캐릭터' 개념을 도입하여 복숭아를 다시 양파로 거의 바꿔놓는다.

체면과 명예

사회적 역할은 유대가 긴밀한 공동체에서 지배적이며, 따라서 구성원은 양파처럼 살기를 요구받는다. 이런 곳에서는 순응해야 하는 압박이 엄청날 수밖에 없다. 자신이 어떻게 행동하고, 생각하고, 느껴야 하는지 역할과 관련된 신념은 상상하기 힘들 정도로 그 범위가 깊고 넓어, 사람들이 외부의 기대(진정한 성실성의 체제)라는 바다에 빠져 익사할 만큼 그 주변인들의 압박은 거세다. 강압적인 유교 사상이나 엄격한 청교도 정신이 지배적인 체제에 성실성이 자리잡게 되면, 언제든지 역할 기반이 표준으로 뿌리내린 사회적 요구가 개인과 사회에 쉽게 해악을 끼칠 수 있다. 중국 농촌의 자살은 어떻게 성실성의 요구가 견딜 수 없는 부담이 되는지 보여주는 동시대의 사례다.

약 20여 년 전까지만 해도 중국은 전 세계에서 자살률이 가장 높은 나라 중 하나로 꼽혔다. 특히 농촌 지역의 자살은 흔한 일이었다. 급격한 근대화와 경제성장, 도시화가 진행되면서 자살률은 극적으로 떨어졌다. 그런데 중국은 여전히 한 가지 면에서 눈에 띠는 것이 있다. "여성의 자살률이 남성에 비해 더 높은 몇 안 되는 국가 중 하나"라는 점이다.[7] 경험적 연구가 시사하듯이 남성보다 여성이, 도시보다 농촌에서 자살이 더 많다. 이것은 여성의 종속적 지위를 감안할 때 여성이 남성보다 훨씬 더 역할 압박으로부터 고통을 받던 산업화 이전 환경에서 성실성 체제가 계속되는 것과 관련된다.[8] 이런 요인들이 정신질환보다 더 중요하게 결정적으로 자살로 이어지게 만든 듯하다. 우 페이Wu Fei는 중국의 광범위한 자살 사례연구들을 소개하며, 다음과 같이 지적한다.

중국의 자살 이야기에서, 일부 심리학적 요인이 중요한 역할을 하지만 현재의 정신 의학 용어로 정의한다면, 이는 현상을 지나치게 단순화한 것이다.(…)가정에서 불의를 겪는 사람이 우울증에 걸려 자살할 확률이 높기 때문에 당연히 정신 의학이 자살을 통제하는 데 중요한 역할을 할 것이다. 하지만 사람들은 단순히 정신적으로 건강하기만을 바라지 않는다. 그들은 또한 행복하고 운 좋은 삶을 원하는데, 이는 이미 정신 의학의 범위를 벗어나 있다. 나는 오랜 기간 자살을 주제로 현장 연구를 진행한 끝에 정의라는 관점에서 중국의 자살을 이해하기에 이르렀다.[9]

우 페이가 말한 '정의'와 '불의' 개념은 그가 실례를 들어가며 자세히 설명한 자살 이야기에서 알 수 있듯이 사회적 역할과 직접적으로 연관된다. 우 페이에게 '정의'란 사람이 적절한 사회적 지위를 차지하고 '행복'할 수 있도록 역할 정체성에 따른 대우를 의미한다. '불의'로 고통을 겪는 사람은 자신의 역할 정체성을 근본적으로 훼손당하고 적절한 관계를 맺을 수 없게 방해받는 식으로 대우를 받았다고 느낀다. 그들은 '행복'해진 수 없다.

  우 페이가 다음과 같이 언급한 많은 자살 동기는 서구권 독자에게 상당한 충격을 줄 수 있지만, 성실성을 중히 여기는 유교 사회에서는 충분히 있을 법한 일이다.[10] '다른 국그릇에는 다 들어 있는 계란이 빠져 있다.' '며느리가 아들 몰래 찐빵을 숨겼다.' '아버지가 아들에게 학대를 당했다.' '할머니를 잘 모시지 않는다며 남편에게 질책을 받았다.' '물을 길어오지 않아서 아버지에게 혼났다.' '기녀라는 이유로 사랑하는 남자와 결혼할 수 없다.'[11] 각각의 사례에서 개인은 공동체 내에서 그들의 역할 정체성에 대한 인정을 거부당했다. 적절한 음식을 제공받지 못하면 가족으로부터 쫓겨난 것으로 간주된다. 아들에게 학대를 당한 아버지는 가장으로서 지위가 박탈됐다고 느낀다. 할머니를 모신다거나 물을 긷는 행위처럼 자신의 역할을 다하지 못했다는 질책은 사실상 친족 집단에서 추방당하는 것으로 인식된다. 결혼할 수 없다는 것은 가장 중요한 역할로 형성되는 정체성을 확립하는 데 방해가 되며, 이런 상황은 특히 역할 위계에서 이미 최하위에 있는 사람에게 매우 치명적일 수 있다. 성공적인 역할 수행과 커뮤니티 관계에서만 정체성을 찾게 된다면 역할 인정에 대한 거부는 파국으로 생각될 수 있을 것이다. 양파에는 씨앗이 없기에 물러설 수 있는 '개인의 핵심 자아personal core'도 없다.

성실성을 중시하는 가혹한 사회체제에서 자신의 역할 수행이 철저하게 좌절되기라도 하면 정체성을 확립하는 것은 불가능하다. 이런 경우 유일한 탈출구는 양파를 바스러뜨리는 것, 즉 관계망을 무너지도록 하는 것이다. '씨앗'이 없으면 스스로 능동적 주체가 되기 힘들기에 급진적인 '수동적 공격' 형태로 자살이 하나의 선택지가 된다. 가족 내에서 인격을 부정당한 당사자는 스스로 목숨을 끊음으로써 그 가족에게 혹독한 불명예를 안겨주고 수치심을 느끼게 하는 사회적 형벌을 가한다. 누군가가 가족에 의해 '체면(즉, 정체성)'이 깎였다는 느낌이 든다면 결국 자살을 감행함으로써 온 가족의 체면을 잃게 할 수도 있다. 가족은 제 기능을 다하지 못해 적절한 역할 수행을 어긴 것으로 세상에 알려질 것이다. 자살 행위는 부당한 대우에 대한 보복 행위(역할 정체성에 대한 거부)나 마찬가지로 지역사회 내에서 가족의 평판과 지위를 손상시킴으로써 인지된 가해자를 정의라는 심판대에 올리기 위한 것이다.

유럽의 맥락에서 성실성의 체제와 관련된 병리학적 현상은 역할 기반의 명예를 헌신적으로 추구하기 위한 폭력으로 나타난다. 자코모 카사노바Giacomo Casanova는 《나의 인생 이야기History of My Life》에서 폴란드의 프란치세크 크사베리 브라니츠키Franciszek Ksawery Branicki 대령과의 결투를 자세히 설명한다. 카사노바는 1766년 바르샤바에 갔을 때 비교적 가난했지만 값비싼 옷을 차려입고 부유한 여행자 행세를 했다.[12] 카사노바는 어느 날 밤 그 지역에 있는 극장의 이탈리아 여배우 탈의실에서 나오던 중 브라니츠키 대령과 마주쳤다. 카사노바는 평소 잘 알던 여배우를 깜짝 놀라게 하려고 극장을 방문했다. 안타깝게도 여배우는 질투심 많은 대령의 정부였다. 대령은 카사노바의 곁을 지나치며 모욕적인 욕설을 내뱉었다. 카사노바는 그날 밤 내내 고민한 끝에 브라니츠키 대령에게 결투를 신청하기로 했다. 사실 큰 모욕을 느끼지는 않았지만 부유한 여행자 신분으로 가장하고 있었고 다른 사람들 앞에서 치욕을 당한 일을 감안하면 스스로 보복하는 것밖에 별다른 선택지가 없었다. 카사노바와 브라니츠키 대령 모두 충격에서 목숨은 유지했다. 하지만 카사노바는 손에 총을 맞았고, 브라니츠키 대령은 중상을 입었다. 대령의 친구와 폴란드 당국은 베네치아에서 온 골칫덩이를 어떻게든 제거하기 위해 바르샤바 전역을 샅샅이 뒤졌고, 카사노바는 그가 찾을 수 있는 유일한 피난처인 수도원으로 향했다. 마침내 수도원 방문이 허가됐지만 의사들은 카사노바의 손이 이미 괴저성으로 발전해 당장 절단해야 한다는 데 한목소리를 냈다. 고집불통 바람둥이는 의사의 말을 믿지 않았다. 결투로 실추된 대령의 명예를 조금이나마 만회할 수 있게 의사들이 자신의 손을 자르려 하는 것뿐이라고 생각했다.

이 사례는 우페이가 연구한 중국의 자살 사례와 마찬가지로 성실성이 얼마나 큰 힘을 지니는지 보여준다. 모욕부터 결투, 악의적 오진까지 카사노바와 브라니츠키 대령 사이에 일어난 모든 일은 그들의 사회적 역할과 그에 따르는 기대로 일어났다. 성실성은 삶에 의미를 부여하고 정체성을 형성하는 원천이다. 하지만 동시에 삶에 대한 욕구를 능가한다. 역할을 위반한 사람들로 하여금 그저 정당성을 입증하려 타인의 목숨을 빼앗기도, 스스로 목숨을 끊을 만큼 배신감을 느끼게도 한다. 성실성은 삶의 지침과 죽음이라는 선택지도 일러준다.

중요한 것은 성실성의 사회체제가 꼭 자살이나 목숨을 건 결투가 일어날 수 없을 때조차 지나친 요구를 한다는 데 있다. 자신의 사생활을 포기하면서까지 아들의 어린 시절을 숨 막히게 하는 극성 부모는 아이 곁에 '언제나 있어야 한다'는 과도한 의무감을 느낀다. 극단적인 대비로, 자녀를 부양하면서 잠시도 일을 손에서 놓지 못하는 부모는 해리 차핀Harry Chapin의 노래 〈캣츠 인 더 크래들Cats in the Cradle〉 가사와 같은 삶을 사는 자신의 모습을 발견할지도 모른다. "아빠, 집에 언제 와요? 모르겠는데. 나중에 같이 놀자. 나중에 같이 즐거운 시간을 보내자." 누구나 지속적으로 성과를 내고, 목표를 달성하고, 기대에 부응해야 한다는 압박을 받을 수 있다. 하지만 성실성으로 가장 확연하게 이해하기 어려운 것은 그 내부에 있는 역설이다. 자살과 결투부터 가족의 삶 또는 직업적인 성취에 대한 집착에 이르기까지, 이 모든 문제의 핵심에는 외부의 사회적 기대에 완벽히 부응하려는 개인 내부 심리의 불가능한 요구가 자리한다. 정체성을 확립하는 다른 방법과 마찬가지로, 성실성은 구성원을 억압하는 만큼 풍요롭게 할 수 있는 잠재력을 지닌다. 특히 자신의 역할을 강박적으로 과도하게 동일시하여 자아의 다른 측면이나 잠재력이 거짓이나 잘못된 것으로, 심지어 사악하게 보일 때 더욱 그렇다.

성실성의 역설

그리스 신화, 셰익스피어 작품, 그리고 종종 현실 세계의 비극에는 한 사람에게 주어진 다양한 역할 간의 갈등이 수반된다. 주인공은 양립할 수 없는 서로 다른 기대로 이러지도 저러지도 못한다. 비극은 주인공이 무엇을 하든 서로 다른 의무를 두고 벌어진 가치 갈등을 해결할 수 없다는 데 있다.

소포클레스의 희곡 〈안티고네〉는 역할이 충돌할 때 일어날 수 있는 문제를 보여주는 전형적인 사례다. 오이디푸스가 어머니와 근친상간으로 낳은 네 자녀 안티고네, 이스메네, 폴리네이케스, 에테오클레스와 처남 크레온, 사촌인 안티고네와 약혼한 크레온의 아들 하이몬이 이야기의 주인공으로 등장한다. 폴리네이케스와 에테오클레스 형제가 테베에서 왕위를 놓고 싸우다 사망한다. 이후 조카의 죽음으로 테베의 왕이 된 크레온은 에테오클레스의 장례를 치르고 명예를 추앙하는 한편 폴리네이케스를 반역자로 몰아 시체가 전장에서 썩도록 방치한다. 안티고네는 테베 시민으로서 법을 지켜야 할 의무를 느끼지만 동시에 가족으로서 오빠인 폴리네이케스의 시신을 수습해야 하는 책임도 지고 있다. 안티고네는 성문 밖에서 자매인 이스메네를 만나 여동생의 의무를 다하기 위해 폴리네이케스의 시신을 매장하고 스스로 희생자가 되기로 결심했다고 말한다.

안티고네는 결국 반역자로 몰린 오빠의 시신을 묻었다는 사실이 적발되어 크레온에게 사형을 선고받는다. 종국에 가서는 안티고네와 하이몬이 스스로 목숨을 끊고, 크레온은 자신이 아들과 조카를 죽음으로 내몰았다는 사실을 깨닫는다.

주디스 버틀러는 〈안티고네〉의 진보적 페미니즘과 성(性) 정치학을 철학적으로 도발적이라 주장했고, 슬라보예 지젝Slavoj Žižek은 억압적 사회질서에 대한 반란으로 묘사하고 칭송했다.[13] 이러한 해석은 정당화될 수 있다 하더라도 줄거리 중심에서 일어나는 역할 간의 명백한 충돌을 경시한다. 이 희곡은 관련된 인물들의 내적 갈등과 서로 다른 입장에서 상호 작용하는 사회적 갈등을 다루면서 철저하게 성실성이 빚은 복잡한 비극적 갈등에 대한 성찰을 포함한다.

안티고네는 좋은 누이동생이 되는 것과 충성스러운 시민 사이에서 고민한다. 한 영역에서 옳은 것이, 다른 영역에서는 무시되고 갈등을 일으키기도 한다. 크레온의 입장도 크게 다르지 않다. 크레온은 조카인 안티고네를 돌보겠다고 약속했지만 통치자로서의 의무때문에 그녀를 사형에 처하게 한다. 각각의 인물이 어떤 결정을 내리든 전적으로 옳다고 할 수 없으며, 서로의 관계는 상황을 더 악화시킨다. 헤겔은 안티고네와 크레온의 딜레마를 다음과 같이 간결하게 말한다. "둘 다 일방적이기 때문에 틀릴 수도 있지만, 둘 다 옳기도 하다."[14] 이 딜레마는 무대와 현실 세계의 다른 많은 사람들과 마찬가지로, 서로 다른 역할에 부여된 다양한 요구를 서로 비교할 수 없고 맞지 않는 경우가 많다는 점에서, 성실성의 사회체제 안에 있는 근본적인 역설을 반영한다.

물론 가족이나 지역사회의 전통적 역할은 어느 정도 서로 일치했다.

여성의 경우 시민이나 정치인보다 일반적으로 딸, 누이, 아내로서 열등한 위치에 있었다. 여성은 일반적으로(항상 그런 것은 아니지만) 이러한 모든 역할에서 남성의 역할을 따를 것이라 기대됐다. 그럼에도 불구하고, 이런 역할이 지니는 일관성은 〈안티고네〉의 복잡한 사례가 보여주는 것처럼 제한적이다. 결국, 대다수 개인의 다양한 역할이 적어도 어느 정도는 양립할 수 없다는 것이 밝혀진다. 이런 양립 불가능성은 안티고네 사례처럼 가족, 정치, 종교, 직업 등 개인이 속한 집단 간의 차이와 관련이 있다. 이런 각각의 시스템에는 다른 시스템과 완전히 융합되지 않는 특정한 사회적 구조와 윤리적 기대가 있다. 실제로 사회적 역할이라는 네트워크는 양파 이론의 이미지가 시사하는 바에도 불구하고 평행하고 깔끔하게 구분되는 여러 개의 층으로 전체가 유기적으로 연결된 것은 아니다. 다양한 사회적 역할이 조화롭게 서로 에워싸고 자연스럽게 수렴하는 경우는 없다.

성실성의 사회체제에서 역할의 시스템적 양립 불가능성은 예외가 아닌 규범으로, 성실성이 지니는 근본적인 역설을 드러낸다. 성실성의 에토스는 일반적으로 사회조직 내(가족이 대표적 사례) 역할이 '사회적으로 구성'되지 않고 자연법이나 신의 계율에 의해 근거한다고 주장할 것이다. 가톨릭교회의 경우 결혼은 오직 한 남자와 한 여자 사이에만 평생 동반자 관계를 의미한다고 주장하며, 어떤 것이든 이를 벗어나는 다른 형태는 부자연스럽고 신의 뜻에 반하는 것으로 간주한다. 마찬가지로 유교에서는 평생 지속되는 부모에 대한 애정과 복종이 사회적 관습과는 거의 관련이 없으나 어느 정도 신성한 역할 모델이 보여주는 인간의 타고난 특성이라고 강조할 것이다. 여기서 자녀가 조금이라도 부모의 뜻에 어긋난 행동을 하면 '불효'를 저질렀다고 비난한다. 기독교와 유교 전통은 가족 구조 외에도 동일한 자연질서나 신의 질서를 반영하여 다양한 봉건적 정치 구조를 정당화했다.

성실성의 반사실적인 논리는 다양한 사회적 역할이 신의 계획과 도덕적 질서, 인간 본성의 발현이기 때문에 이를 통해 인간은 일관된 성격을 형성할 수 있음을 시사한다. 헨리 로즈먼트 주니어를 비롯한 유교 철학자가 정체성을 확립하려면 "역할을 단순히 수행하는 데 그치지 않고 그 역할로 살아가야 한다"고 주장한 이유가 바로 여기에 있다.[15] 사회질서는 역할의 동일시에서 비롯된 결과로 간주되며, 특히 다른 사회적 영역과 관련된 양립 불가능성, 갈등, 비일관성은 역할 수행을 실패한 결과로 본다. 상충하는 사회적 역할을 감정적으로 내면화하고, 합리적으로 정당화하고, 실질적으로 예증할 수 없다면, 이는 개인의 잘못이다. 드물지만 불운이 가져온 '비극'으로 미화되기도 한다. 역할 자체의 문제가 아니며, 문제일 수도 없다.

유교 고전 사서《중용》제22장에서는 성실성의 '율법'에 관한 패러다임적 표현이 들어있다. "성실한 것은 자연/하늘의 도이며 성실해지려는 것은 사람의 도다."(《한국민족문화대백과사전》 참조 - 편집자) 현대 유교 철학자 로저 에임스Roger T. Ames는 이 문장이 의미하는 바를 아주 적절하게 설명한다. "사람은 자신의 초기 조건을 구성하고 가족, 공동체, 우주 안에서 생명력의 궤적을 찾는 두텁고 본질적인 관계를 쌓아나감으로써 인간이 된다."[16] 하지만 문제는 가족(또는 '공동체', 우주')처럼 실제로 사회적 역할이 '초기 조건'이나 '하늘의 도'를 반영하지 않는다는 것이다. 모성이나 부성처럼 관계를 맺음으로써 형성되는 정체성은 실제로 에임스의 주장만큼

'두텁고 본질적'이지가 않다. 탄생과 동시에 저절로 부모와 자식 관계가 맺어지는 것은 맞다. 하지만 이 관계에 부여된 어떠한 도덕적 가치나 사회적 규범은 '효도'라는 유교의 에토스부터, 진정한 결혼은 오직 한 남자와 한 여자 사이에서만 존재할 수 있다는 기독교의 주장에 이르기까지, 신비로운 '생명력'의 '궤적'에서 직접 파생된 것은 아니다. 오히려 사회구조와 관습, 관행, 신념 등에 모두 내재된 것이라 할 수 있다. 가족 역할을 '두텁게' 만든 모든 것은 본질적인 것이 아니라 외부에 있는 것, 즉 '문화'나 사회적 영향이며, 따라서 그것들이 지닌 모든 본질적인(자연적이든 생물학적이든) 것은 극히 희박하다. (이것은 특정 규범이나 가치를 필요로 하지 않는다.) 다시 말해 여성으로 태어난 사람이 누군가의 딸이나 어머니가 되는 '두텁고' '본질적'인 방법은 존재하지 않는다.

유교의 역할 윤리가 '하늘의 도'라는 주장이 지닌 허점은 이미 초기 도교 경전《장자》(제29편 제1장)의 이야기에서 풍자적으로 언급됐다. (어느 날, 공자가 도둑 도척을 교화하겠다며 도적떼를 찾아간다. - 옮긴이). 여기서 사회적으로 버림받은 악명높은 도둑 도척은 도덕적인 척 위선을 떠는 공자(도척에게 너문은 주어 동맹을 맺으려 함)를 가르친다. 인류가 등장한 초기이자 유교 '문명'으로 인해 타락하기 전 인간은 다른 동물과 함께 더할 나위 없이 단순하고 행복하게 평화로운 삶을 살았고 '어미만 알았지, 아비는 몰랐다. 다시 말해 인간의 생식에는 다른 삶의 방식보다 유교가 강조하는 가족의 가치를 우선시할 '본질적인' 것은 아무것도 없다. 오히려 '자유로운 성관계'가 '인간의 본성'에 가깝다. 인간의 역사는 혼인 관계의 부재부터 고도로 정교한 친족사회에 이르기까지 굉장히 다양한 삶의 방식이 존재한다. 그중 어느 것이든 도덕적으로 꾸며질 수 있었다. 또 반사실적으로 가정된 '초기 조건'을 반영하는 것으로 제시되면서 '인간이 되는' 올바른 방법을 정의하는 사회구성체로 보여줄 수도 있었다.

성실성의 역설은 사회적 역할이 정체성을 형성하는 어떤 '본질적' 일관성이 있다는 암묵적 주장에서 근거한다. 성실성의 에토스는 정체성을 구성하는 관계의 층들을 양파처럼 겹겹이 둘러싸고 있는 하나의 통합된 유기적 단위처럼 묘사하는 경향이 있다. 하지만 정체성이 발달하고 참여하는 역할 관계가 많을수록 더 많은 역할 갈등도 진화하는 경향을 볼 수 있다. 그중 일부는 아마 비극으로 끝날지도 모른다. '양파 자아'가 커질수록 정체성은 양파와 더 거리가 먼 모습이 되며, 오히려 모든 게 일치하지 않는 복잡한 사회 속에서 사과와 오렌지처럼 서로 다른 과일이나 야채를 담은 바구니에 가까울 수 있다. 종내에는 사람들이 규범과 법, 사회제도('가족' 등), 신념 체계(이념과 종교)를 강조하는 성실성의 사회체제 자체가 우리의 삶과 정체성을 더 복잡하게 하면서 통합을 어렵게 하고 '부자연스럽게' 만든다는 사실을 깨달을 것이다. 성실성 체제는 인간을 자연스러운 상태와 연결하기보다는《장자》에 등장하는 도둑 도척이 시사하듯이, 온갖 인위적 사회제도에 끼워 맞추느라 상충하는 요구들을 해결하기는커녕 오히려 부추기는 사회심리학적 도구인 셈이다.

새로운 정치적 성실성

성실성에서 진정성으로의 전환은 근대화와 관련이 있다. 프랜시스 후쿠야마Francis Fukuyama는 그의 저서《존중받지 못하는 자들을 위한 정치학

The Demand for Dignity and the Politics of Resentment》에서 어떻게 성실성의 환경에서 성장한 사람이 진정성을 중요시하는 사람으로 바뀔 수 있는지 보여주기 위해 간단한 이야기를 지어낸다.

> 작센의 작은 마을에서 자란 젊은 농부 한스의 상황을 생각해보라. 이 작은 마을에서 한스의 삶은 정해져 있다. 한스는 부모님, 조부모님과 같은 집에서 함께 살고 있다. 부모님이 받아들일 수 있다고 생각한 아가씨와 약혼했고, 그 지역 사제에게 세례를 받았다. 나중에는 아버지에게 경지를 물려받아 계속 농사를 지을 계획이다. 한스는 '난 누구지?'라고 질문할 생각이 들지 않는다. 하지만 빠르게 산업화가 진행되는 루르Ruhr 계곡에 가면 어마어마한 기회를 거머쥘 수 있다는 소식을 듣고 철강 회사에 취직하기 위해 뒤셀도르프Düsseldorf를 여행한다. 한스는 부모님과 지역 사제의 영향력에서 벗어나 그가 나고 자란 마을과 다른 교구에 속한 사람들을 만난다. 그는 여전히 약혼녀와 결혼하겠다는 생각이지만 새로 만난 몇몇 여성에게 유혹을 느끼며 전에 없이 자유로운 생활을 누린다. 한스는 어떻게 삶을 살아갈 것인지 선택을 할 수 있지만 태어나서 처음으로 자신이 진짜 어떤 사람인지, 무엇이 되고 싶은지 궁금해한다. 고향 마을에서는 전혀 문제가 되지 않았을 정체성의 문제가 이제는 무엇보다 중요해진다.[17]

고향 마을에 사는 동안 한스는 앞으로의 삶에 이미 너무 많은 것들이 정해져 있기에 자신의 정체성에 대해 전혀 생각해 본 적이 없었다. 뒤셀도르프에서는 모든 것이 바뀐다. 후쿠야마는 한스가 선택을 '할 수' 있다고 말한다. 더 정확히는 한스가 **선택을 해야만 한다**. 또 그는 단순히 자신이 진짜 어떤 사람인지 '궁금해하는' 데서 그치지 않는다. 이 정체성의 문제는 답을 요한다. (자신이 누구인지 알기 위해 분투한 자신의 십대를 기억해 보라.) 진정성으로서의 정체성은 이전과는 전혀 다른 방식으로 현대생활을 특징 짓는다. 과거의 성실성은 삶의 특정 영역에서 그 명맥을 이어가고 있지만 그 지배력은 사라졌다. 오로지 사회의 주변부에서만, 아직 공동체 전체에 널리 퍼져 있는 경우는 아마 아미시파가 대표적일 것이다.

진정성은 철학적 탐구와 함께 과거의 종교적, 예술적 경험에서부터 정체성에 대한 한스의 근본적인 질문을 넘어 성장하면서 정치지형을 재편하고, 위계질서를 뿌리 뽑고, 군주제를 전복시키고, 민주주의를 발전시키는 데 기여했다. 그렇게 인정받고자 하는 개인들의 주장은 점점 더 많은 기류를 형성했다. 처음에는 개인의 권리를 얻고자 하는 시도가 그리 포괄적이지 않았으나 시간이 지나면서 유색 인종, 여성, 동성애자가 이성애자인 백인 남성과 동등한 권리를 위해 싸우고 또 획득했다. 이런 국면의 영향으로 새로운 사회정치적 태도가 점차 대중화됐다. 보다 미묘한 차이의 개인 특질은 본질적으로 중요하고 사회정치적 인식이 필요하다고 알려졌다. 종내에는 성실성의 에토스를 부활시켜 고무시킨 새로운 형태의 정체성의 정치를 탄생시키기도 했다. 이른바 탈진정성을 띤 '새로운 정치적 성실성'이 그 여파로 등장한 것은 바로 이 국면이었다.[18]

프랜시스 후쿠야마에 따르면 정체성의 정치는 "우리의 내면 깊숙한 곳에 진정한 자아가 숨겨져 있다"는 근대적 생각과 "사회가 이를 제대로 인정하지 않는다"는 두려움에서 출발했다.[19] 따라서 "개인을 어떻게 사회에 순응시키느냐가 아니라 사회를 어떻게 변화시키느냐가 문제가 됐다. 사회가 틀렸고, 내면의 자아는 옳다."(에즈라 클라인 쇼Ezra Klein Show) 이런 시각은 결국 "진정성을 지닌 내 주변 사람은 선하지만, 나머지는 모두 악하다"는 분열감을 조장할 수 있다. (커먼웰스 클럽Commonwealth Club) 후쿠야마는 정체성의 정치로 생긴 사회적 분열은 '국가 정체성'의 개념을 재활성화함으로써 해결될 수 있다고 주장한다. 국가 정체성은 진정성을 중심으로 하는 정체성의 패러다임을 우선적으로 대체해야 한다. 대중 강연에서 그는 다음과 같이 언급한다. "국가 정체성은 내 솔루션 중의 하나다. 가장 중요한 정체성에 대한 생각으로 돌아가야 한다고 생각하기 때문이다."(커먼웰스 클럽). 후쿠야마에 따르며 소외된 집단의 평등권은 미국의 국가 정체성(또는 시민종교)에서 필수적인 부분임에 틀림없다. 그는 이런 가치를 전적으로 지지한다. 하지만 동시에 우리가 시민과 공동체 구성원으로서 역할을 적절하게 수행하는 것 내에서 또 다른 차원의 국가 정체성에 의존해야 한다고 주장한다. 달리 말하면, 우리는 새로운 정치적 성실성이 필요하다. 그래야만 진정성 중심의 정체성에 대한 집착으로 생기는 문제를 피할 수 있다.

정체성의 정치에 맞서 부상한 새로운 정치적 성실성의 진영에서 두드러지게 목소리를 낸 사람은 후쿠야마만이 아니다. 마크 릴라Mark Lilla의 《더 나은 진보를 상상하라, 정체성 정치를 넘어The Once and Future Liberal: After Identity Politics》는 새로운 정치적 성실성을 지지하는 또 다른 주요 단행본이다.[20] 릴라가 말하기를, 정체성 정치는 나라를 분열시키는 "사이비 정치"에 불과하다. 이와 함께 "시민 정신이 이 그림에서 사라졌고, 지극히 개인적인 질문이 유일하게 의미 있는 질문이 됐다. 내 정체성으로 인해 내 나라가 나에게 어떤 빚을 지고 있는가?(67)" 릴라는 이러한 "자아로의 전환"(III)과 "민주적 **우리**"(133)에 대한 평가절하는 "개인의 선택과 자기 정의가 우상이 된 초개인주의적 문화"(136)가 낳은 결과라고 주장한다. 꽈메 앤서니 아피아Kwame Anthony Appiah가 《구속하는 거짓말, 정체성 재고하기The Lies That Bind: Rethinking Identity》를 저술하며 대열에 합류했다. 아피아는 성별, 종교, 인종, 국적, 계층, 문화는 우리가 세상에 존재하게 하는 기초적인 정체성의 표시라는 사실을 인정한다. 하지만 그는 사람들을 한데 모으고 공동체 구성원으로 실제 결속시키는 것은 자기 동일시라는 특정 내용보다 그들이 공유하는 공동체의 실천과 더 관련 있다고 주장한다.[21] 마이클 샌델 역시 새로운 정치적 성실성을 지지하는 인기 있는 대표 주자로 꼽을 수 있다. 그에 따르면 개인주의의 팽창은 오늘날 미국에서 나타나는 소득 불평등, 능력 중심주의, 노동의 가치 절하, 국가 공동체 결핍의 주범이다. 《정의의 한계Liberalism and the Limits of Justice》부터 《중국을 만나다Encountering China》, 《공정하다는 착각The Tyranny of Merit》에 이르기까지, 샌델은 그의 저서에서 개인에 대한 기존 개념을 흔드는, 즉 공유하는 공통 목적이 개인의 정체성을 형성한다는 개념을 주장해왔다.[22]

현재 후쿠야마, 릴라, 아피아, 샌델 같이 정체성의 정치에 대해 비판하는 비평가들은 그들의 반개인주의적 성향을 감안할 때 공동체의 의무와 역할의 가치를 강조하는 것과 아울러 그들 스스로가 옛날의 성실성을 이상화하고 있는 모습이다. 하지만 네 사람 모두 개인의 선택과 다양한 삶의 방식, 개인의 권리를 정체성과 시민 정신 모델에 통합하고자 한다. 이처럼 진정성과 관련된 가치를 명시적으로 포함하는 것은 정치적 성실성을 **새롭게** 만든다.

새로운 정치적 성실성을 옹호하는 사람은 현대사회에서 관찰되는 병폐의 원인을 진정성의 과잉이나 '초개인주의'에서 찾는다. 암묵적이든 명시적이든 그들은 이런 과잉을 해결할 유일한 대안으로 이원론적 사고방식을 취한다. 예를 들면 성실성의 어떤 형태든 새로운 시민 민족주의 형태로 본다. 하지만 사회의 시계를 거꾸로 돌리라는 보수적 요구를 피하고 진정성이 지니는 장점을 보존하기 위해서라도, 새로운 정치적 성실성은 공동체 가치에 대한 헌신이라는 우산 아래 개인들의 독특함과 주체성도 함께 품어야만 한다.

성실성과 초개인주의를 대립 관계로 보는 이분법적 시각의 한계는 시대의 징후를 잘못 해석하게 만든다. 새로운 정치적 성실성의 관점에서 진정성의 과잉으로 설명하는 것은 또한 정반대로 진정성의 점진적 해체와 프로필성으로 대체하는 것이라 볼 수 있다. 도널드 트럼프에 대한 프랜시스 후쿠야마의 다소 충격적인 오판이 대표적 사례다. 후쿠야마는 프로필성을 진정성으로 착각하는 실수를 저질렀다.

후쿠야마는 이런 글을 썼다. "트럼프는 우리 시대를 정의하는 진정성의 윤리를 완벽히 실천한 사람이었다. 그는 위선적이고, 아이적이고, 편협해서 대통령감이라고는 볼 수 없지만 적어도 자신이 생각한 것을 말한다."[23] 트럼프가 트위터에 올린 게시물은 그의 '진정성'을 나타내는 예시로 이용된다. 후쿠야마의 주장에 따르면 트럼프의 글은 그의 실제 생각과 감정을 고스란히 담고 있다. 정치적으로 맞지 않는 내용이 있는지 명확한 조사를 거쳐 대중의 지지를 호소했던 조지 부시나 버락 오바마의 트윗과 달리, 트럼프는 거칠고, 공격적이고, 아주 추잡하기까지 하지만 정확히 그 내용에서만큼은 진정성이 있다는 평가를 받는다.

그러나 이른바 진정성의 윤리를 완벽히 실천한 인물이라는 도널드 트럼프는 실제로 대중매체가 하나부터 열까지 자체적으로 만들어 투사한 이미지다. 트럼프는 스테이크부터 호텔까지 이전 사업에서 브랜드화로 성공과 실패를 거둔 것으로 유명하다. 또 널리 알려진 바와 같이 트럼프가 대선에서 승리하는 데는 상당 부분 그의 선거팀이 소셜 미디어에 정통한 덕분이었다. 대중에게 알려진 트럼프 이미지와 페르소나의 본질은 내면의 핵심 자아를 표현한 것이 아니라는 사실은 분명하다. 또 리얼리티 쇼 〈어프렌티스The Apprentice〉의 진행자로 활약하던 이전의 그의 모습이 진정성을 대표한다고 생각하기도 어렵다. 게다가 트럼프는 '진정성이 없다는 것'을 구태여 숨기지도 않는다. 미국의 대표적인 보수매체로 알려진 〈폭스〉의 표현을 빌리자면, 트럼프 전 대통령은 "이상하리만치 자신의 거짓말에 대해 솔직하다."[24] "오물을 청소하겠다Drain the swamp"는 트럼프의 핵심 선거 캐치프레이즈를 만든 것에 대한 설명이 전형적인 예다. "그 용어가 유행하게 된 것도 참 웃긴다니까요. 솔직히 말할게요. 나는 그 표현이 싫었어요. 누가 '오물을 청소하자'는 공약을 처음 추천했을 때 나는 '진부해, 질색이야'라고 말했습니다. 그런데 몇 달쯤 지났을 때였나, '오물을 청소하겠다'는 말을 하자, 난리가 난 겁니다. 그래서 '이것 봐라'하고 한 번 더 말했죠. 그때부터는 원래 내 생각이었던 것처럼 그 말을 하게 되었죠. 계속 쓰다 보니 꽤 맘에 들더군요." 트럼프는 국가의 아버지라 불릴 만한 성실한 정치인도, 한 마디 한 마디마다 자신의 내면에 있는 진정한 자아와 신념을 드러내는 강인한 개인도 대표하지 않는다. 도리어 그는 프로필성의 정치적 승리를 상징한다. 트럼프가 그 말을 한 것은 프로필성에 기반하고 있는 인기를 더 올릴 수 있기 때문이지, 진정성이 있기 때문이 아니다. 그의 청중은 트럼프가 오로지 자신들(여전히 기뻐하는 사람들!)의 환심을 사기 위해 그런 문구를 이용한다는 사실에도 아랑곳하지 않는다. 트럼프를 따르는 많은 사람들은 그를 진정성 있는 사람으로 여기지 않지만 무대에서 보이는 그의 페르소나와 상대 정치인의 진정성 있는 시도들을 점점 더 설득력이 떨어지게 조롱하는 방식을 좋아한다. 프로필성은 진정성의 관점에서 '이상하리만치 솔직한' 거짓말로 보이는 반면, 진정성은 프로필성의 관점에서 이상하리만치 솔직하지 못한 진실로 보인다.

아이러니하게도 앞서 검토한 새로운 정치적 성실성을 옹호하는 저자들은 매우 비슷한 상황에서 활동하고 있음에도 트럼프의 프로필 가치를 알아보지 못한다. 새로운 성실성에 대해 이야기를 하고 글을 쓰는 것은 동시에 그들의 프로필성을 확장하고 강화한다. 프랜시스 후쿠야마, 마크 릴라, 콰메 앤서니 아피아, 마이클 샌델은 모두 뛰어난 프로필을 지닌 유명 작가로 미국 명문 대학에서 학생들을 가르치는 교수다. 릴라는 자주 〈뉴욕타임스New York Times〉와 〈뉴욕 리뷰 오브 북스New York Review of Books〉에 글을 기고한다. 후쿠야마는 온갖 포럼에서 강연을 하며 그중 상당수가 유튜브에 업로드된다. 아피아는 〈뉴욕 리뷰 오브 북스〉에 정기적으로 글을 쓰고 대중을 상대로 텔레비전과 라디오에서 강연도 한다. 마찬가지로 그의 말과 인터뷰의 상당수가 유튜브상에 올라와 있다. 샌델은 BBC에서 방영하는 프로그램 〈위대한 철학자들〉에서 전 세계 학생들과 상호 작용하며 철학 수업을 진행하고 있다.

이 새로운 정치적 성실성을 개척한 사람들은 극소수의 학자만이 가질 수 있는(그리고 오늘날 철학자 중에는 거의 없는) 프로필성을 충분히 확립했다. 이는 그들이 불성실하다는 의미가 결코 아니다. 오히려 자상한 아버지이고,

열정적인 스승이고, 헌신적인 동료이고, 정직한 소비자(적어도 내가 개인적으로 알고 지내는 한 사람)이다. 그럼에도 그들은 〈뉴욕타임스〉 독자, 유튜브 시청자, 전 세계 비판적 사상가들에게 흥미를 유발하기 위해 프로필성으로 전문성을 드러낸다. 여기서도 그들은 성실할 수 있지만 프로필성이 영향을 미치는 상황에서의 성실이다. 또 어떻게 프로필성이 지배적인 정체성 패러다임이 된 사회에서 그렇지 않을 수 있겠는가?

성실성과 프로필성

성실성과 프로필성 사이에는 유사점이 있다. 이 둘은 때로 진정성과의 교집합보다 서로 겹치는 부분이 더 많다. 하지만 바로 그 비슷해 보이는 측면 일부가 결정적인 차이점이 있는 곳이기도 하다. 중요한 차이를 지니는 세 가지 유사점은 다음과 같다. 첫째, 성실성과 프로필성은 모두 청중에게 보여주는 것 자체로 검증을 유도하지만, 성실성은 청중이 가족 구성원의 경우처럼 함께 있는 반면, 프로필성은 일반 동료에게 흥미를 유발시킨다. 둘째, 성실성과 프로필성은 모두 외부의 기대에 부응하지만, 성실성에서 외부의 기대가 비교적 안정적인 반면, 프로필성에서는 매우 유동적이고 역동적이다. 셋째, 성실성과 프로필성은 모두 공적인 페르소나를 가치 있게 여기지만, 성실성에서 대중의 평판은 개인의 미덕이나 카리스마와 관련이 있을 것으로 예상되는 반면, 프로필성에서 탁월함은 알고리즘이나 다른 매커니즘에 의해 계량적으로 생성되는 경우가 많다.

  어빙 고프만은 극장을 모델로, 무대를 설치하는 것에서부터 무대 위에 올라 다른 배우와 협력해 연기하고 무대 뒤에서 보내는 휴식 시간에 이르기까지, 복잡한 사회적 상호작용을 연극 공연으로 묘사했다. 《자아 연출의 사회학》은 다음과 같은 관찰로 시작한다. "사람들이 모인 공간에 새로운 인물이 들어오면 기존에 있던 사람들은 보통 그에 대한 정보를 획득하거나 이미 알고 있던 정보를 활용하려고 한다. 개인에 대한 정보는 상황을 정의하는 데 도움을 주며, 기존에 있던 사람들은 그가 그들에게 무엇을 기대할지, 그들이 그에게 무엇을 기대할지 미리 알 수 있게 한다." 이는 같은 공간에 머무는 청중 앞에서 자기 모습을 연출하는 방식을 묘사한다. 실제로 한 공간에 있는 사람들은 옷차림과 말투부터 몸짓, 태도까지 모든 것을 통해 상대방에 대한 온갖 정보를 수집한다. 이 상황은 함께 있는 사람이 어떻게 스스로를 연출하는지에 따라 좌우된다. 관련된 모든 사람은 상황이 진행될 방향을 비슷하게 가정한 채 행동한다. 시간이 지나면서 표현이 반복되고 사람들이 서로를 알게 되면서 평판은 좋아진다.

프로필성도 표현의 대상이 되는 청중을 필요로 한다. 하지만 일반 동료인 이 청중은 훨씬 더 추상적이다. 내가 에어비앤비에 숙소 후기를 남길 때(또는 알려지지 않은 다소 지적인 독자에게 에어비앤비에 관한 내 생각을 책에 써서 전달할 때)는 친구를 만나 숙소와 관련된 재미있는 일화를 이야기할 때 하는 말투와 내용이 크게 다를 수 있다. 이러한 다양한 맥락에서 내가 같은 사건에 관해 논평을 요청받았다 할지라도 청중의 성격은 내가 말하는 내용에 근본적으로 영향을 미친다. 에어비앤비 이용자와 독자를 대상으로 쓴 글은 2차 질서 관찰과 이에 수반되는 모든 것들에 좌우되지만, 친구를 만나 했던 이야기는 비교적 단순한 1차 질서 관찰에 기반한다.

성실성 기준은 거의 안정적이다. 사람들은 다른 사람이 입은 옷에 흥미를 느끼는데 의상이 그 사람의 정해진 역할과 페르소나 측면을 가리키고 있기 때문이다. 프로필성의 관점에서 어떤 특정 브랜드 제품을 착용하는 것은 역할의 순응보다 자신의 쿨한 모습을 강조하는 것일 수 있다. 하지만 프로필성에서 멋은 빠르고 예측할 수 없는 변동을 겪는다는 것을 고려해야 한다. (또 그 자체로 언제든지 멋져 보이지 않아 더 이상 아무것도 아닌 것이 될 수 있다.) 어느 날 사회적 검증 피드백 순환으로 인정 받은 것이, 다음 날 거부당할 수도 있다.

어떤 사람이 알려지면, 그 사람에 대한 평판이 쌓인다. 성실성이 중요한 곳에서는 이 평판이 신뢰할 수 있어야 하는데, 개인적 교류를 기반으로 하는 경우가 특히 그러하다. 현대사회의 맥락에서 알고리즘을 생성하는 프로필은 그런 개인적 앎을 무색하게 한다. 캐시 오닐Cathy O'Neill은 그녀의 책《대량살상수학무기Weapons of Math Destruction》에서 자동차 구입 가격부터 건강보험료, 신용카드 이자율, 입학 가능한 학교에 이르기까지, 수학적 모델이 어떻게 갈수록 모든 것을 결정하는지 보여준다. 이런 데이터는 개인적 평가보다 더 신뢰할 수 있고, 투명하고, 덜 편향적인 것으로 여긴다.[25] 〈포브스Forbes〉 기사가 보여주듯이, 이런 계산은 놀라울 정도로 정확하다.

> 소매업체 '타겟'은 한 사람이 구매한 것을 바탕으로, 예를 들면 코코아 버터 로션이나 아연과 마그네슘 보충제를 구매하면 임신 가능성이 있는 고객을 파악하고 앞으로 관심을 가질 만한 상품 쿠폰을 보낼 수 있다고 생각했다. 10대 딸을 둔 한 남성이 쿠폰을 받고 매니저에게 항의

했다. "내 딸이 우편으로 이걸 받았습니다! 아직 고등학생인데 아기 옷과 침대 쿠폰을 보내다니? 딸한테 임신하라고 부추기는 겁니까?" 매니저는 사과하고 며칠 뒤 재차 미안한 마음을 전하기 위해 전화를 걸었다. 전화를 받은 아버지는 다소 당황했다. 그가 말했다. "딸아이랑 얘기를 해 봤는데, 집에서 내가 전혀 알지 못하는 어떤 일이 있었던 모양입니다. 출산 예정일이 8월이라고 하네요. 지난번 일에 대해서는 사과드립니다."[26]

4장

진정성

인생은 자신을 찾는 것도, 뭔가를 찾는 것도 아니다. 인생은 자신을 만드는 것이다.
— 밥 딜런Bob Dylan(프로필성의 선구자), <롤링 선더 레뷰, 밥 딜런 이야기Rolling Thunder Revue: A Bob Dylan Story>

진정성, 개인주의, 그리고 근대화

한스가 성실성이 깊게 자리 잡은 작은 마을에서 진정성이 가득한 도시, 뒤셀도르프로 이사하면서 생긴 변화는 물리적인 변화 이상으로 그 자신에게도 전환점이 됐다. 자신의 정체성에 강한 의문이 들면서 자기 자신은 물론 다른 사람과 세상에 대하여 다르게 생각하기 시작했다. 이 같은 변화는 실제로 전 세계의 수많은 사람들이 경험했다. 진정성과 정체성에 대한 의문은 기본적으로 선진국인 '자유주의' 국가에 살고 있는 모든 사람이 마주했다. 특히 개신교의 교리나 낭만주의에 익숙하고, 셰익스피어의 연극을 관람한 적이 있거나 프레드리히 니체의 작품을 읽은 사람이라면 더욱 그러했다.

하지만 진정성에 모두가 만족한 것은 아니다. 이를테면 사람들은 독창적인 자아를 발견한다거나 창조한다는 모순적인 주장을 대안적이지만 때로는 동시적으로 강조하는 전문 용어에 문제를 제기했다. 진정한 인간의 정체성이 사회적으로 용인되는 '가면' 뒤에 있다거나 있어야 함을 암시하는 고정 관념적 이미지와 집단적 유대보다는 개인의 자율성 가치를 수반하는 개인주의 이데올로기를 두고도 논쟁이 일어났다. 전통적 성실성을 재창조하고자 했던 헨리 로즈먼트 주니어와 로저 에임스에서부터 다양한 유형의 새로운 성실성을 권고한 데이비드 포스터 월러스와 마이클 샌델에 이르기까지, 이들이 주장하는 두터운 사회적 역할과 공유하는 규범 및 기대, 즉 개인주의를 넘어선 강력한 공동체 개념에 대한 향수는 넘쳐났다.

진정성과 개인주의를 전파하기 위해 앞장섰던 미국은 비성실성에 기반한 가치를 원주민에게 전파하는 데 어려움을 겪었다. 17세기와 18세기 신대륙에서는 북미에 살던 원주민이 유대 관계가 긴밀한 부족사회를 유지하기 위해 근대사회가 주는 편리함을 기꺼이 포기하는 사례가 흔했다. 벤자민 프랭클린Benjamin Franklin은 다음과 같은 글을 썼다.

> 인디언 아이가 우리와 지내면서, 우리 언어를 배우고 우리 관습에 적응했다. 그런데 친척을 보러 가서 다른 인디언과 어울려 지내더니 다시는 돌아오지 않았다. 아무리 회유해도 소용이 없었다. 이것은 단지 인디언의 천성이 아닌 인간의 본질인 게 명백하다. 젊은 남녀 백인들이 인디언들에게 포로로 붙잡혀 그들과 잠시 지내다가 몸값을 지불한 뒤 풀려난 적이 있다. 영국인들은 그들에게 가능한 모든 친절을 베풀며 편안히 머물도록 했다. 하지만 얼마 지나지 않아 그들은 우리가 사는 방식에 환멸을 느끼더니, 기회를 틈타 숲으로 탈출했다. 이후로는 그들을 되찾을 수 없었다.[1]

프랑스에서 이주한 헥토르 드 크레브쾌르Hectoer de Crèvecoeur도 비슷한 견해를 보였다. "수천 명의 유럽인이 인디언이 되었으며, 단 한 명의 원주민도 선택에 따라 유럽인이 된 사례는 없다."² 세바스찬 융거Sebastian Jungersms는 프랭클린과 크레브쾌르의 주장을 인용하여 소규모 공동체에서 다른 사람들과 밀접한 관계를 맺으며 살려는 욕구, 즉 성실성에 기반한 삶은 아메리카 대륙으로 이주한 초기 유럽인들이 원주민과 어울려 지내기를 선호한 주된 이유였다고 주장한다.³ 대체로 독립적이고 고립된 채 사는 '개인화된' 삶은 편리할지 모르나 그 대가를 치른다.

> 사회가 근대화되면서 사람들은 공동체에서 거리를 두고 보다 독립적인 삶을 살 수 있게 됐다. 오늘날 도시나 교외에 거주하는 사람은 하루 종일, 아니면 한 평생 낯선 이와 부대끼며 살아간다. 타인들에게 둘러싸여 있으면서도 위태롭게 깊은 고립감을 느끼기도 한다. 이런 현상이 위험할 수 있다는 증거는 넘쳐난다. 행복은 주관적이라 측정하기 무척 어렵지만 정신질환은 그렇지 않다. 수많은 문화 간 연구에 따르면, 현대사회는 거의 기적과도 같은 의학, 과학, 기술 발전에도 불구하고 인류 역사상 가장 높은 비율의 우울증, 정신분열증, 건강 악화, 불안, 만성적 외로움에 시달리고 있다. 삶이 풍요로워지고 도시화가 이뤄질수록 우울증 발병 확률과 자살률은 감소하기는커녕 증가하는 경향이 있다.⁴

그런데도 오늘날 진정성과 개인주의로부터 벗어나거나 그 너머로 돌아가고자 하는 열망은 오히려 제한적이다. 조던 피터슨Jordan Peterson은 상식의 틀에서 다소 벗어나 정치적 올바름을 비난하고 이슈가 된 문제에

거침없이 막말을 남발한 것으로 이름을 알렸는데, 그 기반이 된 '남자답게 또는 책임감 있게 행동하라는' 자기계발 및 철학서보다 훨씬 큰 명성을 얻었다. 다음은 그가 한 대담한 발언이다.

서구 문명의 기본적인 가정은 타당하다! 이 말에 동의하시나요? 우연이라고 생각하시나요? 좋습니다. 이렇게 한 번 생각해봅시다. 사람들은 어느 나라에서 벗어나고 싶어 할까요? 우리가 있는 곳은 아닙니다. 사람들은 어느 나라로 가고 싶어 할까요? 우리가 있는 곳입니다! 더 좋은 곳이니까요. 전 세계를 돌아다니면서 괜찮다 싶은 건 몽땅 훔쳐 와서 그런 건 아닙니다. 우리가 세운 기본 가정이 옳았기 때문입니다. 얼마나 다행입니까! 수천 년 노력한 덕분이죠. 그렇게 우리는 세상을 밝게 비추는 빛과 같은 문명을 세웠습니다. 그렇다고 우리가 대단히 위대하다는 얘기는 아닙니다. 어쨌든 이 정도면 살만한 거라고 봅니다. 우리가 더 좋은 것을 생각해 낼 수 없다면 여기저기 들쑤시지 말아야 합니다. 그러니 이제 우리가 잘하고 있다는 가정으로 시작해 보는 게 어떨까요? 그중 하나로, 예를 들면 실제로 우리는 개인을 소중히 여깁니다. 그렇죠? 서구 사회에서는 개인이 본질적인 가치를 지닙니다. 이것이 사람들의 사상으로 공식화하는 데 얼마나 긴 시간이 걸렸는지 아시는지요? 쓸모없고 힘도 없으면서 결함이 많은 인간이라도 가치 있다니, 이 얼마나 대단합니까! 여러분은 법으로 존중받을 만큼 가치 있는 사람입니다. 얼빠진 집단주의를 위해 개인의 가치를 포기하고 싶은 사람은 없습니다. 이런 일이 더 빠를 수도 있겠네요. 급진 좌파들의 특징 하나는 여러분을 한 개인으로, 혹은 개인들에 대해 전혀 신경 쓰지 않는다는 겁니다. 흑인이든, 백인이든, 라틴계이든, 트랜스젠더이든, 동성애자이든, 무엇이든 말입니다. 여러분은 집단입니다. 집단의 일원이죠. 중요한 것은 집단뿐이라는 거예요. 제가 이거 하나는 장담하겠습니다. 중요한 게 집단뿐이라면, 여러분은 별로 중요치 않게 될 것입니다.[5]

피터슨이 비난하는 '집단'은 융거가 이상적으로 여긴 전근대적 부족과는 다르다. 하지만 여전히 개인주의를 옹호하고 강연과 글에서 일반적으로 드러난 피터슨의 태도는 (자신의 사생활에도 불구하고) 과거의 성실성을 거의 신뢰하지 않는다.[6] 서구 사회가 엄격한 집단주의와 역할 기반의 정체성에서 벗어나기까지 수천 년이 걸렸고, 따라서 피터슨은 무슨 일이 있어도 과거로 돌아가지 않기를 바란다. 성실성에서 진정성으로의 전환을 달갑지 않게 여기는 사상가도 많지만 대부분은 피터슨이 묘사한 역사적 진보를 공유한다.

 물론 진정성과 개인주의의 흔적은 훨씬 더 거슬러 올라가 발견할 수도 있다. 플라톤의 경우 종종 개인주의 특징이나 다름없는 선행적 자아를 믿었던 것으로 간주된다. 그의 불변하는 영혼 개념과 기억으로서의 지식이론은 내면의 자아 탐구가 서구 정체성 개념에서 중심 사상이 될 수 있는 계기를 마련했다. 하지만 실제 진정성의 폭발은 나중에 일어났다. 진정성은 니콜로 마키아벨리Niccolò Machiavelli, 마틴 루터Martin Luther, 윌리엄 셰익스피어William Shakespeare, 임마누엘 칸트Immanuel Kant, 프랑스 혁명, 낭만주의 등을 통해 오늘날 우리가 알고 있는 진정성과 개인주의가 '근대사회' 또는 '근대화'와 함께 어떤 형태로든 생겼다는 데는 대부분이 동의한다.

 근대화와 진정성의 관계에 대해서는 폭넓게 동의를 하고 있지만 정확히는 무엇이 근대사회를 정의하는지, 또 어떤 요인이 진정성과 개인주의의 발전을 가져왔는지 놓고는 의견이 분분하다. 이런 질문에 답하기 위해 수많은 이론이 새로 등장했다. 마르크스주의자는 소수에 의해 이루어지는 사유 재산의 축적을 지적했고, 막스 베버Max Weber는 기독교의 부상에서 찾았으며, 에밀 뒤르켐Émile Durkheim은 새로운 '개인 숭배'가 합리적인 개인 주체를 우선시한다고 생각했다. 훗날 니클라스 루만은 기능적 분화가 현대사회를 특징짓는다고 주장하며 개인 정체성에 대한 탐구를 시작했다.[7]

진정성이라는 용어

찰스 테일러는, 근대는 '진정성의 시대'라고 주장했다. 동의한다. 하지만 우리 저자들은 진정성의 시대가 끝나가고 있다고 생각한다. '진정성이라는 용어'가 자기 발견이나 자기 창조로 미화되는 사례는 흔히 발견된다.[8] 예술과 문학, 철학에만 국한되지 않고 맥주 광고부터 정치 논쟁, 교과서, 그리고 이들 사이에 있는 모든 측면에 이르기까지 진정성에 관한 발언이 넘쳐나, 우리는 적당한 대표적 예시를 고르는 것이 불가능할 정도였다. 우리 중 한 사람이 인용문, 스크린샷, 또는 광고를 찾았다 싶으면 더 나은 사례가 다른 사람의 눈에 들어왔다. 마이크 포즈너Mike Posner의 히트송 '비 애즈 유 아Be as You Are'의 가사로 한 단계 업그레이드된 나이키 슬로건 '메이크 유어셀프Make Yourself'는 이번 장 초반에 소개한 밥 딜런의 문장과 경쟁했다.

개인주의와 진정성을 나타내는 이미지와 언어는 서구 사회에 완연히 퍼져 있다. 대륙의 실존주의와 영미의 정치철학 전통 모두의 저작물에도 각각의 형식으로 녹아들어 있다. 광고, 자기계발서, 팝송에 많이 등장하는 일상적 언어에도 마찬가지다.

찰스 테일러에 따르면 진정성은 역사적으로 '근대 개인주의'의 한 '측면'이다.[9] 우리에게는, 아마 그 반대일 수 있다. 개인주의가 현대 진정성의 한 측면일 수 있다는 것이다. 어쨌든 근대성이 성실성 체제의 탈피라는 테일러의 견해에는 이견이 없다. "사람들은 보통 주어진 장소에서 자신의 역할, 신분에 맞게 갇혀 살았고, 이로부터 벗어나는 것은 거의 상상할 수도 없는 일이었다. 오늘날의 자유는 그런 질서에 대한 불신에서 생겨났다"(3). 개인의 자율성과 창의성이 정체성의 이상이 되면서 근대의 진정성과 개인주의가 꽃을 피웠다. 테일러가 보기에, 이 모든 움직임은 낭만주의와 함께 시작됐다. "나에게 '진정성'이란 우리들 각자가 인간성을 스스로 실현하는 방법이 있으며 외부로부터, 그리고 사회나 그 이전 세대, 종교나 정치적 권위로 강요된 그 어떤 모델에 순응하기보다 스스로 인간성을 찾고 살아가는 것을 중요하게 여긴 18세기 후반 낭만파 표현주의와 함께 등장한 삶에 대한 이해를 의미한다"(475). '자유freedom'는 '사회라는 외부 권력'으로부터의 자유다. 그렇다면 진정성은 그런 노력을 방해하는 사회적 권력이나 관습에 개의치 않고 모두 각자가 지닌 독특함을 개발해야 한다는 요구의 표시다. 낭만주의 이후, 사람들은 자신의 정체성을 '표현해야' 했다. 아니면, 어떤 사람이 될지 선택할 수 있었다. 테일러는 이 개념을 추가로 정의했다.

진정성은 (A) (i) 창조와 구성에 더해 발견과 (ii) 독창성, 빈번하게는 (iii) 사회 규칙과 심지어 잠재적으로 우리가 도덕적으로 인식하는 것도 포함한다. 하지만 앞서 살펴봤듯이, 진정성은 (B) (i) 의미의 지평이 열려 있는 것(그렇지 않다면 무의미함에서 구제할 수 있는 배경을 상실하기 때문에)과 (ii) 대화에서 자기 인식을 필요로 한다는 것도 사실이다. 이런 요구가 긴장 상태에 놓일 수도 있다는 것도 용납해야 한다. 하지만 (B)를 희생시키면서 (A)를 다른 쪽보다 단순히 우위에 두는 것은 잘못이다. 그 반대도 마찬가지다.[10]

철학에서 '진정성'이라는 용어가 광범위하게 인기를 얻게 된 배경에는 마르틴 하이데거Martin Heidegger가 번역한 본래성Eigentlichkeit 개념이 자리한다. 찰스 테일러는 하이데거를 넘어 독일 철학자들이 사용하던 이 개념의 모호함을 걷어 낸다. 독자 대부분은 광고를 보거나, 테드 강연을 듣거나, 직장 동료와 친구, 가족과 나눈 대화를 떠올리거나, 단순히 그 문제에 대해 생각하는 것만으로도 진정성에 대한 테일러의 분석이 얼마나 예리한지 알 수 있을 것이다.

흥미롭게도 진정성의 정교하고 제한적인 의미론 용법에서는 스스로를 '찾아라' 혹은 '발견하라'는 요구와 스스로를 '창조하라'는 요구를 다소 역설적으로 혼합하는 경우가 있다. 찰스 테일러는 방금 인용한 정의 (A) (i)에서 정확히 이 같은 용례를 보여준다.

울리히 벡Ulrich Beck과 엘리자베스 벡 게른스하임Elisabeth Gernsheim-Beck은 사회학적 관점에서 진정성의 추구에 수반되는 개인주의를 '재접목 없는 이탈disembedding without reembedding'이라고 정의했다. 달리 말하면, 개인은 '견고하게 확립된 전통'과 사회적 역할, 중첩된 수많은 기대에서 완전히 벗어나면 과거로 절대 돌아가지 않는다. 지그문트 바우만Zygmunt Bauman의 표현을 빌리자면 이렇게 보금자리에서 벗어나 오래 지속될 수 있는 다른 방법에 의지할 데 없는 개인들은 '유목민'같은 삶에 처해진 것처럼 보일 수 있다. 척박한 휴식처에서 오직 일시적으로만 버티는 것 외에는 대안이 없다. "개인주의는 선택이 아닌 운명이다."[11]

다른 한편으로 진정성과 개인주의는 인간이 "자신의 모습을 창조한 신과 같은 역할"을 수행하도록 허용한 공로를 인정받을 수도 있다.[12] 저술작업과 창의성, "자신에게 솔직함"이 가리키는 것은 무엇이든 전부 뒤섞이게 마련이다. 지그문트 바우만이 이야기했듯이 "사회라는 외부 권력"은 정체성을 결정하지도, 결정**할 수도 없기** 때문이다.[13] 그러니 세상 밖으로 나가 "너 자신이 돼라become what you are."[14] (이 슬로건은 니체의 상징적인 명언인 동시에 앨런 와츠Alan Watts가 쓴 책 제목으로, 진정성이란 용어에 흥미를 끄는 표현을 찾을 때 아주 강력한 후보였다.)

진정성의 역설

이란계 미국인 저널리스트이자 가톨릭으로 개종한 소하브 아마리Sohrab Ahmari는 어린 시절의 어려움을 마음속에서 일어난 진정성의 변화와 함께 이야기한다. 이란에서 태어나 성장한 아마리는 그의 부모가 그랬듯 제도화된 이슬람교에 반기를 들었다. 하지만 그는 어떤 형태로든 삶의 지침은 필요하다는 생각이 강하게 들었다. "나는 보편적이면서 도덕적으로 절대적인 것을 갈망했다. 그런데 아버지가 내게 물려준 절대적인 계명은 단 하나뿐이었다. '너답게 살아라.' 기가 막혔다. 내 안에 있는 지금 '나'는 누구였단 말인가? 나는 누구에게 그렇게 충실했단 말인가? 아버지는 알려주지 않았다."[15] 그런데 이 격언은 단순히 어렵다는 것 이상으로 근본적으로 역설적이다. 아마리의 아버지는 그의 아들이 '나답게 살도록' **허용하지** 않았고, '나답게 살라'고 **명령**했다. 아마리는 먼저 다른 사람들의 사례를 통해 '나답게 되는' 법을 배웠고 '나답게 사는' 것이 무엇을 의미하는지 알아야 했다. "아버지는 나에게 인생의 수많은 선택을 가로질러 내 길을 가게끔 나 자신이 되라고 재촉하지 않았을까? 나는 그렇게 했을 것이다. 사실 나는 당시 독립성과 독창성이라는 이름 아래 온갖 문화를 가져와 다른 사람의 페르소나를 채택하고 있다는 생각은 들지 않았다"(64). 아마리는 '나답게 사는' 방법을 찾기 위해 만화 주인공, 작가, 예술가, 영화감독을 이상화했던 십대 초반을 기록한다. 그의 진정성은 다른 사람과 마찬가지로 다른 사람의 의상을 입어보고 어떤 의상이 한동안 편안했는지 살펴보는 것이었다. 그는 본보기로 삼을 만한 모델을 모방함으로써 자신을 '발견'할 수가 있었는데, 그의 모델은 충분히 예상할 수 있듯이 니체, 그다음에는 프랑스 '실존주의자'와 마르크스주의, 종내에는 기독교였다.

아마리가 찾아 헤매던 '보편적이면서 도덕적으로 절대적인 것'은 성실성을 강조하던 사회에서 쉽게 찾아볼 수 있던 외적 규제 지침 같은 것이었다. 아마리도 많은 사람과 마찬가지로 혼란스러웠다. 나답게 살라는 조언이 지니는 내적 역설 때문이다. 그는 바깥에서 지침을 찾다가 진정성이라는 외적 기준을 발견한다. 그런데 이 기준은 그에게 외부로 눈을 돌려 자신을 찾지 말라고 한다. 십대와 청년기 젊은이로서 아마리는 '나답게 살려고' 부단히 노력했지만 '나답게 살기' 위해 필요한 창의성과 독창성을 키우려면 다른 사람을 모방해야만 했다.

유튜브에서 8천만 건 이상 조회 수를 기록한 노래를 보유하고 있는 마이크 포즈너는 대중이 '좋아요'를 누를 만한 정반대의 행동으로 자기 자신을 정의하려고 함으로써 진정성을 추구하는 것이 불가능했던 경험을 설명한다.

> 나는 대중이 무엇을 좋아하는지 알고 있기에 반대되는 행동을 함으로써 내 자율성을 증명하려 했다. 일을 시작하고 2~3년 전쯤 모두가 내 모습의 단면만 알고 있다는 생각이 들어, 그러면 반대로 행동해보자고 한 시기가 있었다. 나는 여전히 내가 남자라는 걸 느끼고 싶고, 다른 사람의 의견에 좌지우지되지 않고 스스로 결정을 내린다. 식사를 중단했던 일이 있었다. 이틀에 한 번 먹었던 것 같다. 13킬로그램 정도 빠지는 바람에, 애초 건강했던 몸이 무척 마른 몸이 됐다. 머리카락을 펑크족처럼 자르고 초록색으로 물들였다. 화장하고 여성복을 입은 채 화보 촬영을 한 적도 있다. 이런 일이 잘못됐다는 말은 아니다. 실제로는 꽤 멋지다. 하지만 이건 아니었다. 혼란스러웠는데, 내가 그렇게 하고 있었기 때문이다. 몇몇 사진은 꽤 멋지나 진짜는 아니다. 그 이유는 이렇다. 나 스스로 '대중의 시선을 신경 쓰지 않는다'는 것을 증명하려 반대로 행동하고 있었다. 그러나 잘 생각해보면 난 여전히 대중의 시선으로부터 전혀 자유롭지 못했다. 내가 반대로 행동한다고 하더라도 그 행동 자체가 여전히 대중의 시선에 휘둘리고 있는 셈이었으니까. 온전히 나답게 살았다고 할 수 없다.[16]

포즈너는 특별함을 찾기 위해 자신에 대한 다른 사람들의 기대를 거부했다. 하지만 결국에는 다른 사람들의 기대를 거부하는 행동 자체가 타인의 기대에 대한 반응이라는 역설을 깨달았다. 단순히 자기 일을 하고 있다는 것과 진정성이 있다는 것은 다르다. 진정성을 중시하는 사회에서는 모두가 진정성을 지녀야 한다는 의무감을 느낀다. 개성은 군중에 의해 강요된 요구다. 사회의 기대에서 벗어나 특별해지려고 노력하면, 이 노력 자체로 사회의 기대를 충족하는 셈이다. 엘레나 에스포시토는 이렇게 말하기도 했다. "독창적이고 싶은 욕구만큼 독창적이지 않은 것은 없다."[17]

  오늘날에는 포즈너의 경우와 같이 진정성이 진짜가 아님을 발견하는 것은 흔한 경험이다. 진정성을 향한 의구심은 먹구름처럼 우리 곁을 맴돈다. 순수하고, 엄연하고, 경외심을 불러일으키고, 정복할 수 없는 진정성의 약속은 역설적일 뿐만 아니라 궁극적으로 성취할 수 없는 것이기에 사람들로부터 점점 더 거센 비난을 받고 있다. 하지만 진정성이 규범으로 자리 잡기 전, 성실성에서 진정성으로 전환이 일어나던 시기에는 이 발견이 깊엄함과 독창성에 대한 약속이 가득히 놀라운 뜻밖의 일로 생각되고 있었다. 대표적인 예로 장 자크 루소는 자전적인 《고백록 Confessions》에서 자신의 진정성을 기리고 있다. 그는 관습에 반대하는 자신을 버젓이 유일무이하다고 주장한다. "나는 내 마음을 알고 인간도 이해한다. 하지만 나는 지금껏 만나 본 그 어떤 사람과도 다르다. 감히 전 세계를 통틀어 나와 같은 사람은 없다고 장담한다. 내가 낫다고는 할 수 없지만, 적어도 다르다고는 할 수 있다. 자연이 나를 형성한 틀을 깨어버린 것이 잘된 일인지 잘못된 일인지는 내가 쓴 책을 다 읽지 않고서는 판단할 수 없다"(17). 18세기와 19세기의 많은 소설과 드라마는 성실성을 기반한 역할 수행과 진정성이 있어야 한다는 새로운 요구 사이의 갈등을 다룬다. 〈안티고네〉가 양립할 수 없는 역할 간의 갈등으로 인해 빚어지는 비극을 다뤘다면, 제인 오스틴의 작품은 흔히 역할 기반의 정체성과 동시에 진정성을 추구하려는 욕망 사이의 양립할 수 없는 충돌로 인해 빚어지는 새로운 비극적 상황을 대표한다. 《이성과 감성Sense and Sensibility》의 주인공 마리안 대시우드와 《오만과 편견Pride and Prejudice》의 엘리자베스 베넷은 모두 성실성과 진정성 사이에서 갈등하는 모습을 보여준다. 루소와 마찬가지로, 마리안과 엘리자베스는 성실성을 강조하는 사회적 기대와 제도에 반기를 들며 주변 사람을 당혹스럽게 만든다. 이 세상 그 누구도, 심지어 몽테뉴조차 자신만큼 진실하거나 특별할 수 없다는 루소의 묘한 주장은 다아시를 향한 엘리자베스의 고집스러운 애정처럼 당시 막 떠오르기 시작했던 새로운 정체성 문제를 감칠나게 건드린다.[18] 제인 오스틴의 또 다른 작품 《노생거 사원Northanger Abbey》의 중심에 있는 마을에서 한스와 그의 약혼자의 관계를 떠올리는 것은 그리 어렵지 않다.

장 자크 루소와 제인 오스틴이 표현한 진정성의 어려움은 진정성의 또 다른 역설적 측면을 가리킨다. 진정성이 전부 진짜임을 인정받으려면 다른 사람에게 진정성 있게 보여야 한다. 진정성은 진정성 있게 관찰되길 바란다. 헤겔로 거슬러 올라가 대륙과 영미의 많은 철학에서 대단히 중요한 '인정recognition' 개념은 개인의 진정성이 다른 진정성 있는 개인의 인정에 달렸음을 의미한다. 진정성에서는 모두 독립된 독창적인 개인 존재에 관한 것이지만, 이런 개인으로서의 지위는 여전히 인정에 온전하게 좌우된다. 정체성의 검증이 필요하다는 얘기다.

진정성에서는 우리가 입고, 먹고, 믿고, 행동하는 방식이 모두 자아의 표현으로 받아들여진다. 하지만 의복, 요리, 신뢰는 이미 사회에 자리매김하고 있어, 우리는 기껏해야 그중 하나를 선택해서 약간의 수정을 가할 뿐, 새로운 무언가를 창조하기란 불가능에 가깝다. 따라서 우리는 진정성의 규범을 따르지 않더라도 어느 정도 트렌드나 패션을 따른다. 그래서 패션이 유행하는지 여부는 개인이 아니라 사회에 달려 있다. 다른 사람들은 이런 문제에서 개인의 '독창성'을 승인해줄 필요가 있다. 엘레나 에스포시토가 보여주듯 근대의 진정성이 지니는 역설적인 변증법을 패션보다 더 잘 강조하는 것은 없다.

> 패션은 (잘 알려진 바와 같이, 그리고 우연이 아니라) 근대성과 함께 시작됐다. 본질적인 사회적 현상으로, 누구도 혼자서 유행을 따르지 않는다. 한때 전통사회에서 했던 것처럼 모델을 단순히 모방하지 않는다. 패션계에서 스타일의 단순 재생산은 별로 바람직하지 않다. 유행을 보면서 남들을 따라 하지만 다른 사람과 똑같이 하기 위해서가 아니라 다른 뭔가를 하기 위해서다. 이는 우리 모두가 거의 똑같은 모습에서 각자 다른 것을 하게 하는 매우 기이한 형태의 모방이라 할 수 있다. 우리는 스스로를 타인과 구별 짓기 위해 패션모델을 따른다.[19]

인정의 필요성은 진정성의 또 다른 역설을 가져온다. 진정성은 알아볼 수 있어야 하기에 진정성을 지닌 개인들은 거의 같은 '패션'으로 진정성이 있어야 한다. 이런 점에서 패션은 진정성의 메커니즘을 보여주는 전형적인 예시이기도 하다. 에스포시토의 다음 인용문에서는 '패션'이라는 단어가 '진정성'으로 대체된다.

이는 현대 문화의 또 다른 매우 독특한 기이한 특징 중 하나로, 우리 모두는 한 사람의 개인으로서 우리를 독특하고 특별하게 만드는 개성과 독창성을 추구하고 또 표현하고 싶어한다. 또 다른 사람들의 인정을 기대한다. 이는 색깔 조합과 동시에 진정성과 자신의 고유한 독창성으로 인식될 수 있는 진정성의 다양한 형태로 섬세하게 이뤄진다. 같지만 동시에 다름을 추구한다. 예를 들어 우리는 다른 사람과 동일한 신발을 신더라도 색상이 다르거나 다른 것을 혼합한다. 우리 모두는 [진정성]을 추구할 때 사용하는 미묘한 장치를 알고 있으므로 진정성이 지니는 다양성이 인정받기 위해서는 어느 정도 동일해야 한다. 어떤 의미에서 새로운 것은 약간 낡은 부분이 있어야 한다. 그렇지 않으면 우리는 그것을 인식하지 못하고 그 참신함에 감사하지 않을 것이다. 완벽하게 독창적인 것은 이해할 수가 없게 될 것이다.

에스포시토는 1805년에 나온 디드로의 소설 《라모의 조카Rameau's Nephew》에 등장하는 조카가 친숙한 연관성이 없이 특이하다는 이유만으로 미친 사람 취급을 받았다는 점에 주목한다. 진정성이 지나친 사람은 그 자체로 인정받지 못할 위험이 있다.

   진정성에는 세 가지 특징적인 역설이 있다. 첫째, 진정성은 다른 사람에게 배운다. 둘째, 진정성이 중요해지려면 다른 사람이 인정해야 한다. 셋째, 모든 사람이 인정할 수 있고 반드시 친숙한 방식으로 진정성이 있기를 기대한다.

진정성 노스탤지어

위 역설을 감안하면, '참된' 진정성은 불가능하다. 그렇다고 해서 진정성을 기반으로 하는 정체성의 구성 방식이 작동하지 않는다는 의미는 아니다. 성실성과 마찬가지로 진정성은 이 책의 저자와 독자를 포함한 대부분의 사람들이 자의식을 형성하고 독립심과 개인의 권리, 자유 등 보통 가장 소중하다고 여기는 일련의 가치를 내면화할 수 있게 도와주며, 사회적으로 제 기능을 발휘할 수 있게 한다. 니클라스 루만에 따르면 사회구조는 수반하는 역설에 구애받기보다 오히려 이 역설의 도움을 받아 모습을 드러내고 진화한다는 것을 알 수 있다. 역설은 무한히 '펼칠' 기회를 제공하고 생각만이 아니라 소통을 자극하기도 한다. 나아가 인간 사회를 고무시킨다. 헤겔과 마르크스가 이미 이야기했듯이 모순은 역사의 동력이 될 수 있다.

 이제는 진정성이 쇠퇴기에 접어들면서 두 가지 밀접하게 관련된 반응이 특히 기성세대 사이에서 흔히게 나타난다. 첫째, 시대의 흐름을 받아들이기 힘들어한다. 평생 소중히 하고 삶의 지침이 되어 주었던 진정성의 가치가 멀어지는 것을 안타까워 한다. 둘째, 진정성에 가지고 있던 호의적인 편견과 향수로 인해 프로필성에 본능적으로 반감을 갖는다. 그런데 많은 사람들이 유독 프로필성에 관해서만 그 무엇도 아닌 것처럼 반응한다. 프로필성은 그냥 진정성이 없는 듯하다. 사람들은 당황하며 불평하고 저항하기도 한다. 저자인 우리는 이런 반응에 공감하지만 그런 만큼 이론적이고 실천적인 관점에서도 그런 반응이 도움이 되지 않는다는 것도 안다. 어려울 수 있지만, 진정성이 그 영향력을 상실해 가고 있음을 인정할 때다. 날로 프로필성이 더 적합해지고 있는 사회에서 갈수록 진정성은 효율성과 신뢰성이 부족해지고 있기 때문이다.

셰리 터클은 매사추세츠 공과대학의 과학 및 기술 사회과학과 애비 록펠러 모제Abby Rockefeller Mauzé 교수다. 또한 매사추세츠 공과대학의 과학 기술사회 프로그램 일환인 〈기술과 자아에 관한 이니셔티브〉 창립 이사이다. 그녀의 책은 '인간과 컴퓨터의 상호작용'이라는 준학술적 장르에서 베스트셀러로 선정됐다. 《생각하지 않는 사람들The Shallows》과 〈구글이 우리를 멍청하게 만드는가Is Google Making Us Stupid〉의 저자 니콜라스 카Nicholas Carr에 이어 아마 두 번째일 것이다. 아마존 작가 설명 페이지는 터클의 가장 인기 있는 책 하나를 다음과 같이 설명한다. "2011년 출간된 셰리 터클의 《외로워지는 사람들Alone Together》은 현대인이 결정과 기회의 시점에 있다고 주장한다. 기술은 이제 사람들로 하여금 언제나 연결된 모바일 환경과 실제를 '대신'하는 무생물과의 관계 속에서 자기 자신을 잃게 만든다. 기술은 이 모든 것에 직면하여 인간의 가치를 재고하고, 또 그것들이 무엇인지 재확인할 기회를 제공한다."[20] 터클의 뉴미디어에 관한 경험적 연구는 풍부하고, 디지털 시대에 대한 설명은 매우 흥미로운 상세한 내용으로 가득 차 있다. 하지만 터클의 개념적 내러티브는 단순하고 도덕적인 이분법으로 축소됐다. 그녀의 설명에 따르면 디지털 세계와 소셜 미디어는 좌우로 불신을 조장하고 있으며 따라서 우리는 진정성에 가하는 목전의 위협으로부터 스스로를 보호해야 한다. 터클의 책에 대한 아마존의 설명은 캐치프레이즈를 적절하게 강조한다. 뉴미디어는 우리가 '자신을 잃을 수 있게' 하며, 따라서 셰리 터클의 책 읽기는 우리 자신을 찾거나 계속 알아가는 데 도움이 된다는 것을 암시한다.

로베르토 시마노스키Roberto Simanowski의 《페이스북 사회, 자아의 공유와 상실Facebook Society: Losing Ourselves in Sharing Ourselves》은 부제가 가리키고 있듯이 《외로워지는 사람들》과 거의 같은 이야기를 하고 있으며, 진정성에 대한 위협에 맞서 유사한 보호장치가 될 것을 약속하기도 한다.[21]

터클의 메시지는 커다란 반향을 일으켰다. 프로필성을 확산시키는 주요 플랫폼인 디지털 세상을 향해 많은 사람들이 가지고 있던 감정과 명쾌하게 일치했기 때문이다. 기술이 종종 더 나쁜 방향으로 우리를 변화시킨다는 것이다. 대면이 아닌 전화를 매개로 한 소통, 특히 문자 형태로 이루어지는 소통은 교류의 방법뿐 아니라 내용까지 바꿔놓는다. 마샬 맥루한은 이렇게 이야기했다. "미디어가 메시지다."[22] '감사thank you' 문자는 누군가의 눈을 쳐다보고 감사를 표현하는 것에 비해 가볍다. 어린 딸과 몇 시간을 함께 보내던 아버지는 이제 이메일을 확인하고 인스타그램 피드를 구경하면서 아무 생각 없이 둘째 아이를 어르고 있다고 터클에게 고백한다. 우리는 모두 무슨 일이 일어나고 있는지에 관심을 갖는다. 아이패드에 매혹된 유아와 어린아이를 보며 놀라워하고, 십대들이 공간 능력을 잃은 듯한 모습에 당황하고, 인형을 형제 삼는 아이들을 걱정하며, 전 세계적으로 확산되고 있는 뉴미디어 중독에 맞서기 위한 스크린 없는 캠프를 환영하기도 한다.

다시 한번 말하지만, 우리(이 책의 저자들)는 터클, 카, 시마노스키와 같은 저자가 표현한 뉴미디어 혁명에 직면하여 나오는 일반적인 우려에 대해 같은 입장이다. 이 저자들이 묘사하는 현상은 실제이며 우려스럽기까지 하다. 그럼에도 그들이 들려주는 진정성에 대한 향수가 도움이 된다고는 생각하지 않는다. 이론적으로 진정성은 작동하고 있는 사회심리적 요인에 대한 개념적 또는 철학적 비판을 가능하게 하기보다 오히려 걸림돌로 작용한다. 지금 펼쳐지고 있는 것은 단순히 '결핍'이 아니다. 오히려 과거에 성실성과 진정성이 하던 기능을 새로운 정체성 유형이 충족시키고 있는 것을 보게 된다. 프로필성은 사람들의 몸과 마음에 존재해야 하는 환경을 기술이 극적으로 변화시킨 복잡한 세계에서 정체성을 큐레이팅한다. 이 새로운 정체성의 큐레이션을 이해하고 대처하기 위해서는 새롭고 더 복잡한 개념적 틀이 필요하다. 단순히 정체성의 상실과 발견을 이분법적으로 대립시키는 진정성의 의미론을 그대로 베끼거나 전달해서도 안 된다. 무엇보다 중요한 것은 터클과 카, 시마노스키의 주장이 틀렸다는 점이다. 사람들은 뉴미디어와 프로필성에서도 '자아'를 찾을 수 있다. 진정성을 잃을지는 몰라도 자신의 프로필성을 발견한다. 정체성을 형성하는 방식이 새로울 수도 있지만, 이것은 정체성의 한 형식일 뿐이다. 우리는 이런 사실을 무시할 게 아니라 적절하게 다룰 수 있는 어휘를 만들기 위해 노력할 필요가 있다. 또한 프로필성이 시의적절하게 자신과 서로를 보는 방법을 제공할 수 있다는 가능성도 열어두어야 한다.

뉴미디어와 새로운 정체성의 구성 방식에 대한 비판은 모두 정당하며 유용하다. 하지만 진정성에 대한 무비판적인 찬양은 정당하지도 유용하지도 않다. 터클, 카, 시마노스키의 글을 읽고 있자면 성실성에 기반한 삶과 사고방식을 지키고자 새롭게 부상하는 진정성과 개인주의에 맞서 싸웠던 18세기 에드먼드 버크Edmund Burke와 같은 지식인을 나란히 생각하지 않을 수가 없다. 이때의 지식인도 터클의 책을 묘사한 아마존 용어를 인용하면 "이 모든 것에 직면하여" "인간의 가치를 재고하고, 또 그것들이 무엇인지 재확인하길" 원했다. 18세기에도 진정성의 출현에 대응해 이상화된 성실성을 재확인해야 한다는 반응이 문제가 됐듯이, 프로필성의 출현에 대응해 이상화된 진정성을 재확인해야 한다는 현재의 반응도 문제가 있다.

뉴미디어에 관한 최근 문헌의 대부분은 진정성의 의미론을 특징으로 하며 진정성에 대한 어떤 향수를 표현하는 경향이 있다. 아이러니하게도 정확히 이런 향수는 뉴미디어의 이용방법 측면에서 도덕적이고 정치적으로 불명예스러운 평판이나 이슈로 삼는 동시에, 프로필성을 적대시하는 자들의 프로필성이 향상되도록 작동했다. 터클과 카는 역설적으로 기름으로 불을 끄는 〈뉴요커〉 저널리스트이자, 새로운 정치적 성실성의 옹호자, 문화 비평가의 긴 목록에 자신의 이름을 쉽게 추가하면서 뉴미디어 프로필성에 대항하는 과정에서 자신들의 프로필성을 드높인다.

보호BOHO 뷰티풀, 프로필성을 위한 진정성

두 젊은이가 카메라 앞 바닥에 앉아 있다. 둘 다 멋지고, 햇볕에 탄 피부와 머리, 날씬한 몸, 멋진 전원풍의 옷을 자랑한다. 두 사람은 거의 동시에 한숨을 내쉬고 서로를 바라보며 불안감을 숨김없이 드러낸다. 영상이 끊겼다가 다시 나온다. 이들은 촬영 장면이 편집됐다는 사실을 숨기려 하지 않는다. 그와 별개로 명백하게 편집된 자료의 성격은 그 연출의 중요한 부분이다.

이 멋진 두 사람은 개인 영상의 달인이며, 실제로는 전문가다. 단순히 '줄리아나'와 '마크'로 알려진 이 커플은 '보호 뷰티풀Boho Beautiful'이다.

줄리아나와 마크는《행복하고 건강한 채식 섭취 가이드The Happy Healthy Plant Based Eating Guide》라는 책을 썼고, 전 세계를 돌아다니면서 운동 및 요가 영상을 찍고, 웹사이트를 통해 모든 종류의 독점적 콘텐츠와 코칭에 관한 회원권을 판매하고, 제품을 홍보하기도 한다. 그렇지만 대부분은 유튜브에서 활동하는 스타다. 그런데 위에서 묘사한 영상은 이국적인 동남아시아 섬의 해변에서 새로운 요가를 하는 장면은 아니다. 산에 올라 명상을 하는 영상도 아니고,〈복근 10분 완성 ♥ 뱃살 & 옆구리 타파〉영상이나〈브라질리언 엉덩이 올리기 챌린지 ♥ 완벽한 엉덩이 만들기〉영상도 아니다. 2019년 3월 17일, 보호 뷰티풀 커플은 백만 명이 넘는 구독자에게 그들이 '크리에이터 번아웃'을 경험하고 있다고 고백했다. (참고로 이 동영상은 구독자 100만 명을 돌파했다고 발표했다.) 전 세계를 여행하며 영상을 통해서만 수입을 올리는 두 사람은 2년간의 성공을 거둔 뒤 휴식이 필요했다.[23]

영상이 업로드된 지 여러 달이 지난 현재 조회 수는 22만 7,415회에 불과하다. 이 영상은 보호 뷰티풀이 그들의 여행, 인생 철학, 식습관, 로맨스를 기록한 '일기' 시리즈의 일부이다. 그들의 일기 시리즈 조회 수는 운동 영상(일부는 수백만 조회 수를 자랑함)보다 훨씬 적은 조회 수를 기록한다. 하지만 괜찮다.

〈번아웃, 보호 뷰티풀의 이정표와 큰 변화〉는 10분 36초짜리 영상이다. 중요한 점은 유튜브가 10분 이상의 영상에 대해 더 많은 비용을 지불한다는 것이다.[24] 이런 영상의 경우 길이가 길수록 조회 수가 늘어나고 광고를 더 많이 넣을 수 있다. 따라서 매일 평균 1,700회 정도의 조회 수만 기록한다 해도〈번아웃〉영상은 여전히 수익성이 있을 것이다. 이것은 준비하는 시작 부분에 몇 초만 투자하면 영상에 진짜 같은 느낌을 줄 뿐 아니라 주머니도 두둑하게 할 수 있다는 의미다.

마크는 우리가 사회적 검증 피드백 순환이라 부르는 관점에서 100만 구독자 달성에 대해 이야기한다.

> 우리한테는 100만 구독자 달성이라는 것이, 그러니까, 제대로 하고 있다는 의미처럼 받아들여졌지요. 다른 사람들이랑 연결된 느낌이라고 할까. 그런데 여러분이 또 이렇게 반응을 해주시니까 정말 감사하죠. 또 이것이 인터넷이랑 유튜브의 장점이라고 생각해요. 영상이랑 댓글, 게시물을 통해 에너지를 주고, 또 에너지를 받으면서 상호작용이 가능하니까요.

마크가 강조했듯이 주로 댓글, 좋아요, 구독이라는 형태로 시청자가 '주는' 상호작용이 보호 퓨티풀에게 가장 큰 **가치**를 지닌다. 결과적으로 이들은 2차 질시 관찰 기빈의 피드백, 즉 공개적으로 보이는 것처럼 보이는 피드백을 보다 많이 받아서 프로필의 호소력을 향상시킨다.

> [마크] 운동이나 명상, 식단 영상은 계속 찍을 겁니다. 그러니까 이런 수업 기반 콘텐츠 말고 예전에 우리가 올렸던 콘텐츠 중에 감명 깊게 봤다거나 영향력이 있는 것, 아니면 그냥 마음에 들어서 더 보고 싶다는 영상이 있으면 알려주세요. 혹은 아직까지 해 본 적은 없지만 보호 뷰티풀이 이런 콘텐츠를 다뤄 봐도 괜찮겠다 싶은 소재가 있으면 방향을 제시해 주세요. 지금 당장은 휴식을 취하면서 번아웃을 이겨내고 앞

으로 성장해 나갈 방법을 생각할 시기 같습니다.

줄리아나와 마크가 정신적으로 성장하고 일반 동료가 좋아하는 방식이기는 하나 창의적인 삶의 여정을 이어나가길 바란다.

보호 뷰티풀은 일기 영상에서 프로필성에 기반하여 자신들의 진정성을 내보인다. 그들은 한병철과 판지아양도 그랬듯이 프로필성을 위해 진정성을 연출했다. 하지만 한병철이나 판지아양과 달리 줄리아나와 마크는 자신들의 영혼이 내팽개칠 때조차도 그들의 프로필성에 대해 우려를 표시하지 않을 수 없었다. 세상(실제로는 일반 동료)이 관찰하고 판단한다는 사실은 그들에게도 끊임없는 관심사다. 민주사회에서 정치인이 여론조사에 촉각을 곤두세워야 하는 것처럼 유튜버도 밤을 새워가며 시청자에 관한 분석들을 추적한다. 보호 뷰티풀은 네팔에서 학대당하고 방치된 개를 촬영한 감성적인 영상에 부정적인 댓글이 달리자,[25] 2019년 6월 24일, 〈요가 영상은 좋은데, 구독을 취소하는 이유는?!〉이라는 제목의 대응 영상(48시간도 안 돼서!)을 올린다.

[마크] 빨리 대응 영상을 만드는 게 정말 중요하다고 생각했습니다. [줄리아나] 그렇죠, 대응 영상이 맞는 말 같아요. [마크] 실은 어제 저희가 아주 중요한 영상을 하나 올렸어요. 지금까지 올린 영상 중에서 아마도 가장 중요한 영상 아닌가 싶네요. [줄리아나] 도전적이었다고 말할 수 있어요, 우리가 만든 아주 힘든 영상 가운데 하나였고 이렇게까지 감정이 격해졌던 영상은 없었으니까요. [마크] 그 영상은 그러니까 뭐랄까, 정말 특별해요. 그리고 오늘 아침 게시된 영상을 분석해 봤

는데 공통적인 패턴이 보이더라고요. [줄리아나] 마크 말대로 일기 시리즈를 처음 시작했을 즈음에, 그러니까 가진 걸 다 팔고 떠나서 우리가 경험한 일을 보호 다이어리에 기록했을 무렵부터 구독 취소를 하거나 우리 채널을 더 이상 확인하지 않는 분들이 늘어났어요. 그래서 대응 영상을 올리기로 했습니다. 그리고 1년인가, [마크] 2년간, [줄리아나] 여전히 이런 패턴을 보이는 게 신기해요. [마크] 그건 그렇고, 우리가 좀 더 깊고 진정성 있는 뭔가를 보여주려 하니까 다들 우리 채널을 떠나기 시작했어요. 또 재밌는 게 '진정성'이라는 용어가 우리한테는 정말 중요하다는 거예요. 애초에 요가를 시작하고 보호 뷰티풀 채널을 개설하면서 우리가 진정성 있는 삶을 살지 못하고 있구나, 이런 생각을 많이 했습니다. 그래서 진정한 우리 자신의 모습을 찾는 여행을 떠나고 싶었어요. 일기 시리즈도 그중 하나라고 할 수 있죠. 우리한테 정말 대단한 도전인 게, 카메라에 녹화 버튼을 누른 채 진정한 모습을 보여주기가 가능한 건가 싶기도 하더라고요. 버튼을 누르는 순간 온 세상이 우리를 지켜보고 평가하고 머릿속에 이 모든 것이 있을 테니까요.[26]

진정성을 찾는 이 여정 속에서도 분석들을 끊임없이 모니터링한 게 틀림없다. 줄리아나와 마크는 시청자들이 직접 확인할 수 있도록 구독자 그래프 [그림 4.1]를 띄워 놨다. 이것은 무엇이 정말로 중요한지 보여주는 듯하다.

다시 한번 언급하자면, 보호 뷰티풀은 자신들의 감정 깊이를 보여주는 기록 영상의 길이를 10분 이상임을 확실히 했다. 삽화 이미지 왼쪽 하단

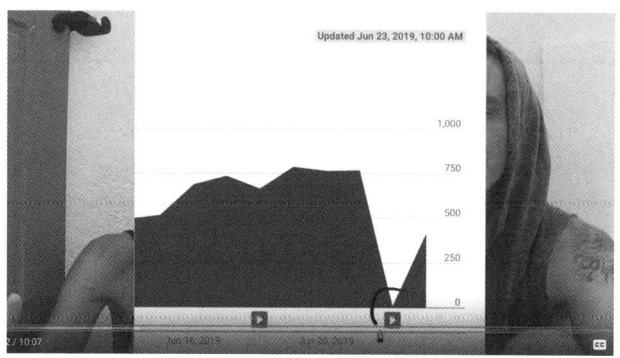

[그림 4.1] 보호 뷰티풀 구독자 통계 그래프 스크린샷
https://www.youtube.com/watch?ㅍ= - RAyPCbMYn0,
2019년 7월 31일. 보호 뷰티풀의 허락 후 재구성함.

에 영상이 10분 7초로 표시된 것을 확인할 수 있다. 마크는 계속해서 말을 이어나갔다. "사업성만 생각하면 (일기 시리즈를) 계속 이어나가는 게 최선이 아닐 수도 있어요. 사람들은 떠났는데 말이죠. 하지만 그게 우리의 정신을 위해 최선이라고 봅니다." 그런데 일기 시리즈 영상은 다른 영상만큼 조회 수가 많이 나오지 않더라도 그들의 프로필에 진정성을 추가함으로써 유익하다는 점이 동시에 언급될 수도 있을 것이다. 또 이것은 매우 가치 있는 투자다. 일기 영상은 여정의 다음 단계에 관심이 있는 시청자와 후원자에게 세밀하게 맞춰진 진정성을 지닌 프로필을 알리는 데 도움이 된다. 따라서 그들은 당연히 그만두지 않을 것이다. 마크가 말하길, "정말로 우리는 멈추지 않을 겁니다. 아직 여기에 있는 분들이 있으니까요. 지금도 영상을 시청하는 여러분이 있으니까요."

줄리아나와 마크는 진정성을 보여주기 위해 대담한 조치를 취했다. 이들은 2016년에 자신들이 가진 모든 물건을 팔고 세계 여행을 떠났다고 말한 바 있다. 진짜로 그렇게 했음을 의심하지 않는다. 단순히 보기만 해도 그들이 비건 식단을 계속 이어간다는 것을 똑같이 믿는다. 그들은 진정성을 잃지 않았다. 마찬가지로 마이클 샌델, 프랜시스 후쿠야마, 마크 릴라도 대부분의 평가에 의하면 성실성을 잃지 않았다. 실제로 이들은 자신의 역할을 충실하게 수행하고 각자의 커뮤니티에서 결속력을 강화하고자 노력한다. 하지만 무대에 오른 이상 그들이 무엇을 하든 프로필성을 위해 그렇게 하지 않을 수는 없다. 보호 뷰티풀의 영상, 마이클 샌델의 《정의란 무엇인가》, 프랜시스 후쿠야마의 강연, 마크 릴라의 글이 성공한 것은 상당 부분 프로필에서 보여주는 진정성이나 성실성 덕분이다. 성실성과 마찬가지로 진정성도 프로필성을 위해 쉽게 연출된다. 따라서 정확히 이런 현상을 분석하려면 진실과 거짓이라는 이분법을 뛰어넘는 개념 체계가 필요하다. 프로필성이라는 어휘가 필요한 이유다.

개인 프로필 관리

도널드 트럼프가 마음을 바꿔 '오물을 청소하자'는 문구를 좋아하기 시작했을 즈음, 그는 프로필성에 따라 움직였다. 그가 프로필성을 다루는 데 익숙하지 않았더라면 정치인으로 성공하기는 어려웠을 것이다. 그가 이런 사실을 알고 있는지, 자신의 하는 일의 이론적 근거를 어느 정도 이해하고 있는지는 분명 다른 이야기다. 마찬가지로 줄리아나와 마크가 유튜브에서 성공을 거뒀음에도 불구하고 프로필성이라는 철학을 선구적으로 발전시키고 있는 것이라고는 할 수 없다. 하지만 그들은 2차 질서 관찰, 사회적 검증 피드백 순환, 일반 동료에 대해 어느 정도 직관력을 지니고 있음이 확실하다. 프로필성의 논리를 실제로 아주 잘 적용하는 현장 전문가인 셈이다. 프로필성이 모든 사회의 분야에 소리소문없이 스며들면서, 보호 뷰티풀 커플은 진정성이 어떻게 강력한 프로필 자산으로 탈바꿈할 수 있는지 보여준다. 진정성도, 비진정성도 아닌 프로필성은 바로 이 변화의 결과다.

에바 일루즈Eva Illouz에 따르면 오늘날의 '감정 자본주의'에서 감정과 개인적 선호를 공개적으로 전시하는 것은 자아를 가치 있는 상품으로 만들 수 있다. 그녀에게 이런 사실은 긴장감을 초래한다. "인터넷 기술은 자아를 모순적인 방식으로 위치시킨다. 이 기술은 깊숙한 내면을 들여다보게 도 한다. 말하자면 취향, 의견, 환상, 감정의 공존 형태로 자신의 고유한 본질을 포착하고 소통하기 위해서는 자신의 자아에 집중하는 것이 필요하다. 반면 인터넷은 자아를 공개적으로 전시하는 상품으로 취급하기도 한다."[27] 일루즈가 매우 정확하게 지적했듯이 공개적인 자기 전시는 "추상적인 익명의 청중", "무명의 추상적 후보인 일반 청중", "일반화된 추상적 청중"을 대상으로 한다(80-90). 우리는 전적으로 동의하며, 이런 청중을 '일반 동료'라 부른다.

하지만 일루즈는 일반 동료에게 초점을 맞추는 자기표현이 근본적으로 정체성을 바꾼다는 사실을 인정하지 않는 것 같다. 이를테면 일루즈는 '독특한 본질'이라는 개념을 고수하는 진정성 기반의 가정으로, 프로필성으로의 전환을 완전히 이해하는 데 방해를 받는다. 그녀는 여전히 소셜 미디어가 기반이 되고 있는 프로필을 통한 자기표현이 "가장 확고한 자기의식(나는 누구이고 무엇을 원하는가?)으로의 이동을 전제로 한다"(76)고 가정한다. 인터넷 초창기에 많은 사람들이 그랬듯이 일루즈는 웹이 개성의 소통을 가능할 수 있게 한다고 생각한다. 또 "'진정한 자아'라고 부르는 표현을 가능하게 하기 때문에 사람들이 웹상에서 의미 있는 유대를 형성하고, 또 형성할 수 있다고 주장하는 이들"(107)에게 동의한다. 일루즈는 다중 프로필이 다양하고 익살스런playful '포스트모던 자아'를 단지 반영한 게 아니라, 데카르트의 **코기토**(즉 '나는 생각한다, 고로 나는 존재한다' - 옮긴이)에 뿌리를 두고 있다고 생각한다.

> 포스트모던 자아는 핵심 자아는 없고 단지 수행되어야 할 역할의 다양성만 암시하는 반면, 심리학과 인터넷 기술의 결합에 의해 상정된 자아는 핵심 자아가 있다고 가정한다는 점에서 '실체적'이다. 핵심 자아는 영구적이며 다양한 재현(설문, 사진, 이메일 등)을 통해 포착될 수 있다. 인터넷은 생각과 정체성의 유일한 실재 위치로 마음 속에 있는 마음과 몸 사이의 오래된 데카르트 이원론을 강력하게 되살린다. 인터넷 자아를 갖는다는 것은 데카르트의 코기토를 갖는 것이며 의식의 벽 안에서 세상을 바라봄으로써 세상에 관여한다는 것이다.(80-81)

에바 일루즈와 달리, 저자인 우리는 뉴미디어에서 온갖 다중성으로 나타나고 상품화되면서 공개적으로 전시되는 프로필 자아와 '고유한 본질'과 진정한 '핵심 자아' 사이에 있는 프로필성에서 극복할 수 없는 어떤 긴장감이나 데카르트의 이원론을 보지 않는다. 프로필성에서 진정성과 '독특한 본질'은 헤겔의 말로 표현하면 철저하게 **지양**(aufgehoben, 어떤 것을 그 자체로 부정하면서 오히려 한층 더 높은 단계에서는 긍정하는 일 - 편집자)된다. 프로필성 시대에 진정성은 더 이상 예전과 똑같지 않다. 가장 깊숙한 곳에 있는 핵심 자아가 아닌 아주 강력하고 거의 값을 매길 수 없는 프로필 밈이 된다.

오늘날 다양한 상황에 대한 감수성과 웹상의 높은 성찰성은 당연한 것으로 여겨진다. 인스타그램과 스냅챗, 데이트 애플리케이션, 이력서에 이르기까지 모든 프로필이 일반 동료의 관심을 끌 수 있도록 신중하게 큐레이팅된다. 실제 보이는 것처럼 보이게 하는 방법을 고민하지 않고 게시되는 것은 없다. 그럼에도 불구하고 에바 일루즈의 성찰과 보호 뷰티풀 영상이 보여주듯, 이 모든 수행적 자아 이면에는 "온갖 역할을 수행하고 나면 잔뜩 지친 궁극적 실제 자아가 고개를 들고 '이제 그만 사라져, 이 빚쟁이들아!'라고 중얼거리는 진짜 나"가 거기에 있어야 한다는 개념이 존재한다.[28] 진정성 담론은 갈수록 모순이 명확히 드러나는 데도 완고하게 지속되고 있을 뿐만 아니라 프로필성에서도 그 영향력이 확대된다. 특히 대중적 문헌과 '퍼스널 브랜딩' 또는 '셀프 브랜드화'라는 전문 마케팅에서 더 많이 볼 수 있다.

'퍼스널 브랜딩' 또는 '셀프 브랜드화'는 프로필 관리를 설명하는 데 사용되는 용어로, 종종 인터넷 플랫폼과도 연관된다. 마이클 조던, 오프라 윈프리, 비욘세의 경우처럼, 많은 유명인들이 단순히 농구 선수, 토크쇼 진행자, 가수 이상이 되고자 한다. 그들은 자신이 브랜드가 되기 위해 노력한다. 더 정확히 말하면 그들은 마케팅과 판매를 포괄하는 프로필 페르소나를 큐레이팅한다.

〈포브스〉지는 유명인과 일반인의 프로필 큐레이팅을 돕기 위해 '퍼스널 브랜딩의 10가지 황금률'을 발표했다. "첫째, 집중하라. 둘째, 진실하라. 셋째, 이야기로 말하라. 넷째, 일관성을 가져라. 다섯째, 실패할 것을 대비하라. 여섯째, 긍정적인 영향력을 끼쳐라. 일곱째, 성공적 사례를 따르라. 여덟째, 자신만의 브랜드를 구축하라. 아홉째, 여러분의 이야기가 타인의 입에 오르내리게 하라. 열째, 유산을 남겨라."[29] 이들 중 많은 법칙이 '진실한 자아를 유지하되 타인에게 팔리는 방식을 고수하라'는 모순된 요구를 단순히 다르게 표현한 것에 불과하다. 예를 들어, 두 번째 법칙에는 다음과 같은 설명이 덧붙는다. "개인이 독창적인 브랜드를 가지는 쉬운 방법이 있다. 진실하고 진정한 모습을 보이는 것이다. 의류 브랜드 파퓰러 디맨드Popular Demand의 마케팅 팀장이자 밀레니얼 세대 인플루언서 모니카 린Monica Lin은 '사람들은 솔직하지 못한 행동을 꿰뚫어 본다'고 말한다." 여덟 번째 법칙에는 이런 내용이 들어있다. "지역사회 활성화 및 대학생의 브랜드 구축과 취업을 돕는 멘토스 앤 멘티스Metors & Mentees의 창립자 팀 살라우Tim Salau도 이 아이디어를 신뢰한다. '당신의 퍼스널 브랜드는 당신이 가는 곳마다 따라다녀야 한다. 당신이 누구인지 솔직히 드러내야 하고, 어떤 신념을 가지고 있는지 보다 상세히 설명해야 한다.'" 당연히 진정성 있는 프로필을 유지하기 위해서는 규칙적인 업데이트는 물론 수정히고 상황에 맞게 조정하는것이 필요하다.

미국의 유명 모델 겸 방송인 타이라 뱅크스Tyra Banks는 스탠퍼드대학의 '당신을 기획하라, 개인 프로필 구축과 확장'이라는 교육 과정의 일부를 강의하면서 "구심점과 진화 시점을 파악하는 것"이 중요하다고 강조했다. 뱅크스는 구심점이 대단히 중요하다고 생각한다. 계속 진화하는 자신의 개인 프로필을 언급하면서 그녀는 이렇게 말한다. "내 구심점은 내가 쓸모없는 사람이 되지 않기 위해 필요했다. 평생 모델로 활동할 수는 없었다. 계획을 세워야 했고, 변화해야 했다." 그렇다고 너무 많이 생각하라는 의미는 아니다. "여러분의 브랜드와 퍼스낼리터가 조화를 이루면 브랜드를 힘들게 유지할 필요가 없는데 변화가 필요한 시점을 자연스럽게 알게 되기 때문이다." 다시 말해 프로필에는 '구심점'이 필수적이다. 또 '진정성 있는' 정체성을 가진 프로필이라면 큰 노력 없이도 필요한 유지 작업이 가능하다. 그러면 큐레이팅 활동도 덜 고통스러울 것이다. 일단 여러분이 좋아하는 일반 동료를 찾으면 자연스럽게 구심점으로 존재하고 평가 이상으로 자기 자신을 팔 수도 있을 것이다. 이를테면 모든 소셜 미디어 플랫폼을 이용하기보다 "한 개인으로 관심이 가는 곳에만 집중해야 한다. 그렇지 않으면 진정성이 없어 보이면서 노력이 물거품이 될 수도 있다."[30]

장다이Zhang Dayi는 스탠퍼드대학의 타이라 뱅크스의 강좌에 수강 신청할 필요가 없다. 그녀는 중국의 주요 '핵심 오피니언 리더'이자 인플루언서로 2016년 4,600만 달러가 넘는 수익을 올렸다.[31] 그녀의 인기는 소셜 미디어에 사진과 짧은 영상을 게시하고 '자신의' 패션 세계에 대해 이야기하는 실시간 방송에서 비롯된다. 즉 그녀는 프로필만으로 유명해진 퍼스널 브랜드의 달인이다.

장다이의 좌우명은 '과감하게 자신답게 살아라dare to be yourself, 敢于做自己'이다. 이 슬로건은 대놓고 분명하게 진정성을 중시하는 것처럼 보이지만, 문자 그대로의 영어 번역은 오해의 소지가 있다. 중국어에서 현재 이 문구의 일반적인 캐치프레이즈는 다른 어떤 것보다 프로필성에 더 호소하면서 보통 다른 의미로 이해된다. 실제 사용에서 이 문구는 공개적으로 대담하게 자기 자신을 드러내라, 용감하게 '대중 앞에 나서라'는 의미다.

장다이는 진정성의 가치를 넘어 퍼스널 브랜드를 구축하는 전 과정에 전혀 거리낌이 없다. 장다이는 말한다. "인터넷 스타가 된다는 것은 사진이나 영상을 좋아하는 사람들을 통해 일어나므로, 이런 과정은 삶에 아주 빠른 영향을 미칠 것이다. 심지어 현실에서도 진실한 것을 기대하기 어려운데, 인터넷상의 사람들이 평생 진심으로 대할 거라고 어떻게 기대할 수 있겠는가. 말도 안 된다."[32]

장다이는 또한 진정성의 한계를 넘어 자신의 인터넷 페르소나를 이해한다. "인터넷을 통해 나를 본 사람들은 내가 아주 느긋할 것이라 생각하는데 실제 성격은 굉장히 예민하다."[33] 실제로 '과감하게 자신답게 살아라'는 문장은 지금까지와는 달리 과감히 다른 사람이 되라는 역설을 담고 있다. 그렇다고 '과감하게 진정성이 없는 사람이 되라'는 뜻은 아니다. 과감하게 프로파일링을 하라는 의미다.

5장

정체성

나는 인간이 궁극적으로 다양하고 조화되지 않은 독립적인 시민들의 단순한 정치 조직체로 알려질 거라고 감히 추측한다.
―로버트 루이스 스티븐슨Robert Louis Stevenson, 《지킬 박사와 하이드씨》

자랑스러운 나

우리 두 사람은 이 책의 저자라는 사실이 자랑스럽다. 또 이 책이 컬럼비아대학의 출판사를 통해 출간된 사실을 자랑스럽게 생각한다. 폴은 미국인이라는 사실에 자랑스러움을 느낀다. 게오르그는 독일인이라는 사실을 자랑스러워하지 않는 것을 자랑스럽게 여긴다. 여러분은 무엇이 자랑스러운가? 여성이라서? 아버지라서? 무슬림이라서? 동성애자라서? 원하던 사업이나 직업을 가져서? 스탠퍼드대학을 졸업해서? 테슬라 전기차가 있어서? 트럼프에게 투표하지 않아서? 금연에 성공해서? 보스톤 마라톤을 완주해서? 에어비앤비 별점이 높아서? 지역사회 후원자라서? 뉴잉글랜드 패트리어츠 미식축구팀의 팬이라서? 팟캐스트 구독자라서? 네팔로 여행을 다녀와서? 아니면 단순히 '내가 자랑스러운' 것인가?

자랑스러움은 자기 자신에 대한 편안함을 나타내는 감정이다. 성공적인 동일시를 축하하는 것이다. 자랑스러움은 우리가 생각하는 모습을 즐기는 태도로 어떤 식으로든 자신을 '편안하게' 느끼게 해준다. 동시에 자랑스러움은 공개적인 표현이다. 거리에서, 그리고 광고, 정치 캠페인에 등장하는 사람들의 얼굴에서 드러난다. 자랑스러움은 다른 사람들에게 감동을 주고 마케팅과 판매에도 영향을 미친다. 하지만 상충하는 요인으로 크게 상처받는 이들도 있다. 자랑스러움은 연관되는 정체성과 마찬가지로 통합하기도, 분열시키기도 한다.

자랑스러움의 두 측면, 즉 심리적 경험과 사회적 시그널은 내면의 자아와 외부의 페르소나라는 정체성의 양 극과 부합한다. 자랑스러움의 역학은 정체성에 대한 투쟁의 반영이다. 개인적으로 자부심을 느끼는 순간이나 퍼레이드 같은 대중 공연 행사에서는 내면의 자아와 외부의 페르소나가 완벽히 조화를 이뤄 마치 정체성이 실현된 것처럼 보인다. 하지만 바로 이런 찰나의 순간들을 그 상황으로부터 떼어내어 유추하고 '구체화하여' 다른 사람과 자신에게 투사하면 의심을 불러일으킨다. 이런 순간들은 정체성의 목적지에 도달했다는 신호이기에 사람들의 마음을 끌어당긴다. 하지만 바로 이 성취를 온 세상에 널리 선포하는 행위는 더 많은 의문을 불러일으킬 수도 있다. 지금의 나는 온전히 나이고 앞으로도 이 여성 모습 그대로일까? 이 모습은 실제로 내가 맞는 걸까? '자랑스러운 매크로 맥주'라는 슬로건을 내세운 버드와이저처럼 광고에 사용된 '자랑스럽게'라는 표현은 어찌 됐든 돈을 내고 상품을 구매하는 소비자를 끌어들이려는 의도가 아닌가?[1] 내 정체성을 자랑스럽게 대중에 드러내는 행위도 이를테면 경제적으로든 정치적으로든 뭔가 다른 목적이 있어서가 아닐까? 내가 다른 사람을, 어쩌면 나 자신을 뭔가로 설득하려는 걸까? 그렇다면 그 이유는 무엇일까? 이런 정체성 주장은 과연 신뢰할만 할까? 감당할 수 있는 것보다 더 많은 것을 약속하는 것일까?

정체성의 가치, 달링 그냥 네 맘대로 해

무언가로 동일시하는 것은 무언가를 주장하는 것이며, 소유권의 주장이기도 하다. 따라서 소유권은 소유물을 가리키며, 소유물은 가치를 지닌다. 이 가치는 이상적인 가치일 수도, 물질적 가치일 수도, 둘 다일 수도 있다. 내가 뉴잉글랜드 패트리어츠 미식축구팀 팬이라는 사실은 나에게 어떤 무언가를 의미한다. 로고만 없을 뿐 기본적으로 똑같은 모자를 반값에 살 수 있는데도 기꺼이 30달러를 주고 패트리어츠 로고가 붙은 모자를 사서 자랑스럽게 쓰고 다니는 이유는 바로 여기에 있다. 정체성 가치는 사용 가치를 훨씬 뛰어넘는 가치를 더해 준다.

사람들이 자기 자신을 자랑스럽게 생각하는 것은 심리적 측면뿐 아니라 정치적으로 중요하게는 경제적으로도 가치를 얻는다. 예를 들면 동성애자로서의 자부심이 일단 성공적으로 확립되면 스스로를 긍정적으로 바라볼 뿐 아니라 무시할 수 없는 정치 세력이 된다. 동시에 이른바 '핑크 자본주의pink capitalism'(성소수자를 대상으로 하는 마케팅, 상품화 등을 의미 – 편집자)에 힘을 싣는다.

자본주의 경제는 성장을 통해, 혹은 하르트무트 로자의 말로 '역동적인 안정화'를 통해 그 자체로 지속한다.[2] 확장에 의해서도 스스로 지속한다. 경제성장의 핵심은 단순히 지리적 확장이나 생산량의 증대를 넘어 이윤 추구의 대상이 아니었던 것을 상품화하는 데 있다. 이를테면 자본주의 사회가 자리를 잡기 전 토지와 기타 천연자원은 누구의 소유도 아닌 공공재였지만 결국 금전적 가치를 지닌 사유 재산으로 변경됐다. 마찬가지로 보험 산업이 보장하는 안전이나 보안, 교육의 민영화를 통한 지식과 교육, 아마도 가장 일반적으로는 시간처럼 유형화되지 않은 상품이 갈수록 상품화된다. 이처럼 추상적인 실체가 금전적 가치로 전환된 것과 함께 정체성 역시 시장성을 지닌 자산이 됐다. 이런 현상은 유명인이 자신의 정체성 가치를 상품 가치로 전환하는 대가로 거액의 돈을 받는 광고에서 가장 두드러진다. 그 반대도 마찬가지다. 그런 상품을 구매하고 전시함으로써 개인의 정체성 가치도 높일 수 있다.

심리적, 정치적, 경제적인 정체성의 가치는 (그리고 자부심은) 상호 강제적이거나 파괴적일 수 있다. 미국 사이클 선수였던 랜스 암스트롱Lance Armstrong의 도핑이 밝혀지자 그를 자랑스러워했던 사람들이 등을 돌렸고, 종국에는 그가 지닌 금전적 정체성의 가치마저 대부분 잃고 말았다. 그의 비즈니스 파트너들이 더 이상 그를 높이 평가하지 않았기 때문이

[그림 5.1] '달링 그냥 네 맘대로 해(Darling Just f*cking own it)' 가방. 폴 담브로시오 촬영.

다. 자본주의에서 '평가appreciation'는 뭔가를 존중하는 것이 아니라 금전적 가치의 축적을 의미한다. 암스트롱은 한 개인으로 평가 가치가 떨어지면서 그의 경제적 브랜드 역시 평가절하가 됐다.

정체성은 가치가 있기에 사고파는 것이 가능하다. 이 상품이 당신 것이라면 당신은 그 상품이 지닌 정체성을 소유한다.

정체성의 정치, 개인적인 것이 정치적인 것이다

신념이나 이데올로기, 국가나 국민, 집단이나 계급과의 개인적 동일시는 정치적 운동을 일으키고, 정치적 의식을 형성하며, 정치적 행동을 알릴 수 있다. 종종 사람들은 자신의 정체성을 위해 혁명과 반혁명, 그리고 전쟁을 일으켜 싸운다. 정체성의 가치는 엄청난 정치적 힘을 발휘한다. 정치 투쟁은 정체성의 가치를 높이기 위해 일어나는 경우가 많다. 인종, 젠더, 성적 지향이 대표적 사례다.

게이 프라이드 퍼레이드는 동성애자 정체성을 사회적으로 재평가하려는 열망에 근거한 정치적 행사다. 다른 사람들이 부끄럽게 여기는 정체성을 자랑스럽게 드러내기 위해 분투하고 있는 것이다. 사회적으로 동성애자를 향한 제도적 혐오증(동성애에 대한 법적, 종교적, 도덕적, 문화적 억압 형태로)이 만연한 상황에서 동성애자 정체성을 공개적으로 인정하고 표현하기는 거의 불가능에 가깝다. 게이 프라이드 운동은 이런 상황을 바꾸고 개인들이 공개적으로 동성애자로 행복하게 살 수 있도록 인정받으려는 시도다. 이와 같은 동일시는 한편으로 개인적 감정 수준에서 작동하더라도 공적인 정치 수준에서도 강력하게 작동한다. 자신과 다른 사람의 동성애에 대한 태도를 바꾸는 일이자 '게이 수치심'의 사회정치적 기반이 되는 제도화된 동성애 차별을 뒤집는 일이기도 하다. 동성애자 수치심을 동성애자 자부심으로 바꾸는 것은 심리적인 노력이자 보다 근본적으로는 정치적 행위다. '개인적인 것이 정치적인 것'이다.

[그림 5.2] 게이 프라이드 퍼레이드. 자료 출처, 픽사베이 웹사이트.
https://pixabay.com/photos/gay-pride-gay-parade-lgbt-pride-5008124/ 2020년 5월 29일.

'개인적인 것이 정치적인 것이다'라는 슬로건은 반세기 전 현대의 '정체성 정치'가 출현한 것과 관련된다. '정체성 정치'라는 용어는 1970년대 인종, 성별, 성적 지향, 종교적 이유로 소외되거나 억압받는 집단의 정치적 해방을 요구하는 다양한 운동과 함께 등장했다. 물론 이런 정치 운동은 이미 오래전부터 존재했다. 아프리카계 미국인의 시민권 운동의 경우 1950년대에 가속화됐지만 19세기로 거슬러 올라가 발견하는 일은 어렵지 않다. '제1물결 페미니즘' 역시 여성의 투표권을 처음으로 요구했던 참정권 운동과 함께 19세기에 시작됐다. 그렇지만 때로 경쟁 구도를 형성하고 갈등을 일으키는 다양한 사회운동은 '정체성의 정치'라는 우산 아래, 가장 중요한 인식과 개념적 틀 안에서 한데 묶여 발전한 것은 비교적 가까운 1960년대와 1970년대의 일이었다.

'개인적인 것이 정치적인 것'이라는 슬로건은 '정체성 정치'를 주창하는 다양한 지류의 공통점을 표현한다. 이 주장은 1970년대 처음 출간되고 2006년에 저자의 소개와 함께 재출간된 캐롤 허니쉬Carol Hanisch의 단편적인 급진적 페미니스트 진술이라는 제목으로 인기를 얻었다. 이 글에서 허니쉬는 여성이 일상 속에서 경험하는 많은 문제들, 특히 성, 외모, 낙태 등 '여성의 신체와 관련된 온갖 문제들'이 전형적으로 '치료' 형태로 다뤄져야 하는 개인적 문제로 틀짓는다고 지적한다.[3] 그런데 사실 이런 문제들은 여성을 열등한 위치에 놓고, 대인관계와 경제적 관계에서 여성에게 동등한 지위를 얻지 못하게 하는 사회정치적 환경에 기인한다고 허니쉬는 주장한다. 그녀는 "여성이 엉망으로 만든 게 아니라 자유를 침해당한 것"(3)이라고 말한다. 허니쉬가 이야기하고자 하는 요점은 "여성 개개인을 억압하는 것에 대해 비난하는 대신, 운동으로 남성 우월주의와 맞서야 할 필요성"(1)이다. 이런 맥락에서 '개인적인 것이 정치적인 것이다'라는 주장은 개인적인 여성의 문제로 여겨지던 많은 것들이 실제로는 개인적인 것이 아니라 정치적인 문제라고 단언했다. 이런 점에서 허니쉬의 본래 글은 남성 우월주의 문제가 시정되면(언젠가 페미니스트 혁명이 성공하면), 여성 주체의 이른바 개인적 문제는 사라질 것임을 암시한다. 요컨대, 개인적인 것처럼 보이는 것은 **진정으로 개인적인 것이 아니라** 정치적인 것이다.

허니쉬는 일반적으로 특정 범주에 속하는 사람들이 전형적으로 개인적인 실패로 여겨지는 것은 종종 경제와 정치 구조의 근본적인 문제로 나타나는 부차적인 영향일 뿐이라고 강조했다. 그녀는 페미니즘이 주로 이러한 문제를 개인 수준에서 해결하는 데 관심을 두기보다 오히려 애초에 그런 문제들을 초래한 사회적 상황들을 개혁하는 데 관심을 가져야 함을 암시했다. 그러므로 다소 역설적이게도 '개인적인 것이 정치적인 것이다'라는 주장의 원래 의미는 실제로 보다 최근의 정체성 정치 담론에서 취한 이와 똑같은 문장 의미와는 일치하지 않는다. (이것이 아마도 허니쉬가 나중에 "이런 아이디어가 수정되거나 변형되고, 심지어는 근본적으로 뒤엎어놔 본래의 급진적 의도에 반하여 이용됐다"(3)라고 불평한 이유일 것이다.)[4]

허니쉬로 대표되는 급진적 페미니즘은 개인적인 것을 덜 강조하는 까닭에 초기 형태 또는 약화된 형태의 정체성 정치라 할 수 있다. 정체성 자체는 보다 강력한 정체성 정치의 개념에서 정치 행동의 주요 관심사가 되며 더 이상 근본적인 사회정치적 구조의 단순한 부작용으로 간주되지 않는다. 여기서 '개인적인 것이 정치적인 것이다'라는 슬로건은 정치가 본질적으로 개인적인 것임을 의미한다. 즉, 정치는 개인의 **정체성**에 관한 것이다.

1977년 흑인 페미니스트 단체가 발표한 〈컴바히강 집단 성명The Combahee River Collective Statement〉에는 '개인적인 것이 정치적인 것이다'라는 슬로건을 보다 강력한 정체성 정치로 해석한 패러다임적 표현이 들어 있다.[5] 이 성명서에서 당사자들은 '자신들의 성적 정체성이 인종 정체성과 어떻게 결합됐는지에 대한 공통된 인식으로' 목소리를 내면서 '흑인 여성의 전반적인 삶의 상황과 정치 투쟁의 초점을' 독특하게 만들었다. 그들은 아프리카계 미국인 여성의 정체성이 '본질적으로 가치 있다'라는 사실을 강조하며 새로운 '정체성의 정치 개념'을 가져왔다. "가장 심오하고 잠재적으로 가장 급진적인 정치는 다른 누군가의 억압을 종식하기 위한 일이 아닌 우리 자신의 정체성에서 직접 나온다고 믿는다." 이런 관점에서 볼 때 정치적 행동은 정체성의 직접적인 경험에 기초해서 적절하게 모습을 드러낸다. "우리의 정치는 우리 자신과 자매들과 공동체에 대한 건강한 애정으로 발전하며, 이를 통해 우리는 끊임없이 투쟁하고 일할 수 있다." 여기서 정치는 동일한 정체성을 공유하는 다른 사람들과 집단적으로 채택하는 개인 정체성을 감정적으로 느끼고 육체적으로는 체화된다는 측면에서 정의하는 게 분명하다. 따라서 정체성은 정치적이며, 정치적인 것은 **진정으로 개인적인 것이다**.

강력한 정체성 정치는 정치 운동이 개인 정체성이라는 경험에서 진화하고 이를 위한 것임을 천명한다. 이 접근법에 따르면, 정치의 주요 기능은 다양한 형태의 정체성, 특히 인종, 종교, 성별, 성적 정체성에 힘을 부여하고 보호하는 데 있다. 하지만 캐롤 허니쉬의 주장과 달리, 핵심은 가부장적 또는 억압적인 사회정치적 구조에서 형성된 '여성'(또는 다른) 정체성의 문제적 개념을 수정하는 것이 아니다. 오히려 이를테면 흑인 여성의 정체성에 자부심을 가질 수 있는 사회정치적 구조를 만드는 일이다. 강력한 정체성 정치는 정체성에 기반하고 정체성을 지향하는 국가에 대한 요구로 귀결될 수 있다. 정확히 이 제안은 개럿 그레이엄Garrett Graham에 의해 나왔다. 그가 쓴 《게이 국가The Gay State》는 '독립적인 게이 국가를 위한 탐색*The Quest for an Independent Gay Nation-State'이라는 부제의 일

---

* 부제 전체는 다음과 같다. The Quest for an Independent Gay Nation-State and What It Means to Conservatives and the World's Religions, 독립적인 게이 국가를 위한 탐색과 그것이 보수당과 세계의 종교에 의미하는 것.

부처럼 목적을 위한 첫 단계로 저술됐다.[6]

정체성 정치에 맞서는, 급진 좌파와 새로운 정치적 성실성

북미의 정치적 좌파로부터 발전된 정체성 정치의 강력한 버전은 다소 역설적이게도 초기 유럽 좌파 사상인 마르크스주의 유물론에서 일탈한 것으로 여겨지기 쉽다. 마르크스주의적 유물론 관점에서 정치경제는 사회의 토대가 된다. 이런 토대는 가족구조, 성별 구분, 인종 관계, 종교적 신념, 도덕 체계와 같이 상부 구조에 속하는 문화적 이데올로기 현상을 결정한다. 말하자면, 허니쉬가 주장한 '개인적인 것이 정치적인 것이다'라는 주장의 본래 해석에 부합한다. 이를테면 자본주의 사회에 사는 아프리카계 미국 여성들의 현재 경험은 궁극적으로 특정 인종과 젠더 집단의 주체가 고유한 특성에 뿌리를 두고 있는 게 아니라 사회경제적 조건에 의해 형성된다. 따라서 정체성 정치의 강력한 버전은 정치경제적 계급 투쟁을 외면하고 그다지 건전하지 않을 수 있는 '자신을 향한 애정'에 너무 많이 초점을 맞춘다는 비판을 마르크스주의 입장에서 제기할 수 있다.

마르크스주의자 관점에서 볼 때 버락 오바마 행정부 당시의 민주당이 '정체성 정치'를 강력하게 강조한 것은 노동계급과 이들의 경제적 투쟁을 포기한 좌파의 포퓰리즘적 재브랜드화로 볼 수 있다. 사실 트럼프 당선 이후 버니 샌더스를 지지하는 일부 민주당 소속 정치인들은 보다 전통적인 사회주의로 돌아가고 있는 듯하다. 전통적인 마르크스주의자에게 정체성 정치는 정확히 혁명적인 사회경제적 정치를 희생시키면서 개인의 정체성에 과도하게 집중하기 때문에 문제로 보일 수 있다.

정체성 정치에 대한 보다 주류적 자유주의 비판은 다른 시각에서 나온다. 1991년 초, 퓰리처상을 수상한 역사학자 아서 슐레진저 주니어Arthur Schlesinger, Jr.는 《미국의 분열The Disuniting of America》에서 미국 사회를 다른 성별이나 인종으로 분열시키는 정체성의 정치를 비판한다. 그는 정체성 정치가 자유주의 정치와 도덕적 합의에 근거한 미국의 공통적인 정체성을 배반했다고 말한다. 특히 부분적으로 반자유주의 승리로 인식되었던 2016년 대통령 선거에서 트럼프가 승리한 이후, 정체성 정치에 대한 이런 비판은 강하게 부활했다. 급진 좌파와 달리, 자유주의 비판은 정체성에 지나치게 초점을 맞춘 정체성 정치를 탓하는 게 아니라 오히려 정체성에 대해 잘못 이해하고 있는 것을 문제로 보았다. 즉 우리는 애당초 특정한 인종과 성별 등을 기초로 자기 자신을 찾기보다 우리를 하나로 통합하는 가치, 다시 말해 미국적인(혹은 범세계주의적인) 자유주의 가치에 대한 헌신에 근거해 우리 자신을 확인해야만 한다. 이것이 바로 우리가 부르는 '새로운 정치적 성실성'이라는 시각이다.[7]

새로운 정치적 성실성에 대한 시각은 마이클 샌델이 패러다임적으로 다음과 같이 요약했다. "가족이나 공동체, 국가 구성원이자 역사 전달자, 혁명의 아들과 딸, 공화국 시민으로서" 정체성을 찾는 것이다.[8] 앞서 언급했듯이 콰메 앤서니 아피아, 마크 릴라, 프랜시스 후쿠야마는 모두 출간된 책에서 강력한 정체성 정치가 공동체 정신으로 대체돼야 한다고 비슷한 주장을 하고 있다.[9] 정체성은 잠재적으로 분열적인 각 개인의 고유한 정체성 각각에 우선순위를 부여하기보다 더 큰 공동체와 그 안에 속하는 자신의 위치에 일차적으로 헌신하는 것에서 파생돼야 한다는 것이다.

공유하는 실천과 공유하는 정서, (탈)국민성으로서의 정체성

강력한 정체성 정치는 일반적으로 개인의 인종, 젠더 또는 성적 취향의 관점에서 정체성을 인식하는 반면, 새로운 정치적 성실성을 주장하는 비평가들은 공유하는 가치로 함께 연대하는 공동체에 대한 소속감에서 정체성이 파생되기를 바란다. 이후에 이어진 공동체의 정체성은 로버트 벨라Robert Bellah가 '강력한 도덕적 합의'로 정의한 '미국의 시민종교'라는 고전적인 글을 연상시키는 경향이 있다.[10] 비슷한 맥락에서 콰메 앤서니 아피아는 새로운 탈민족주의 국민 국가를 기초로 '공유하는 정서'를 통한 미국식 용광로(melting pot, 인종, 종교, 문화 등이 다양한 사람들이 하나가 되는 사회에 대한 은유로, 흔히 미국을 말함 - 편집자)와 동일시하는 상상을 한다.

> 따라서 다양한 민족으로 국가를 건설하고 싶다면 단순히 기존의 국민을 소집하고 헌법을 제정하는 것 이상을 해야 할 것이다. 한 국민 국가를 **만들어야** 한다면, 어떤 이유로든 동일한 정부 아래에 살기를 바라는 사람으로 인구 대부분을 받아들이고 그들을 기존에 거주하던 국가에서 이주시킨 후 풍요롭게 함께 살 수 있도록 공유하는 정서를 구축할 필요가 있을 것이다.[11]

더 나아가 아피아는 서로 다른 모든 국적과 인종, 젠더 또는 성적 취향을 가진 사람들을 포괄하는 범세계적 국민국가는 종교집단을 하나로 결속시키는 것과 유사한 '공유하는 실천'에 근거해야 한다고 설명한다. 하지만 이런 실천은 초월적인 믿음(신을 향한 믿음)이 아닌 도덕적 가치에서 나온다. 이것은 정확히 도덕적 가치들을 **시민**종교로 만드는 것이지 종교 그 자체는 아니다.

> 문제는 우리가 종교 생활을 뒷받침하는 도덕적 공동체와 공유하는 실천보다 세부적인 믿음을 강조하는 경향이 있다는 것이다. 영어 단어 'orthodoxy(정통신앙)'는 '올바른 믿음'이라는 뜻을 지닌 그리스어에서 유래한다. 그렇지만 덜 친숙한 단어 'orthopraxy(정통실천)'는 '행동'을 의미하는 또 다른 그리스어 πρᾶξης(**실천**)에서 유래한다. 올바른 실천 orthopraxy은 **믿음**이 아닌 올바른 **행동**의 문제다.(12)

'올바른 **행동**'에 대해 '공유하는 정서'는 아피아가 암시하듯이 집단적인 윤리와 삶의 방식, 즉 '올바른 실천orthopraxy'을 낳을 것이다. 이처럼 삶의 '올바른 실천' 방식은 새로운 시민종교의 정체성에서 핵심이 돼야 한다. 보다 큰 공통의 정체성은 다양한 정체성을 지닌 개인들을 공동의 정치적 공동체로 결속시킬 수 있다.

새로운 정치적 성실성, 탈정체성 정치 사상가인 아피아와 그의 동료들은 정체성을 그리스어 용어의 본래 의미와 완전히 일치하는 집단적 **에토스**로 생각한다. 에토스는 (a) 기본적인 도덕 가치에 대한 일반적 합의, (b) 이 합의에 따른 공유하는 관습(아파이의 용어에서 '실천'), (c) 공유하는 도덕적 가치와 행동에서 발생하는 공유하는 정서적 경험이나 감정(아파이의 용어로 '정서')을 나타내는 집단과 공동체, 즉 사회의 성격을 가리킨다. 탈민족적인 성격, 에토스, 또는 올바른 실천에서 발견되는 '포괄적인 정체성'의 개념은 새로운 것이 아니다. 집단적 성격과 집단 내 개인의 역할을 강조한다는 것을 감안하면 성실성의 구식 모델을 그대로 반복하고 있는 셈이다. 이와 달리 개인의 경험과 독창성에 초점을 맞춘 강력한 정체성 정치는 진정성의 에토스와 관련되며, 또 체제와도 관련될 수 있다.

정체성의 복잡성

오늘날 학문과 정치적 논의에서 사용되는 정체성의 다양한 개념은 셸던 스트라이커Sheldon Stryker와 피터 버크 Peter J. Burke가 〈정체성 이론의 과거, 현재, 미래〉에 관한 논문에서 제시한 '정체성'의 다양한 의미로 명확하게 정의를 내릴 수 있다.

> 비교적 명백한 세 가지 용법이 존재한다. 어떤 이들은 사람들의 문화를 본질적으로 언급하기 위해 **정체성**을 사용한다. 실제로 그들은 정체성과 예를 들면 민족성(1994년 캘훈Calhoun이 논문집 참고)을 구분하지 않는다. 다른 이들은 사회 정체성 이론(1982년, 타즈펠Tajfel), 또는 참가자들 사이에 공통 문화를 창출하는(1995년, 스노우와 올리버Snow and Oliver) 사회운동에 대한 오늘날의 연구에서처럼 집단성이나 사회적 범주와 일반적으로 동일시한다는 점을 나타내기 위해 정체성을 사용한다. 마지막으로 어떤 이들은 고도로 이질적인 현대사회에서 일반적으로 작동하는 다양한 역할에 따라 의미를 구성하는 자아의 조각들과 관련하여 정체성이라는 용어를 사용한다.[12]

이 범주를 약간 이동하여 우리가 타고난 것을 보다 넓은 범위에 있는 집단 정체성과 범주화에 포함시킬 경우 강력한 정체성 정치 담론을 특징짓는 인종과 젠더, 성적 취향에 관한 초점이, 스트라이커와 버크가 설명하는 '정체성'의 첫 번째 용법과 대부분 일치하는 것은 분명하다. 여기서는 인종과 젠더, 성적 취향이 정체성을 **구성한다**. 하지만 오늘날 정체성 정치를 비판하는 사람들은 스트라이커와 버크가 나열한 두 번째 유형에 해당하는 정체성의 개념을 거의 전유하다시피 한다. 그리고 공유 가치들을 채택하여 일관성을 유지하는 집단 정체성과 범주화를 나타내기 위해 다시 약간의 수정을 가했다. (이러한 정체성의 두 개념은 개념적으로 구분되지만 상충하지 않는다.) 여기서의 '정체성은 참여자들의 공통 문화'를 만드는 공통의 도덕을 공유하는 주체의 '집단성 또는 사회적 범주와 일반적으로 동일시하는 것'에서 파생된다.

  하지만 정체성의 작동 방식을 이해하고 정체성 정치를 성찰하려면 스트라이커와 버크가 나열한 세 번째 차원의 정체성 개념도 고려해야 한다. 정체성 정치를 비판하는 사람들은 인종과 젠더 또는 성적 취향 등이 정체성을 완전히 결정짓지 않는다는 점을 지적하면서 자신들의 주장을 정당화한다. 그렇지만 공유하는 가치나 탈민족적 특성도 정체성이라는 현상을 철저하게 다루지는 못한다. 정체성은 인종이나 젠더 같은 '계보학적' 범주나 공유하는 윤리적 실천에 국한되지 않는다. 스트라이크와 버크는 이런 정체성의 수준 외에도 사회심리학적 차원에서도 설명하고 있다. 이 같은 정체성은 '고도로 이질적인 현대사회에서 사람들이 일반적으로 수행하는 여러 역할에 부여한다는 의미'에 대한 인식에서 나온다. '자아 정체성'으로서의 정체성은 개인이 사회에서 수행하는 사회적 역할이나 다양한 페르소나를 통해 (우리가 누구인지 생각하고 느끼면서) 발달하는 자아 개념이다.

정체성 정치 논쟁을 제한하는 과도한 단순화를 일부 피하기 위해서는 정체성을 확립하는 다양한 방법을 다루고 분석하는 일이 필수적이다. 정체성의 계보학적, 커뮤니티 기반, 사회심리학적 차원은 양립할 수 없는 게 아니다. 정체성을 구성하는 데 끊임없이 협력하고 모두가 성실성과 진정성, 프로필성의 형태로 채택될 수도 있다. 정체성 기술의 모든 형태가 정체성의 세 가지 차원을 전부 수반한다는 의미다.

스트라이커와 버크가 정체성의 사회심리학적 차원의 중요성을 강조하는 것은 적절하다. 정체성은 개인의 자아심리학적 경험과 사회적 활동을 통합함으로써 확립된다. 정체성의 형성은 보다 큰 맥락 안에서 이뤄진다. 사람에게는 신체가 있다. 신체는 이를테면 사람마다 신체적으로 생식기, 피부색, 성적 성향이 각기 다르다. 동시에 개인의 정체성 경험을 틀짓는 사회구조와 시스템이 있다. 정치, 경제, 종교, 언어, 문화는 정체성의 경험에 큰 영향을 미친다.

정체성은 복잡한 방식으로 구성되고, 느끼고, 수행된다. 따라서 정체성의 다양한 차원이 항상 완벽한 조화를 이루며 공존하지는 않는다. 정체성의 정치 논쟁이 보여주듯이 정체성은 서로 끊임없이 경쟁한다. 인종이나 성 정체성은 공동체의 책무와 완벽하게 일치하지 않을 수도 있다. 개인적 감정이나 사상으로 언제나 뒷받침되지도 않는다. 동일시하는 대상도 바뀔 수 있다. 흑인인지 백인인지, 동성애자인지 비동성애자인지, 미국인인지 독일인인지는 시대와 장소에 따라 그 의미가 달라진다. 자신의 자아를 느끼는 방식과 자기 자신을 찾는 방법도 매일 바뀔 수 있다. 정체성은 개인과 사회적 수준 모두에서 끊임없이 협상과 재협상을 반복한다. 정의에 따르면 정체성은 우리를 특정한 주체로 한결같은 모습을 유지하게 하는 반면, 계속해서 변화하는 모습을 드러내게도 한다. 다소 모순되지만 정체성은 그 자체로 비동질적nonidestical이다. 그럼에도 불구하고 필요하다.

  정체성은 개인들이 일을 수행하기 위해 심리적으로 필요하지만, 또한 공동체와 사회조직을 형성하기 위해 정치적으로 필요하다. 하지만 확고하게 근거로 삼을 수 있는 정체성의 핵심 차원은 없다. 특정 인종이나 윤리적 헌신이 그 사람의 정체성을 전부 알게 하지는 않는다. 그러므로 어떤 뜻밖의 상황에 있어도 정체성을 그럴듯하게 만들기 위해서는 정체성의 기술이 필요하다. 이것이 바로 성실성, 진정성, 프로필성이 하는 일이다. 어느 하나도 완벽하거나 다른 것보다 꼭 낫다고는 할 수 없지만, 모두가 정체성의 차원과 다양한 부조화의 수준을 통합하는 데 기여한다.

  정체성의 주요 기능은 인격을 안정적으로 형성하고 유지하는 일이다. 정체성은 한 사람이 지닌 다양한 면모를 하나로 합친다. 믿음과 자기 확신이 확고히 들게 하고 경제적, 정치적 가치를 수반하는 자부심과 가치를 부여하는 신뢰성과 인지 가능성도 약속한다. 그렇지만 때때로 서로 다른 차원의 인격 사이에 균열이 나타나며 보통은 일관되고 조화로운 정체성을 갖기 위해 취해야 하는 것들이 무너지기도 한다. 정체성은 (인간의 복잡성이 진화할 수 있도록) 압도적인 인간의 복잡성을 감당할 수 있는 수준으로 단순화시키고 줄어들게 한다는, 반사실적이지만 불가피한 가정을 전제로 한다.

해석학적 절망과 사랑

에바 노트Eva M. Knodt는 니클라스 루만의 책 《사회적 체계들》를 소개하면서 19세기 게오로그 뷔히너Georg Büchner가 쓴 희곡 〈당통의 죽음 Danton's Death〉에 나오는 대화를 '해석학적 절망의 원초적 장면'으로 언급한다. 이 장면에서 주인공은 자신과 연인이 서로를 완전히 이해할 수는 없다는 사실을 깨닫고는 좌절감을 느끼며 연인의 이마를 손가락으로 가리키면서 외친다. "도대체 이 머릿속에는 무엇이 들어있는 거지? 감각이라 할 수 있는 것이 있으려나. 서로를 이해한다고? 그러려면 서로의 두개골을 부수고 뇌에서 생각을 끄집어내야 할거야!"[13] 물론 이러한 극단적인 행동도 그다지 도움이 되지 않을 것이다. 생각은 실제 뇌에 각인된 물질이 아니기 때문이다. 에바 노트가 인용한 연극 장면은 루만의 체계이론을 알려주는 통찰력을 보여준다. 즉 생물학적, 정신적, 사회적 작용 간의 시스템적 차이는 작동상 연결이 불가능하게 만든다. 뇌는 생각하지도, 말하지도 않지만 생물학적 생명체로 작동한다. 우리의 마음은 생각하고 느끼지만 뇌와 달리 생물학적으로 살지도, 실제로 말하지도 않는다. 사회에서 우리가 할 수 있는 일이라곤 소통밖에 없지만, 소통은 우리의 두뇌나 마음에 문자 그대로 입력되지 않는다. 우리는 다른 사람이 하는 말을 듣고 **정신적으로 해석하고 생리학적으로 처리해야** 하지만 사회에서 일어나는 소통 사이에, 또 두뇌와 마음 사이에 **즉각적인 연결성**은 없다. 이런 관점에서 우리는 타인의 생각과 감정에 절망적으로 단절돼 있으며 소통조차 그 간극을 메우지 못한다.

하지만 루만이 말하고 있듯이 몸과 마음, 사회라는 세 체계적 영역은

"구조적으로 결합되어 있다." 말하자면 이들 세 영역은 공생과 '공진화적 coevolutionary' 관계에 있으며 존재하고, 기능하고, 발전하기 위해 서로 의존한다. 몸과 마음이 없었다면 사회는 지금처럼 진화할 수 없었고, 마찬가지로 몸과 마음도 각각 다른 두 체계를 필요로 한다. 몸과 마음, 사회의 기능은 작동상 구분되며 이들의 **오토포이에시스**autopoiesis, 즉 자기 생식과 자기 복제를 계속하기 위해서는 그런 상태를 유지해야 한다. 하지만 이 세 환경 속에서 다른 시스템의 공존도 필요하다. 즉 이를 구성하는 모든 하위 시스템 간에 일정한 결합 구조를 생성하는 더 큰 '생태계'가 필요하다.

비록 말이나 글이 사람이 생각하는 것을 완전하고 완벽하게 정확히 설명해주지는 않더라도 소통할 때는 우리가 어떤 생각을 하는지가 중요하다. 또 언어는 마음과 사회 시스템이 공유하는 공동 매체지만 사회는 문자 그대로 생각하거나 느낄 수 없으며 생각과 감정은 문자 그대로 말할 수 없다. 에바 노트의 '해석학적 절망'은 두 사람의 상호 이해에 대한 글이다. 가장 친밀한 부부조차도 서로를 완전히 이해할 수 없다. 사람들의 마음 사이에는 항상 거리가 있다. 우리가 그 반대로 확신하고 싶어 하는 만큼 두 연인조차도 심리적으로 서로 다르며 하나로 합쳐질 수 없다는 사실은 여전히 남아 있다.

몸과 마음, 사회 간에 존재하는 시스템적 간극은 서로 다른 사람을 서로에게서 떼어놓는 것만이 아니다. 한 사람의 신체적, 정신적, 사회적 영역을 분리하는 것이기도 한다. 니클라스 루만은 이 점을 강조하기 위해 〈마음이 의사소통에 참여하는 방법〉이라는 기획 에세이programmatic essay에서 반직관적일 수 있음에도 불구하고 사실대로 솔직하게 진술하는 문장으로 끝을 맺는다. "난 내가 무슨 말을 하는지 모르겠다. 설사 알았다 하더라도 나 혼자 간직해야 한다."¹⁴ 내가 하는 모든 말의 완전한 심리적 의도와 동기, 의미, 나의 내면에 일어나는 온갖 정신 작용은 **나에게도** 여전히 불투명하다. 설령 안다고 하더라도, 내가 아는 것과 내가 말하는 것, 그리고 한번 내뱉은 말이 이해되는 것 사이에는 완벽하게 정확히 일치하기는 불가능하다.

사회적 페르소나, 내면의 자아, 그리고 신체는 각 부분이 다른 부분을 완전히 표현하거나 대응하는 하나의 일관되고 동기화된 전체를 형성하지 않는다. 인간 존재(마음 상태와 작용, 사회적 페르소나, 살아 있는 신체)의 차원은 엄밀한 의미에서 결코 **동일한** 것은 없다. 인간이 '하나'로 인식되기 위해서는 이런 분열에도 불구하고 사회심리학적 정체성의 형성이 필요하다. 우리 기저에 있는 조화되지 않는 다양한 면을 은폐시킬 필요가 있다. 말하자면 이런 비동일성을 임시변통 또는 명백한 동일성으로 감쪽같이 바꾸는 것이다.

그러나 에바 노트의 '해석학적 전망'이라는 표현이 암시하는 것과 달리, 이 체계적 차원의 몸과 마음, 사회적 페르소나의 간극은 결코 인간의 조건을 우울하게 만드는 결함은 아니다. 오히려 이런 간극은 복잡성의 진화와 발전을 위한 공간을 열어준다. 생물학적이고 정신적인 사회적 유연성과 생산성, 창의성, 다양성, 그리고 '자유freedom'를 가져올 가능성도 있다. 인간이 인공 지능과 다른 것은 바로 뇌를 포함한 인간의 신체가 생각하는 것과 느끼는 방식을 기계적으로 프로그래밍하지 않기 때문이다. 우리의 생각과 감정은 가장 결정적으로 우리의 몸과 사회적 환경에 의해 구성되는 매우 역동적인 환경 안에서 구체화된다. 이런 체계적 다양성 덕분에 각 체계 영역(몸과 마음, 사회)은 그 나름의 자기 생산적autopoietic 방식으로 모습을 드러낸다. 그렇다. 우리는 우리 자신을 포함하여 누군가가 말을 할 때 **실제로** 어떤 의미인지 확신할 수 없는 게 사실이다. 그런데 정확히는 의사소통과 마음의 시스템적 분리 때문에 해석의 필요성이 생기며, 따라서 우리는 심리학과 철학, 문학 같은 학문을 발전시킬 수 있었다. 그리고 더 중요하게는 정확히 우리가 알고 있는 사랑 역시 그럴 수 있다는 것이다. 즉 매우 복잡하고 역동적인 인간의 상호 관계는 온갖 종류의 사회적, 심리적, 육체적 유대 및 교환, 해석을 수반한다. 실제로 서로의 데이터에 완벽하게 접근할 수 있는 두 대의 연결된 컴퓨터처럼, 인간이 서로를 완전히 이해한다면 사랑은 이치에 맞지 않을 수 있다.

여성은 태어나는 것이 아니라 만들어지는 것이다

"우리는 여성으로 태어나는 것이 아니라 여성으로 만들어지는 것이다. On ne naît pas femme: on le deviant."[15] 1940년대 시몬 드 보부아르Simone de Beauvoir가 남긴 가장 유명한 문장이다. 당시 이 문장은 엄청난 논란과 경악을 넘어 분노를 야기했다. 대략 한 세대가 지난 오늘날에는 거의 문제가 되지 않는다. 오늘날 이 고전적인 여성주의 명제를 폭넓게 수용하고 있다는 사실은 그 이후에 일어난 광범위한 언어 변화에서 뚜렷이 드러난다. 영어와 다른 많은 언어에서 이제는 '성'과 '젠더'를 구분해서 사용한다. 이러한 구분은 최소한 부분적으로는 드 보부아르의 책《제2의 성The Second Sex》이 철저한 개념적 혁명을 이루어내면서 인용을 이끌어낸 결과였다. 이 책에는 드 보부아르가 종종 당대 문학 구절을 분석하여 사회에서 수행되는 여성의 정체성이 어떻게 생물학적 본성에 뿌리를 두고 있지 않은지 매우 상세히 나와 있다. 오히려 여성의 정체성은 윤리, 종교, 법, 대중매체, 경제, 정치, 예술, 교육 등에서 행해지고 있는 사회심리학적 실천들로 형성된다. 이로써 드 보부아르는 생물학적 근거에 기반한 '여성다움'으로 여성들이 어떻게 생각하고 살아야 하는지 결정짓는다는 '보수주의적' 주장을 정면으로 반박했다.

물론 드 보부아르의 핵심은 성별 사이에 생물학적 차이가 없다고 하는 게 아니라, 그런 차이가 어떤 사회적 또는 심리학적 차이를 결정짓지 않는다는 사실이다. 사회적 차이는 실제 사회적으로 생성되고, 심리학적 차이는 심리학적으로 형성된다. 드 보부아르의 명언은 흔히 언급되는 여성성이 **본질적** 범주가 아니라는 사실을 강조한다. **출생**으로 인한 유전적 요인이 아니라는 얘기다. 따라서 여성다움이라는 개념은 생물학적 의미로부터 개념적으로 자유로워져야 한다. 정치와 종교에 따라, 또 다른 사회적 이유로 (간단하게는 가부장적 폭력을 위해) 여성다움이 생물학적으로 결정되면서, 여성 정체성의 사회심리학적 특성도 어떤 식으로든 자연법이나 신의 법칙으로 정해진다고 주장하는 것이 가장 편리했다. 이는 원치 않는 여성의 행동을 멸시하거나 제재할 도덕적, 법적 구실을 마련하게 했다. 결과적으로 드 보부아르와 함께 다른 사람들이 추구한 것처럼, 여성성의 사회심리학적 특성과 생물학적 뿌리를 근본적으로 분리하는 움직임이 정치적으로도 가장 중요했다 오직 이런 방식의 주장만이 여성에 대한 근본적인 남성적 우월성을 전복시키고 폭로할 수 있었다.

이제는 흔히 (적어도 영어에서) 사용되는 성과 젠더의 사전적 구분은 드 보부아르의 유명한 주장 이래 반세기가 넘는 기간에 얼마나 많은 변화가 일어났는지 말해준다. 비슷한 개념적, 언어적 변화와 함께 인종에 관해서도 비슷한 정치적 변화가 뒤따랐다. 인종 결정론에 근거한 주장도 대다수 설득력을 잃었고 학계와 법계, 정치계에서도 더 이상 호의적이지 않다.

성과 젠더를 쉽게 구분할 수 있다고 해서 생물학적 구분이 존재하지 않다거나 사회적 또는 심리학적 현상에 대한 생물학적 특징이 영향을 미치지 않는다는 뜻은 아니다. 대조적으로 이런 사실은 당연히 여성은 출산을 하고 남성은 그렇지 않다는 사실과 대단히 관련성이 깊다. 생물학적 사실은 틀림없이 '모성'이 존재하게 하는 원인이지만 그렇다고 특정한 가족구조를 '올바른' 것으로 결정하거나 좋은 어머니에 대한 특정한 윤리적 또는 종교적 해석을 필요로 하는 것은 아니다. 모성의 사회심리학적 특징은 남성과 달리 여성이 출산을 할 수 있다는 생물학적 사실로 발생한 **우연***contingent의 산물이다. (여기에서 '우연'은 한쪽이 다른 쪽과 관련 있고, 양측 간의 관계는 엄격한 인과 관계를 지니지 않음을 의미한다.) 동시에 추가적으로 고려해야 할 상황들이 있다. 그렇지 않은 상황 역시 있을 수 있다. 여성이 출산한다는 사실은 모성이라는 다양한 사회심리학적 현상을 나타나게 하지만, 그중 어느 것도 결정적인 '근본 원인'으로 생물학적 특징에 인과적으로 근거하지는 않는다.

---

*이 용어는 역사적 관점에서 볼 때, 역사성의 의미를 지우는 경향으로, 오해의 소지가 있다. 따라서 이후의 표현에서는 문맥에 따라 '조건의', '조건적인', '가능성' 등으로 표기하거나 병기한다.

필연에서 가능성으로

가부장제 사회에서는 성/젠더 정체성의 생물학적, 심리학적, 사회적 양상이 확고하게 일치한다고 보았다. 이 주장은 종교와 윤리, 혹은 유사 과학의 '거대 서사'로 뒷받침됐다. 아브라함 종교와 유교의 경우 단순히 성 불평등을 합리화하는 데 그치지 않고 합법화하기까지 했다. 뿐만 아니라 성 역할의 내면화까지도 촉진했다. 메시지는 이렇게 해석될 수 있다. 성부는 남성이고 동정녀 마리아는 여성이니, 이제 그 길을 따르시오! 성 역할이 단순한 역할에 그친 게 아니라 더 깊은 차원에서 피할 수도, 변하지도 않는 존재의 핵심으로 인식된 것도 같은 방식이었다. 이런 양상들은 정체성의 신체적, 사회심리학적 측면이 더 조화롭고 자연적으로 또는 신성한 것과 연관될수록 더 구속력 있고 제한적인 것이 될 것이다. 그렇게 되면 각각의 양상이 또 다른 것을 확인하고 '입증'하는 경향이 있다. 사회심리학적 피드백 메커니즘은 진화하여 사회심리학적 실천들과 한층 더 긴밀히 연결된다. 사회정치적, 도덕적 또는 종교 제도가 여성다움의 어떤 특성을 자연스러운 것으로 정의한다면, 그런 제도에 따라 감정을 나타내고 행동하지 않는 여성은 변절자, 미치광이, 신경증 환자로 취급되고 부자연스럽게 여겨질 것이다.(여성 스스로도 마찬가지다.) 동일시에 대한 엄청난 사회심리학적인 압박이 거세질 수도 있다. 이런 제도들은 집단적 내면화를 통해 전체주의 경향을 나타내고 모든 사회생활과 정신적 경험에 영향을 미칠 수 있다.

성과 젠더의 개념적 구분은 성/젠더 정체성이 일치하는 전통적 서사를 약화시켰다. 성 정체성의 영역들 사이에 있는 실질적인 부조화를 초점으로 가져와 의식으로 이어지게 했다. 여성다움에 대한 여성주의적 재서술의 해방적 효과는 정확히 조화에 기반한 정체성에서 부조화에 기반한 정체성의 이해로 전환한 데 있다. 필연에서 가능성으로의 이동은 시몬 드 보부아르와 함께 다른 많은 사람들이 일으킨 철학적 혁명의 핵심이다. 아리스토텔레스부터 칸트까지 많은 신학자와 철학자, 윤리학자, 과학자들은 사회적, 심리학적, 생리학적 현상의 이면에 자리한 불변의 필연적인 원인을 밝히려 노력했다. 말하자면 이들은 명백하게 불확실한 세상을 필연이 토대가 되는 세상으로 바꾸려 한 것이었다. 니체에서 드 보부아르, 리처드 로티Richard Rorty에 이르기까지, 후대 사상가들은 전통적인 거대 서사에서 필연이 토대가 된다고 여긴 것이 실제로는 어떻게 뜻하지 않게 일어난 일인지 보여줬다.(여러 가지 복잡한 우연과 상황으로 인해 지속적인 변화에 열려 있다는 의미에서 우연적이다.)

필연에서 가능성으로의 전환과 유사한 이론적 패러다임은 19세기 찰스 다윈이 생물학에 도입했던 일이 가장 유명하다. 다윈은 신의 창조로 인류가 생물학적인 필연성을 갖고 있다는 이전의 신조dogma를 우발적인 진화론으로 대체했다. 이런 패러다임 전환은 허버트 스펜서Herbert Spencer 뿐만 아니라 나중에 드 보부아르 같은 다른 사상가들에 의해 '인간의 정체성'이라는 사회학적, 심리학적 차원으로 확장됐다. 가능성 이론은 다윈 이전으로 거슬러 올라가 확실하게 헤겔과 마르크스까지, 그리고 서구와 비서구의 고대까지도 가능하다.[16] 이처럼 가능성의 궤적은 과거로까지 거슬러 올라가지만 그럼에도 불구하고 인간 정체성에 대한 생물학적, 심리학적, 사회적 양상이 일치한다는 교조적인 주장이 전근대 유럽과 아시아 사회에 만연했고, 가부장적 구조와 성 역할을 유지하는 데 특히 유용하다고 입증된 사실에는 의심의 여지가 없다. 어쨌든, 성과 젠더의 용어 구분은 20세기 이전에는 실제로 일어나지 않았다. 그때까지 '젠더'는 주로 명사를 구분하는 언어학적 용어였을 뿐이다.

성과 젠더의 구분을 가져온 여성주의 혁명 사례는 인간의 정체성이 일치한다는 신조를 전복시킨 것과 함께 필연에서 가능성으로의 철학적 전환이 두려운 것이 아님을 잘 보여준다. 인간의 온전함을 허무하게 파괴하지도, 분별 있는 인간성을 암울하게 해체하지도 않는다. 실제로는 억압적인 젠더 편견으로부터 매우 필요했던 사회적, 심리적 해방을 가져왔다. 신체가 정신과 사회적 페르소나를 결정하지 않는다는 사실은 결코 두려워할 통찰력이 아니다. 특히 여성이나 흑인의 몸으로 태어난 경우 더욱 그러하다. 필연에 대한 통찰에서 자유가 나온다는 헤겔의 유명한 격언을 수정해 더 정확히 말하면, 실제로 자유는 그동안 필연이라 여겨졌던 것의 가능성에 대한 통찰에서 나온다고 (우리가 믿는 대로 헤겔의 의도에 따라) 말할 수 있다.[17] 다시 말해 우리가 정체성을 지나치게 내면화할 필요가 없다는 것을 깨달으면 정체성은 자유로워진다.

정체성의 문제

정체성이 자유로워지기까지는 많은 노력이 따른다. 이는 우리가 헤겔에게 얻을 수 있는 또 다른 통찰이다. 고달픈 자유의 본질도 정체성의 전면에 등장한다. 한때 논란이 많았던 여성의 정체성이 자연스러운 것이 아니라는 주장을 하는 데는 분명 엄청난 노력과 용기가 필요했다. 더욱이 정체성을 타고난 것으로 간주하지 않는다면 잠재적으로 어떻게든 정체성을 확립해야 하는 힘든 과제를 떠안게 된다. 성실성의 체제에서 스스로를 드러내는 전근대적인 필요성와 일치에 기반한 정체성 모델이 지니는 장점은 자신이 누구인지 질문할 필요가 없다는 데 있다. 이런 질문이 나오지 않았다면 애초에 현대적 의미로 '정체성'이라는 개념은 필요하지 않았을 것이다. 더글러스 켈너 Douglas Kellner는 '인류학적 민속학 anthropological folklore'으로 근대 이전까지는 정체성에 대한 탐구가 없었다는 가정을 다소 무심하게 설명한다.

> 인류학적 민속학에 따르면 전통사회에서 개인의 정체성은 변함없이 견고하고 안정적이었다. 정체성은 미리 정해진 사회적 역할이자 그 세계에서 자신의 위치를 정하고 종교적 제재를 가하는 전통적 신화 체계로 공동체 구성원의 생각과 행동 영역을 엄격히 제한하는 기능을 했다. 개인은 씨족이자 친족이자 부족의 일원으로 태어나 죽을 때까지 미리 정해진 삶의 궤도를 따라간다. 전근대 사회에서 정체성은 문제가 되지도, 성찰이나 논의 대상으로도 여겨지지 않았다. 정체성 위기를 경험하거나 정체성을 근본적으로 바꾸는 개인은 없었다. 부족의 일원이자 사

냥꾼이었던 사람은 그게 전부였다.¹⁸

성실성의 에토스에 따라 전근대 사회의 정체성은 사회적으로 고정된 경향을 보였다. 앤서니 기든스Anthony Giddens, 지그문트 바우만, 하르트무트 로자를 포함하여 많은 사회이론가들이 이와 같이 말했다. 니클라스 루만도 같은 관점을 공유하며 '기능적 분화(경제, 정치, 종교, 교육 등 서로 다른 체제로의 사회 분화는 각각의 고유한 구조에 따라 기능하는 것)'로 특징 짓는 근대사회의 정의와 연결했다. 개인으로서 근대인은 이런 다양한 시스템 내에서 행동해야 하며 갈수록 자신이 '진정' 누구인지 이해하고 자신의 '진짜' 모습을 타인에게 설명하는 것이 어려워진다. 루만은 이렇게 말한다. "오늘날 보다 일반적인 것은 자신이 누구인지 설명해야 하는 상황이다. '정체성'과 '자아실현'이 문제가 된다."¹⁹ 우리는 내면의 자아와 사회적 페르소나 사이의 간극을 경험하며, 따라서 "개인과 사회 간의 거리가 개인으로 하여금 성찰하게 하고 '진짜 나'에 대해 의문을 갖게 하고, 자신의 정체성을 찾도록 유도한다"(51). 우리는 모두 어떤 식으로든 정체성을 나타내는 여러 개의 사회적 페르소나로 나뉘어 있다고 느낄 수 있다. 그런데 정확히 이 정체성은 뭘까? 이는 바로 '정체성의 문제'에 직면하여 '진정한' 정체성 위기에 대한 패러다임적 상황이다. "개인은 분열divisibility로 정의된다. 오페라를 관람할 때는 음악적 자아가, 일을 할 때는 야심찬 자아가, 가족을 돌볼 때는 인내하는 자아가 필요하다. 그 자체로 남는 것은 정체성 문제다"(223). 정체성 문제는 진행 중이며 쉽게 해결되지 않는다. 우리는 계속해서 정체성을 찾고, 정교화하고, 연출하고, 개선시키기에 바쁘다. 역설적이게도 '정체성 위기'는 영구적인 일로 굳어진 듯하다. 작가 티모시

모는 현대의 개인들이 정체성을 추구하는 모습을 자화상을 그리려는 끊임없는 집착으로 묘사한다. "인간은 원대한 계획이나 책략으로, 심지어 기득권에 사로잡혀 행동하지 않는다. 하지만 맨 처음에는 자신이 지니고 있는 관념에 따라 행동한다. 개성을 드러내는 그림은 오랜 세월 꾸준히 의도한 자기 자신을 언급하는 일일 것이다. 자화상보다 더 강렬하게 그려진 초상화는 없다."[20] 사회학자 니클라스 루만은 티모시 모와 유사한 용어를 사용해 이미지의 '투사'라는 관점에서 자화상에 대한 우려를 설명한다. "사람은 자신이 누구인지 제대로 알 수 없지만 자신이 투사한 이미지가 인정을 받는지 알아내야 한다."[21] 정체성에 대한 탐구는 아직 '자신을 찾지 못한' 십대만의 문제가 아니다. 평생 지속되는 과제이다. 프로필성이 영향을 미치는 사회에서 우리의 행동은 승인과 확인을 바라면서 공개적으로 연출하는 자화상(또는 더 나은 일련의 자화상)을 형성하고 재형성하는 데 맞춰져 있다.

정체성 이론

정체성은 인간 존재의 서로 다른 영역, 즉 육체적 삶과 정신적 활동(사고와 감정), 사회적 관계 및 소통 사이의 시스템적 분열을 보완한다. 이런 영역들 간의 불일치를 일치하는 것처럼 변형시키기도 한다.[22] '자아'는 타인과 자기 자신을 하나의 일관된 개체로 보는 것처럼 정체성을 통해 확립된다. (물론 내가 나를 보는 방식이 타인이 나를 보는 방식과 전혀 다를 수 있다. 내가 내 정체성을 보는 방식과 타인이 내 정체성을 보는 방식은 똑같은 방식이 아닐 수도 있다.) 내 몸과 마음,

그리고 사회적 페르소나는 **내 자아**를 다양하게 확장한 것으로 간주된다. 따라서 현대의 정체성 이론은 일반적으로 자아 이론으로 공식화됐다. 처음에는 자아의 정신적 측면과 사회적 측면 간의 관계에 초점을 맞추고 신체적 영역을 다소 무시하는 경향이 있었다. 성, 젠더, 인종에 초점을 둔 정체성 정치에 관한 가장 최근의 담론만이 신체적 차원을 보다 전면으로 가져왔다. 정체성 이론은 이 같은 정치적 전환이 일어나기 이전에는 종종 사회학과 심리학, 그리고 이 두 분야의 학제 간 이론으로 수용됐다. 따라서 조지 허버트 미드George Herbert Mead의 《정신·자아·사회Mind, Self, and Society》라는 책 제목에 잘 표현된 것처럼,[23] 사회심리학적 현상으로 자아를 분석하는 데 중점을 두었다. 이 책은 미드가 사망하고 3년이 지난 후 대부분 그의 수업을 들은 학생들의 강의 노트를 바탕으로 출간됐고, 사회적 상호 작용에서 발생하는 정신적 개념으로 자아 이론을 포괄적으로 설명한다.

미드는 자아 이론을 두 유형으로, 즉 사회적 이론과 개인주의 이론으로 구분한다. 미드의 접근 방식을 대표하는 자아의 사회적 이론은 "개인의 자아와 관련되어 있고 경험적으로 서로 상호 작용하는 사회적 과정에서 파생한다." 반면, 다른 유형인 개인주의 이론은 "사회적 과정에 관여하는 개인들의 자아에서 그 과정을 도출한다"(222). 따라서 두 이론은 서로 닭과 달걀의 관계다. 하나는 사회를 자아라는 달걀을 낳는 닭 무리로 본다. 다른 하나는 다수의 달걀(즉, 개인의 자아)이 궁극적으로 닭 무리(사회)를 낳는다고 생각한다.

미드는 개인의 자아뿐만 아니라 사회적으로 생성된 자아에 대한 생각을 형성하고 자아와 동일시하는 개인의 마음도 중요하게 여긴다. 그에 따르면 인간이 서로 소통하면서 보여주는 몸짓은 결국 언어가 발달하는 의미 있는 상징이 된다. 그런 다음 언어는 마음이 진화하도록 하고, 이런 마음은 자아에 대한 개념을 불러일으킬 수 있다. 특히 미드는 타인의 시선으로 스스로를 대상으로 바라봄으로써 마음과 자아가 형성된다고 주장한다. 이는 어린 시절 놀이와 게임 같은 보다 조직적인 형태에서 구체적으로 일어난다. 자아는 'Me'와 'I'라는 두 국면으로 구성되어 있다. 'Me'는 자아 안에 있는 사회적 페르소나의 표상인 반면, 'I'는 이에 대한 반응으로 유발되는 주체이다.

미드가 자아의 내적(심리적) 차원과 외적(사회적) 차원과 관련된 자아의 두 국면으로 Me와 I를 구분하는 것은 정신적 자아를 원초아(id), 자아(ego), 초자아(superego)로 나누어 설명하는 지그문트 프로이트의 유명한 삼원구조 이론을 떠올리게 한다. 초자아는 자아가 중재하는 사회적 기대를 내면화한 것을 나타낸다. 미드와 프로이트의 자아 이론 사이에는 몇 가지 중요가 차이가 있음에도 모두 자아를 주로 사회심리학적인 역학 문제로 간주한다. (프로이트는 섹슈얼리티와 그와 관련된 원초아 개념에 초점을 맞추기 때문에 미드보다 자아의 신체적 측면에 더 많은 중요성을 부여한다.)

미드는 정확한 용어를 사용하지 않았지만 근대에 나타난 '정체성의 문제'를 언급한다. 그는 더글러스 켈너의 이른바 인류학적 민속학을 반영하여 자신이 '문명사회'라 부르는 환경에서 보다 개별적이고 복잡한 형태의 정체성으로의 전환을 설명한다. 문명사회의 정체성은 관습적으로 미리 정해진 '원시사회'의 지배적인 역할 정체성에서 벗어난다.

원시사회에서의 개성은 문명사회보다 훨씬 더 많은 범위에서 이미 주어진 사회적 유형의 거의 완벽한 성취로 구성된다.[24] 여기서 사회적 유형은 이미 주어진 사회 집단이 드러내고 수행하는 경험과 행동의 사회적 과정이라는 통합된 관계 구조에서 사회적 행동으로 조직화된 패턴에 이미 주어지고, 표시되고, 혹은 예시된 유형이다. 문명사회에서의 개성은 개인의 순응보다는 주어진 사회적 유형을 거부하고 수정함으로써 원시적인 인간 사회보다 훨씬 더 독특하고 특이하고 특별한 것이 되는 경향이 있다.(221)

여기서 미드가 설명하는 원시사회와 문명사회의 개성 또는 정체성의 구분은 라이오넬 트릴링이 성실성(사회가 부여한 역할에 순응함으로써 구성하는 정체성)과 진정성(사회적 역할의 순응에서 벗어나 독특함, 특이함, 특별함을 추구하는 정체성)을 구분한 것과 거의 같은 방법이다. (성실성과 진정성은 이 책에서 채택한 개념이다.)

《정신·자아·사회》가 출간되고 20년이 조금 더 지난 1956년, 자아 또는 정체성의 사회적 이론과 결부되는 또 다른 고전적 연구인 어빙 고프만의 《자아 연출의 사회학》이 출간됐다. 이 연구는 우리의 이론적 노력과도 중요한 관련이 있다. 고프만은 1949년과 1951년 사이에 스코틀랜드 셰틀랜드섬의 외딴 지역사회에서 사회학적 관찰자로서 현장 연구를 실시하고, 이를 바탕으로 연극 공연으로서의 사회이론을 발전시켰다. 고프만에 따르면 개인은 무대 위에 선 연기자처럼 사회에서 스스로를 연출한다. 배우들은 서로 협력하면서 행동을 조정하고 함께 연기를 하는 극단처럼 공동체가 된다. (그리고 동시에 그 과정을 지켜본다.) 고프만에게도 자아는 궁극적으로 타인에게 자신이 어떻게 보이는지, 또는 자신의 페르소나가 '청중(즉, 사회)' 앞에 어떻게 나타나는지 고려하고 타협하는 과정을 통해 주로 나타난다. 이런 시나리오에서 비롯되는 자아 정체성은 사회적으로 만들어지고 **연출**을 통해 형성된다. 그럼에도 불구하고 미드와 마찬가지로 정체성을 구성하는 자아의 중요한 내적, 즉 정신적 요소도 존재한다. 고프만은 '무대 위'에서 공개적으로 내보이는 사회적 페르소나와 모든 사람이 물러난 '무대 뒤'의 사적 영역을 구분한다. 여기서 사적 영역은 '무대 위' 연출을 준비하고 돌아보게 만드는 개인적 공간이다. 개인 정체성의 내적 차원과 외적 차원으로서의 사적 영역과 공적 영역은 서로를 지지하면서 끊임없이 협상한다.

고프만이 사용하는 연극 용어는 사회적 **역할** 개념에서 발전됐다. 고프만이 역할 기반으로 사회를 이해한 것은 역할 기반의 정체성 개념으로 그대로 이어진다. 고프만은 이후에 이어진 사회이론과 자아 이론이 전통적으로 소규모 공동체를 이루고 사는 셰틀랜드섬 사람들에만 적용되지 않는다는 사실을 분명히 했다. 그는 자신이 스코틀랜드 시골에서 본 광경이 원칙적으로 전통적이든 현대적이든 모든 형태의 사회적 상호작용과 자아 형성에 적용될 수 있다고 넌지시 암시한다. 그럼에도 역할 수행에 중점적으로 초점을 둔 것은 고프면의 이론을 성실성에 기초한 역할 기반의 정체성과 명백히 관련 있게 만든다. 하지만 보다 중요한 것은 고프만의 이론이 정체성 수행의 불가피한 순간으로 청중 앞에서의 연출을 강조한다는 점을 감안할 때 탈진정성에서 프로필성 개념으로 부드럽게 넘어가게 한다는 사실일 것이다.

미드와 고프만은 자아와 개인 정체성을 사회적으로 생성되지만 정신적 관념으로 유지되는 현상이라고 생각했다. 정체성의 정신적 측면은 사회적 영역과 분리될 수 없으며 사회적 페르소나와 끊임없이 관계를 맺으며 영향을 미친다. 자아의 사회적, 심리적 차원이 분리될 수 없음에도 불구하고, 미드와 고프만 모두 여전히 각각의 독특성을 증명한다. 미드의 'I'와 'Me', 고프만의 '무대 위'와 '무대 뒤' 자아는 하나의 자아를 구성하는 요소가 되고 정체성의 구성 요소이기도 하지만 서로가 완전히 일치하지는 않는다. 정체성의 내적 측면과 외적 측면 사이에는 계속해서 구분이 존재하며 서로에 대한 각 측면의 영속적인 상호 관심을 필요로 하는 긴장도 남아 있다. 떼려야 뗄 수 없는 관계라고 해서 똑같다는 의미는 아닌 것이다.

자아의 내면과 외면, 또는 심리학적, 사회적 차원 사이의 역학 관계에 관한 설명은 일반적으로 정체성의 사회심리학적 이론의 핵심이다. 본질적으로 닭과 달걀을 대조시킨 대응(즉, 1930년대 미드가 발표한 자아의 '사회적' 이론과 '개인적' 이론)은 여전히 오늘날에도 서로 경쟁을 이어가고 있다. 예를 들면 셸던 스트라이커가 사회적 측면의 주장을 수정한 최신 버전을 대표한다면, 피터 버크는 개인적인 측면에 더 큰 비중을 둔다. 하지만 이들이 공동으로 발표한 논문 〈정체성 이론의 과거, 현재, 미래〉에서는 두 가지 접근법을 결합하고자 했다. 그들은 미래에 통합된 이론을 달성하고자 하는 의도를 다음과 같이 요약한다.

> '정체성'을 주제로 한 많은 연구 전통 중에서 다소 다르지만 강하게 연관된 두 정체성 이론이 발전했다. 스트라이커와 동료 연구를 반영한 첫 번째는 사회구조와 정체성의 결합에 초점을 맞춘다. 버크와 동료 연구를 반영한 두 번째 이론은 내부의 자기 검증에 초점을 맞춘다. 각 이론은 다른 이론에 맥락을 제공한다. 즉, 정체성에 대한 사회구조 관계는

자기 검증 과정에 영향을 미치는 반면, 자기 검증 과정은 사회구조를 만들고 유지한다.[25]

스트라이커와 버크에게 자아 개념은 정신적으로 다양한 사회적 페르소나를 연결하는 데서 나온다. 우리가 맡은 다양한 사회적 역할에 기반하여 자신이 누구인지 알아가고, 사회가 다시 우리에게 투사한다는 개념이다. 루만의 표현을 빌리면 우리는 정체성을 심리적, 사회적, 그리고 살아있는(신체) 시스템 간의 구조적 결합이라는 맥락에서 출현하는 보다 넓은 자아 개념으로 생각할 수 있다. 정체성은 마음과 사회가 일치하지 않거나 기능적 분화에 대처할 수 있도록 확립하는 자아 개념이다. 이를 수행할 수 있는 다양한 선택지가 있다.

개인적 의미의 자아정체성에 더해 집단적 의미의 정체성도 있다. 개인의 사회심리학적 정체성은 정체성 정치의 주요 쟁점으로 언급되는 성 정체성, 민족 정체성, 성적sexual 정체성, 국가 정체성 등 보다 큰 집단적 정체성의 맥락에서 드러난다. 아울러 개인 정체성과 집단 정체성 외에 제도와 조직 측면에서 정체성을 주장하는 경우도 있다. 기업들은 자체적으로 정체성을 주장한다. 정당도 정체성을 드러내며, 요즘에는 축구팀도 자신들의 정체성에 대해 관심을 갖는다. 이 또한 정체성을 이해하려면 고려돼야 한다.

정체성의 변증법

미드와 고프만 모두 정체성의 역사적 측면을 다뤘지만 정체성의 형성과 유지, 수행의 보편적인 기본구조를 설명하는 데 보다 많은 관심을 기울였다. 스트라이커와 버크 같은 보다 최근의 사회심리학 정체성 이론가들은 시간이 지남에 따라 그리고 다른 문화적 환경에서 정체성이 어떻게 변할 수 있는지에 대해서는 훨씬 적은 관심을 나타낸다. 사회심리학적 관점에서 볼 때 자아의 사회적, 심리학적 요소 간의 역학은 중요하다. 하지만 사회정치적 진화에서는 그다지 중요하지 않다. 역사적 측면을 고려한 보다 넓은 시각에서 정체성을 바라볼 수 있도록 다시 한번 헤겔로 돌아가겠다.

헤겔의 《정신현상학》을 위대한 프로젝트로 특징짓는 한 가지는 인간 의식의 개념적 역사, 즉 '세계정신Weltgeist'에 있다. 이 책은 정치, 윤리, 종교, 예술, 과학 등 사회에 나타난 세계정신의 성숙도를 분석하여 재구성한다. 각각의 역사적 시대에는 고유한 '시대정신Zeitgeist'이 존재한다. 시대정신이 더 이상 지속가능하지 않거나 그 모순이 명백해지면 역사는 앞으로 나아가고 더 복잡해지면서 발전하게 된다. 전통적인 기독교 세계관 같은 종교적 서사는 이런 명백한 모순이 드러나면 신뢰성을 잃을 수 있다. 신뢰성이 상실됨에 따라, 윤리 체제는 약화되고, 전통적 법규 및 정치 구조가 정당성을 박탈당한다. 이는 결국 예술, 과학, 교육 및 다른 사회 분야에 새로운 국면을 가져온다.

헤겔에게 중요한 것은 세계정신의 진화가 단순히 '객관적인' 발전만이 아니라는 점이다. 결정적으로 주관적인 인식을 높이는 과정이다. 시간이 지나면서 인간 의식Bewusstsein은 점점 더 강한 자의식Selbstbewusst을 갖게 된다. 이는 남의 시선을 의식한다는 '자의식self-conscious' 구어체 영어 용법이 시사하는 것처럼 자기 확신을 잃는다는 의미가 아니라, 오히려 그 반대로 점점 더 자신을 인식하고 주체임을 깨닫게 되면서 보다 자유롭고 강해진다는 의미다. 역사의 한 단계에서 다른 단계로의 이동은 외부의 사회정치적, 문화적 수준에서 뿐만 아니라 개인 의식의 내부 수준에서도 전환된다.

헤겔에 관해 우리가 이해한 바에 따르면, 세계정신의 진화는 인간이 완벽한 자기 결정권을 지니면서 종국에는 사회가 완벽하게 공정하고 합리적이고 자유로워지는 이상적인 역사의 마지막 단계에까지 도달한다는 의미는 아니다. 헤겔은 유토피아를 추구하는 사상가도 아니며 미래를 예측하려는 의도 역시 없다. 정확히는 의식이 살아 있고 자의식이 다중적이기 때문에(세상에는 생각하는 마음이 하나 이상 있기 때문에) 역동적이고 갈등과 모순, 자기 전복이 쉽다는 것이다. 발전과 성숙은 엔트로피*적인 목표를 지향하지 않으나 더 큰 가능성과 더 많은 다양성과 더 심화된 부조화를 낳는다. 즉 자의식이 더 높은 단계에 도달하면 다면성을 더 잘 이해하고 실행할 준비를 더 잘 갖추게 된다. 단순해지거나 보다 편협해지는 것이 성숙의 의미가 아니라는 것은 사회와 개인 모두에게 똑같다. 오히려 성숙은 더 복잡해지고 보다 많은 우발적 상황에 관대해진다는 의미다.

---

* 사전적 의미로, 1) 열의 이동과 더불어 유효하게 이용할 수 있는 에너지의 감소 정도나 유용하지 않은 에너지의 증가 정도를 나타내는 양. 2) 정보를 내보내는 근원의 불확실도를 나타내는 양. 3) 정보량의 기대치를 이르는 말. 즉 엔트로피는 확률적 의미를 지니는 개념으로, 확률이 높은 상태가 낮은 상태에 비해 엔트로피가 크다고 할 수 있으며, 물질의 변화는 확률이 높아지는 상태, 즉 엔트로피가 커지는 방향으로 움직인다.

철학적 관점에서 볼 때 정체성은 단순한 사회심리학적 현상이 아닌 헤겔의 자의식 개념과 같이 매우 역동적으로 진화하는 개방적 진화 과정이다. 이 과정을 통해 개인과 사회는 다양해지고 점점 더 복잡해지면서 우발적 형태의 이해 형성을 향상시킬 수 있다. 결정적으로 정체성의 핵심에는 변증법이 존재한다. 정체성은 결코 평정equilibrium에 이르는 법은 없지만 도전하고 마침내는 스스로 **'지양'**하며 성장한다. 스스로를 부정함으로써 유지하고 더 복잡한 단계로 스스로를 고양시킨다. 역설적이게도 정체성은 점점 더 다르게, 즉 비동질적이게 발달한다.

정체성은 역사적으로 이해돼야 한다. 그 구조와 내용이 진화하기 때문이다. 이는 또한 정체성이 정신적 개념이자 사회적 실천으로 스스로 도전하고, 부정하고, 지양한다는 것을 의미한다. (이 내용은 바로 우리가 헤겔에게서 취한 것이다.) 정체성은 그 패러다임이 지닌 모순과 역설이 명백해지면 새로운 패러다임이 형성된다. 이로 인해 정체성은 더 복잡해지고 가능성도 커진다. 새로운 정체성은 단순히 오래된 정체성을 대체하는 것이 아니라 기존의 정체성과 공존한다. 역사의 특정 시기에 성실성 같은 정체성의 한 형태가 신뢰성을 잃고 새로운 사회정치적 구성물과 잘 어울리지 못한다면, 구식으로 보일 뿐더러 더 이상 다양한 사회적 맥락에서 중요성을 갖지 못할 것이다. 하지만 여전히 다른 맥락에서는 계속해서 기능하거나 재형성되고 '재활용'될 수 있다. 진정성과 프로필성 같은 새로운 정체성의 패러다임을 위해 사용될 수도 있다. 정체성의 형태는 단순히 무의미하게 사라지는 게 아니라, 점점 더 다채로워지는 정체성의 도구로 계속해서 역할을 수행할 수 있다. 우리는 아침에 진정한 자신의 모습으로 일어나, 낮 동안 성실하게 일을 하고, 밤에는 프로필을 큐레이팅할 수 있다.

우리는 무엇을 위해 죽는가, 정체성 위기

정체성은 중요하다. 그런데, 정체성은 정체성 정치로 촉발된 개인과 대중의 분노를 자극할 수 있다. 반이민이나 분리주의 시위를 부추기고, 종교적 신념을 위해 목숨을 바치는 이들에게 영감을 주기도 한다. 정체성을 위해 죽는 사람도, 죽이는 사람도 있다. 자존심과 명예, 증오와 사랑도 정체성의 문제다. 정체성은 나와 너, 우리와 그들로 분열시키고, 통합하기도 한다. 경제에서, 브랜드 정체성은 기업의 성패를 결정하고 부를 창출한다. 정체성을 확립하고 널리 알려 모든 사람에게 깊은 인상을 주기 위한 캠페인에 엄청난 액수가 지출된다.

　다음은 정체성 위기를 겪은 한 십대에 관한 이야기다. 아이는 자신이 부모님을 대하는 행동과 친구를 대하는 행동이 다르다는 것을 알게 됐다. 이뿐만이 아니었다. 아버지와 있을 때와 어머니나 여동생과 있을 때 자신이 다른 사람이 된 것처럼 보였다. 동성의 친구와 어울릴 때와 이성의 여자 친구와 어울릴 때도 확연히 다르게 행동했다. 고등학교 선생님과 대화할 때와 같은 축구팀원과 대화할 때도 다른 말투로 이야기했다. 이런 관찰에 사로잡히게 되자, 아이는 갈수록 걱정이 됐다. 아이는 자신을 계속해서 관찰하기 시작했고, 무슨 말을 어떻게 했는지, 어떤 감정을 느꼈는지, 어떤 생각을 했는지에 대해 질문했다. 무엇이 진짜이고, 무엇이 가짜였을까? 어떤 방식이 진짜 생각이고, 말투이고, 행동이었을까? 누구와 함께 있을 때 가장 편안하고 나답게 느꼈을까? 느리지만 확실한 이런 반성은 집착으로 변했다. 진정한 자신을 향한 탐구가 진전을 가져오기는커녕 점점 더 어려워지기만 했다. 자신이 한 모든 말을 면밀히 검토하고 나자, 모든 생각이 억지스러워 보였다. 또 모든 제스처가 결국에는 왠지 진심이 아니고 부자연스러운 것처럼 보였다. 다중 자아를 가졌을까? 하나 하나가 서로 약간씩, 또는 아주 약간씩 다른 게 아닐까? 아니면 더 나빠져, 아예 자아가 없어진 건 아닐까? 삶이 완전히 거짓이었을까? 당연히 대마초도 도움이 되지 않았다. 실제로는 상황을 훨씬 더 악화시켰다. 아이는 점점 이상해지고 다른 사람과 관계를 맺을 수가 없었다. 공황상태에 빠지고, 무기력하고, 정신분열증이 나타나고, 자살까지 생각했다. 정체성 없이 살 수 있는 사람은 없다. 하지만 십대가 대개 그렇듯이, 아이는 곧 스스로에 대한 집착에서 벗어났다. 사람들을 만나고, 여자친구를 사귀고, 다양한 경험을 하면서 성장했다. 고민은 어느새 해결됐다. 아이는 이제 새로운 일상을 찾아 여느 때와 같이 살아간다.

정확히 말하면 다소 흔한 이 십대의 경험은 **진정성** 위기로 불려야 한다. 우리가 언급한 이 십대는 **진정한** 정체성을 지닌 독특한 자신의 모습과 다양한 역할 및 모든 사회적 페르소나를 알려줄 독창적이고 창의적인 나(I)를 찾고 있었다. 이 십대도 이란게 미국인 저널리스트 쇼하브 아마리와 같이 그가 읽은 책, 그가 들은 노래, 그가 본 영화를 계기로 그처럼 진정한 자아를 찾고자 했던 것이다. 보다 일반적으로는 그가 '진정성의 시대'를 살고 있었기 때문이다. 이 시대에 정체성을 갖는다는 것은 진정한 개인이 되는 것을 의미했다. 이런 상황에서 진정성을 갖지 못한 것은 곧 정체성의 실패를 의미했다. 극단적인 경우 정체성의 실패는 광기와 자기 파괴를 가져오기도 한다.

진정성은 결코 보편적인 정체성의 형태가 아니다. 이 십대가 전통적인 중국사회 같은 성실성 체제의 사회에서 성장했다면 친구와 있을 때와 부모님과 있을 때 다르게 행동하는 것이 전혀 의구심이 들지 않았을 것이다. 오히려 개인의 탁월함을 발전시키기 위해 각자가 속해 있는 사회적 환경에 따라 그런 행동의 차이를 길러야 할 필요성이 있었을 것이다. 그런 환경에서는 또 다른 형태의 정체성 위기라 할 수 있는 성실성 위기가 발생할 수 있다. 부모 앞에서는 '딸다운 모습'으로, 남편과 있을 때는 '아내다운 모습'으로 사는 게 안 된다고 느낄수도 있다. 이런 역할에 실패한다면 강박적인 자기 질문으로 이어질 수 있다. 나아가 이런 자기 비판은 종내에는 사회 관계의 붕괴와 심리적인 좌절을 초래할 수 있다. 이 또한 정신이상과 자살을 유발할 수도 있다.

이제 우리는 프로필성 위기로 고통받는 시대를 맞이하고 있다. 사람들은 자신이 사회에 투사하는 프로필이 거부당했다고, 즉 '디스' 당하거나 무시당했다고 느낄 수 있다. 아니면 프로필을 큐레이팅하는 데에 과도한 부담을 느낄 수도 있다. 오늘날 많은 인기 유튜버, 트위치 스트리머(동영상 플랫폼 '트위치'에서 게임을 생중계하는 게이머 - 편집자), 인플루언서들이 갈수록 번아웃을 토로한다. 무엇보다도 스스로를 대중에게 드러내야 하는 데서 오는 스트레스에 시달리며 계속해서 새로운 모습을 보여야 한다는 부담감으로 스스로 압박을 받는다. 끊임없는 혁신과 업데이트에 실패하고 영원히 자기 자신을 잃어버렸다고 생각할 수 있다. 프로필이 있으나 마나 한 것처럼 여기고 더 이상 살 이유가 없다고 느낄 수도 있다.

정체성 기술은 강력하다. 가치와 자부심을 높일 수 있는 만큼, 둘 다 무너뜨릴 수도 있다. 따라서 온전성 전략은 부작용을 억제하는 데 도움이 된다.

6장

온전성

정체성 체제

남해의 신은 숙이고, 북해의 신은 홀이고, 중앙의 신은 혼돈이다. 숙과 홀은 수시로 혼돈의 땅에서 만나 어울렸는데, 혼돈은 둘을 아주 친절히 대접했다. 숙과 홀은 혼돈의 은혜에 보답할 방법을 논했다. "사람들은 모두 일곱 개의 구멍으로 보고 듣고 먹고 숨을 쉬지. 그런데 혼돈에게만 어떠한 것도 없으니, 구멍을 뚫어주기로 하세." 숙과 홀은 하루 한 개씩 구멍을 뚫어 줬는데, 혼돈은 7일째 되는 날에 죽어버렸다.

_《장자》, 제7편 7장

정체불명의 중앙의 신, 혼돈Hundun의 죽음 이야기는 기원적 3세기로 거슬러 올라가 도교 경전 《장자》 내편을 마무리하는 내용이다.[1] 이 이야기를 이해하는 한 가지 방법은 당시 유행하던 기원 신화를 패러디한 것으로 읽는 것이다.² 이런 신화는 종종 왕족이나 초인적인 주인공이 등장하는 이야기로 우주와 지구, 혹은 문명의 기원을 설명했다. 창조 신화에 익숙한 독자는 동료 신에게 얼굴을 받은 혼돈이 어엿하게 사회로 진출해서 북해에서 남해에 이르기까지 온 세상을 우아하고 교양 있는 인류(얼굴을 지닌 인간)의 영역이 되게 할 것이라고 예상한다. 하지만 그런 기대는 이야기의 마지막에서 산산조각이 난다. 혼돈에게 친절을 베풀고 싶었던 동료 신의 행동은 결국 잔혹한 살인이나 마찬가지가 됐다. 혼돈에게 인간의 얼굴을 주는 것은 번영과 성공이 아닌 죽음을 의미한다.

 우리가 이 같은 방식으로 읽게 되면 혼돈의 죽음 이야기는 정체성의 형성 체제에 스스로를 굴복시킨 대가를 경고하는 우화다. 사회에서 제 기능을 다하고 자아감을 가질 수 있으려면 다른 사람이 나를 알아보고 거울에 비친 모습을 자신의 것을 받아들이는 '얼굴'이 필요하다. 우리 신체의 혼란스러운 다양한 기능과 정신적, 정서적 경험의 불일치, 다양한 사회적 참여는 분명한 단위로, 질서 있게 통합될 필요가 있다. 이는 고통스러운 과정이 될 수 있다. 우리의 모든 행동과 생각, 감정은 정해진 패턴에 따라 형성되고 확립된 기준으로 규제되면서 특정한 모양이 갖춰진다. 지그문트 프로이트가 《문명 속의 불만》에서 설명했듯이, 인간이 평화롭고 생산적인 방식으로 공존하려면 원초적인 충동과 욕구를 억제할 필요가 있다. 따라서 '문명' 상태에 있는 인간은 불가피하게 심리적으로 어느 정도의 좌절감을 경험한다. 마찬가지로 우리가 사회화되면서 겪는 정체성 작업은 번거로운 규율 형태를 필요로 할 수 있다.

 혼돈의 죽음 이야기는 중국에서 성실성 체제가 시작될 무렵에 쓰여졌다. 유교의 도덕 규범은 엄격한 예의범절을 규정하고 가정과 직장, 정치

환경에서 개인에게 매우 구체적인 역할을 배정한다. 오늘날 중국에는 혈연집단 내 개인의 정확한 지위를 나타내는 정교한 명칭이 존재한다. 단순히 '고모'나 '사촌'이 아니라 각 관계를 구별하는 보다 구체적인 용어가 존재한다. 그에 따라 서로에게 다른 의무가 따른다. 예컨대, 아버지의 남동생과 형, 그리고 그들의 아내는 각각 다른 명칭으로 불린다. 이런 환경에서 개인이 정체성을 형성하려면 '아버지 남동생의 아내' 같이 사회가 부여한 '얼굴'을 받아들이고 그에 따라 자신의 몸가짐과 마음가짐을 가져야 한다. 이것이 바로 가엾은 혼돈을 죽음으로 몰아넣었던 일종의 정체성 주입이다.

유교 사회든 아니든, 고대든 현대든, 성실성 체제는 자양분이 필요한 사람들을 혼란에 빠뜨리고 파멸로 이르게 할 수 있다. 때로는 적응에 대한 압박을 견디지 못해 스스로 목숨을 끊는 이도 있다. 그들에게는 필요한 얼굴을 채택하는 것이 그저 너무 벅찰 뿐이다. 체면 유지에 집착하다 사회적 존경을 박탈당하고 더 이상 정체성을 유지할 수 없다고 느낄 때 스스로 목숨을 끊는 이들도 있다. '명예 살인'의 경우 누군가가 자신이나 가족의 체면을 실추시킬까 두려워 살인자가 된다. 이런 경우는 역할과 관련된 정체성에 지나치게 속박되어 야기하는 사례들이다. 체면에 대한 강박적인 관심은 고통과 황폐함을 초래할 수 있다.

문제는 성실성에만 있는 것이 아니다. 모든 정체성의 기술이 병리학적인 결과를 초래할 있다. 진정성을 향한 십대의 탐구는 절망에 빠뜨릴 수도, 자살 직전까지 몰고 갈 수 있다. 역설적인 본질을 감안할 때 완벽한 진정성을 달성할 수 없다는 것은 불안과 초조, 우울, 자기 의심의 원인이 될 수 있다. 이런 불가능성은 다른 사람들이 진실하지 않다는 깊은(그리고 항상 어느 정도 정당화됨) 의심을 불러일으키고, 결국 사회생활에 대한 불신과 전반적인 불만족으로 이어지면서 사회 속의 친밀한 유대 관계를 맺을 수 없게 한다. 개인의 관심사를 지나치게 강조하거나 거짓된 독창성을 과장되게 내보일 수도 있다.

성실성과 진정성, 그리고 당연히 프로필성도 지나치게 열심히 추구한다면 개인과 사회의 온전성을 위협할 수 있다. 모든 일에나 성실하고, 완벽한 진정한 모습을 보이려 하고 온통 프로필성을 얻기 위해 과한 노력을 쏟는 개인이나 사회는 결국 정체성 광란에 빠질 수 있다. 자살 공격을 시도하고, 정체성을 추구하기 위해 전쟁을 일으키기도 한다. 정체성의 본질을 따르는 근본주의자는 어떤 대가를 치르더라도 스스로에게 그리고 타인에게 자신의 성실성과 진정성, 프로필성을 증명하려 할 수도 있다.

혼돈은 그에게 강요된 폭력적인 동일시에 저항할 수 없었기에 죽음을 맞이했다. 혼돈은 완벽하게 수동적이라 동료 신들이 그를 '우리 인간과 같은 모습'으로 만들게 했다. 성실성이 영향을 미치는 상황에서는 사회가 사람에게 강요한 얼굴을 수동적으로 수용한다는 이야기가 이치에 맞는다. 전통 사회의 교육은 종종 모든 구성원에게 특정한 역할에 기반한 에토스를 목표로 행동 주입을 강조했다. 창조적인 정체성의 형성은 반드시 독려되지 않았다. 혼돈의 이야기를 오늘날 프로필성이 영향을 미치는 상황에 맞게 다시 쓴다면 수정이 필요할 것이다. 오늘날에는 주어진 정체성 프로필을 단순히 받아들일거라 기대하는 사람은 아무도 없다. 프로필은 적극적으로 큐레이팅될 필요가 있다. 관심과 창의성도 필요하다. 여러분도 프로필에 시간과 노력을 투자해야 한다. 오늘날의 혼돈은 철물점에 가서 드릴을 사고 구멍을 뚫는 일을 '혼자서 스스로 해야' 한다.

프로필 노이로제

유튜브 보호 뷰티풀의 운영자 줄리아나와 마크만이 휴식이 필요한 것은 아니다. 이들은 사이먼 파킨Simon Parkin이 "번아웃, 만성 피로, 우울증에 관해 이야기하는 유명 유튜버 영상들"로 설명하는 많은 사례 중 하나일 뿐이다.[3] 끊임없이 피드를 업데이트하고 새로운 게시물을 올리면서 자신의 페르소나를 관리해야 한다는 압박이 주는 대가다. 브랜드를 성공적인 프로필로 전환했다면 끊임없이 게시물을 올리며 유지해야 한다. 이는 곧 지치게 만들거나 더 나쁜 결과를 초래할 수 있다. 성실성에서와 달리, 누구도 온전하고 안정적인 프로필 정체성을 갖고 태어나지는 않는다. 사회는 우리를 위해 프로필을 정해 주는 친절도 베풀지 않는다. 프로필은 많은 주의를 기울여야 하는 작업이자 시간이 걸리기에 책무에 관해 계속해서 배우는 자세가 필요하다. 지속적으로 계정을 개발하고 개선해야 하며 이를 위한 기술도 꾸준히 연마해야 한다. 정체된 프로필은 곧 정체성의 퇴행이다.

프로필 작업의 최전선에 있는 유튜버가 스트레스를 가장 강하게 느끼는 것은 분명하다. 파킨이 이야기하듯, 그들은 오로지 소셜 미디어 속도를 따라잡는 것에서만 어려움을 겪는 것이 아니다. 보호 뷰티풀 같은 많은 유튜버가 일반 동료인 청중으로 인해 예기치 못한 어려움에 직면한다. 인기 있는 게임 채널 운영자인 맷 리즈Matt Lees는 이렇게 말한다. "영상 작업에 직접 피드백을 주는 사람이 수천 명쯤 되면 진짜 머릿속에서 뭔가 뚝 끊어지는 것만 같은 느낌이 듭니다. 우리는 그런 규모의 공감과 연민을 감당하게 만들어진 것은 아닙니다." 긍정적이든 부정적이든 이들이 받는 엄청난 관심은 인기를 끄는 정체성의 당사자들에게 심리적인 부담을 안겨준다. 때때로 제기되는 것처럼 단순한 나르시시즘이 아니라 자신이 공개적으로 어떻게 인식되는지에 대한 거의 강박적인 관심이 결과로 나타난다. 다른 사람들의 생각과 감정에 대한 이 같은 관심과 불안은 프로필 기반의 정체성을 형성하는 작업에서 일반적이고 아마도 불가피한 결과일 수 있다. 줄리아나와 마크는 영상에 수많은 부정적인 댓글이 달리고 순위가 떨어지면 바로 **다음 날** 해명을 내놓는다. 이들은 여러 플랫폼에 수시로 들어가 2차 질서 관찰을 실시하기도 한다. 프로필을 관찰하려면 프로필이 어떻게 관찰되는지도 알 필요가 있기 때문이다. 이는 유튜버의 번아웃이 일반적으로 "소셜 미디어에서 적극적으로 활동하고, 팬과 상호작용을 하면서 글을 쓰고, 게시물을 올리고, 영상을 편집하는 것 이상의 역할을 포함하여 청중의 참여를 유지"할 필요성에서 비롯된다는 파킨의 관점을 설명한다. 프로필성에서 정체성의 검증은 익명의 수많은 동료에게서 나오는 피드백에 달려 있다. 사회적 검증 피드백 순환에 참여하는 일원으로 사는 것은 엄청난 심리적 과업이 될 수 있다. 일반 동료와 감정적으로 교류하고 관계를 유지하는 것은 개인적으로 친숙한 사람들과 나누는 상호작용보다 훨씬 복잡하고 부담될 수가 있는 것이다.

유튜버는 가능한 한 많은 구독자를 확보하고 조회 수를 극대화하기(적당하다는 기준은 없다)를 원한다. 하지만 일반 동료의 규모가 커질수록 때로는 상충되거나 터무니없는 요구를 하고 더 많은 것에 대한 끊임없는 욕망을 내보이는 요청들도 늘어난다. 시청자는 "밤새 스트리밍으로 하는 게 어떨까요?"라는 제안할 수도 있다. (그리고 종종 제안**한다**.) 그러면 수십명 이상이 그 제안에 동의를 표명한다. 소셜 미디어 스타는 결국 자신이 참여한 사회적 검증 차원 피드백 순환의 소용돌이에 휩쓸릴 수도 있다. 엄청나게 성공적인 프로필을 투영한 대가로 이성을 잃을 수도 있을 것이다.

그런데 소셜 미디어에서 활발하게 활동하는 사람 대부분은 상반된 문제에 직면해야 할 것이다. 상대적으로 적은 수의 팔로워를 지닌 사실을 받아들여야만 한다는 것이다. 이들은 프로필 가치가 높지 않아 사회적 검증 순환도 느리고 약하다. 이 또한 큰 스트레스를 야기할 수 있다. 2018년 4월, 나심 나자피 아그담Nasim Najafi Aghdam은 캘리포니아 유튜브 본사에 들어가 총기를 난사해 세 명에게 부상을 입히고 스스로 목숨을 끊었다. 총기 난사 사건이 있기 며칠 전, 아그담이 인스타그램에 올린 글에서 알 수 있듯이 동기는 명백하다. "내 모든 유튜브 채널 영상이 유튜브 측에 의해 필터링 되어 조회 수를 거의 얻지 못했다"라는 것이었다.[4]

맷 리즈와 보호 뷰티풀은 프로필이 감당할 수 없는 정도로 많은 관심을 받았기 때문에 고통받고 있다. 나심 나자피 아그담은 검증된 프로필 정체성을 얻지 못한다고 느꼈기에 불시에 목숨을 끊었다.[5] 이는 프로필성의 추구가 야기한 무모한 극단적 사례들이다. 대부분은 그런 극단적 선택을 하지는 않을 것이다. 하지만 정도는 덜할지 몰라도 모두가 프로필성으로 인한 유사한 스트레스를 겪을 수 있다. 프로필성은 그 자체가 가지고 있는 독특한 병리학적 증세를 낳기가 쉽다.

독일어 'Profilneurose'는 문자 그대로 '프로필 노이로제'로 번역한다. 이 민속심리학적 용어는 소셜 미디어보다 먼저 등장해, 관심의 중심이 되고자 하는 욕구를 경멸적으로 묘사하는 데 사용됐다. 동료 앞에서 자신이 맡은 역할에 대한 지나친 관심을 가리키던 용어였다. '프로필 노이로제'에 걸린 사람은 다른 사람이 불쾌할 정도로 사교 행사에서 자신을 뽐내고 늘 명성과 지위, 명예를 갈망한다. 성실성이 영향을 미치는 상황에서 이런 행동은 부적절한 역할 위반이나 무례한 행동(가식적으로 행동하고 허세를 부리는)으로 여기기 쉽다. 진정성이 기반이 되는 맥락에서는 얄팍한 거짓된 행동(으스대거나 흉내내는 사람)으로 보이고 타인에게 인정받지 못해 나타나는 자신감 부족을 가리킨다. 하지만 프로필성에서는 이런 '신경증'이 거의 일반적인 상황이 된다. 새로운 규범인 것이다. 정체성을 확인받기 위해서는 자신의 프로필에 관심을 갖는 것과 함께 자신의 프로필이 대중에게 미치는 영향에 대해서도 지속적인 관심을 갖는 것이 필요하다. 에티켓 위반이나 허위 징후로 보이는 것을 찾아 내는 게 아니다. 오히려 그것은 기대이다. 가능한 한 많은 사람들에게 셀피를 보내기 위해 끊임없이 셀피를 찍는 것은 더 이상 이상한 일이 아니다. 프로필은 분명 큐레이션이 필요하다. 당연하지만 늘 살피고, 관심을 기울이고, 책임을 져야 한다. 하지만 '매직 더 게더링Magic the Gathering' 프로게이머이자 인기 있는 스트리머인 루이스 스콧 바르가스Louis Scott Vargas는 자신의 최근 성공을 자랑스러워하는 한 시청자에게 이런 조언을 한다. "우리는 사람들이 성취를 알게 하여 보상받게 하는 세계에 살고 있습니다. 세련된 방식으로 사람들이 알게 하는 것이 좋은 거죠. 하지만 다른 한편으로 너무 과하거나 매력이 떨어지면 어느 정도 역효과가 나는 경우가 있습니다."[6] 프로필성은 단순히 자기 홍보에 그치지 않고 그 의미와 수준에도 지속적인 관심을 가져야 하기에 특히 부담이 된다. 자신의 성취에 대한 가치 있는 필요한 홍보와 과도하거나 '꼴사나운' 위험한 홍보와는 그야말로 종이 한 장 차이다. 위험한 홍보는 홍보되고 있는 바로 그 프로필에 대한 인식과 함께 청중의 승인에도 해악을 끼친다.

아울러 우리는 프로필성에 내재된 역설에 대처해야 한다. 즉 프로필성은 일반 동료의 인정을 받기 위해 큐레이팅하는 개인 프로필을 어떤 의미에서 (모두가 알고 있듯이) '가짜'로 만들게 하지만 그럼에도 불구하고 자신의 정체성에 관해 신뢰성 있는 정보를 제공한다는 점에서 '진실'할 것이라고 기대하게 만든다. 이는 우리가 프로필을 연출할 때 끊임없이 재생산되는 모순이며 따라서 계속해서 해결해야만 하는 문제다. 스트레스는 바로 이 같은 문제에서 기인한다. 우리는 연출된 자신의 사진을 게시해야 한다. 하지만 동시에 이런 사진들은 어떤 식으로든 자신이 바라던 존재 이미지를 전달하고 미래에도 자기 자신을 계속해서 보여주는 방식을 암시해야 한다. 일반 동료와 일종의 약속이다. 프로필성이 영향을 미치는 상황에서 '프로필 노이로제'는 보편적인 현상이 됐다. 일반 동료에게 확인받기 위해 프로필을 구성하고, 유지하고, 어떻게든 계속해서 재생산하겠다는 공통의 서약과도 같다. 성실성과 진정성에서와 마찬가지로 프로필성에서도 궁극적으로 역설적인 정체성과 지나치게 동일시하는 것은 개인과 사회의 온전성을 해칠 수 있다. 잘 해내려는 강박관념은 일을 그르칠 수 있다.

진짜인 척하기

옛날에 장주가 꿈에 나비가 되었다. 나비는 한가롭게 날개를 펄럭거리며 신나게 날아다니면서 더할 나위 없이 만족스러웠는지라, 자신이 장주인 것을 알지 못했다. 그러다 꿈에서 화들짝 깨어보니 갑자기 장주가 되어 있었다. 장주의 꿈에 장주가 나비가 된 것인지, 나비의 꿈에 나비가 장주가 된 것인지, 알지 못했다. 그러나 장주와 나비 사이에는 분명히 차이가 있다. 이런 것을 일러 사물의 변화(物化)라 한다.

_《장자》, 제2편 14장

호접몽the Butterfly Dream allegory은 《장자》에서 가장 잘 알려진 이야기일 것이다. 이 이야기는 약 1세기 전에 번역가 허버트 자일스Herbert A. Giles에 의해 유럽과 미국 독자에게 소개됐다. 이내 이 책은 판에 박은 비네트(vignette, 특정한 사람이나 상황 등을 보여주는 짤막한 글, 삽화 등 - 편집자)가 됐고, 산업화와 합리성을 강조하는 현대사회와는 대조적으로 자연과 마법처럼 하나가 되는 그림 같은picturesque 동물과 공상적인 인물들이 이국적인 중국을 향한 서구인들의 상상력에 깊은 인상을 남겼다. 자일스의 번역은 신비롭고 반근대적인 동양에 대한 낭만적인 환상을 갖게 하는 것 외에 다소 아이러니하게 '진정성의 시대'를 지나치게 반영하는 이야기로 만들었다.[7] 자일스는 짧은 이야기를 번역하면서 "나"라는 단어를 무려 열 번이나 사용했고, 장주가 "인간으로서 내 개성"을 성찰하게 했다. 우리 저자들이 원문에 보다 가깝게 번역한 내용이 보여주듯이, 원문에는 "나"라는 단어도, "인간으로서 내 개성"에 관해서도 성찰한다는 문구는 들어있지 않다.[8]

호접몽은 진정성과 "인간으로서 내 개성"에 관한 사색이라기보다 유동적인 정체성을 설명한다. 모든 것은 끊임없이 변화하기 마련이다.[9] 매일 밤, 인간은 하루 종일 유지해온 정체성에서 본의 아니게 멀어진다. 잠이 들면 우리의 의식은 무수한 관점을 취하며 이곳저곳을 떠돈다. 아마도 나비의 관점도 있을 것이다. 과거에 경험한 곳을 재방문해 새로운 시각으로 다시 체험하고, 깨어 있을 때 전혀 생각조차 하지 못했던 모험을 하거나, 말도 안 되는 기괴한 낯선 방식으로 사람들과 관계를 맺기도 한다. 보통은 잠에서 깨자마자 꿈을 완전히 잊고 자연스럽게 낮의 정체성을 되찾는다. 따라서 인간은 자연스럽게 급진적인 정체성의 변화를 겪는다는 점에서 나비와 함께 특성을 공유한다.

그런데 호접몽은 정체성의 일시적인 속성을 강조하는 동시에 구체적인 정체성의 현실을 중요하게 보여준다. 꿈속 경험은 '정상적인' 자아 감각과 분리되어 있음에도 불구하고 생리적으로나 심리적으로 사실이다. 꿈에서 일어난 성적 흥분은 실제로 일어난다. 현실보다 악몽이 더욱 무섭게 느껴질 수 있다. 자는 동안에도 신체와 정신은 멈추지 않고 계속해서 기능한다. 정신분석학자에 따르면, 꿈에서 느끼는 감정과 생각은 완전한 의식이 있을 때 인정하는 것보다 그 사람의 실제 마음 상태를 더 정확하게 알 수 있는 지표로 간주되기도 한다.

물론 우리가 잠잘 때 상상하는 사건은 실제로 일어나지 않는다. 감정은 실제지만 어쨌든 꿈은 환상**이다**. 이와 대조적으로 깨어 있는 삶에서는 사건과 감정적, 생리적 경험이 모두 실제다. "장주와 나비 사이에는 분명히 차이가 있다"는 구절로 알 수 있듯이 호접몽도 이런 사실에 대해 의문을 제기하지 않는다. 오히려 이 이야기가 시사하는 것은 꿈에서 수행하는 정체성 작업이, 깨어 있을 때의 정체성 작업에 어떻게든 반영한다는 사실이다. 우리는 깨어 있는 현실의 삶을 정확히 (어느 정도) 잊어버리기에 꿈에서 다른 정체성을 받아들일 수 있다. 그 반대도 마찬가지다. 꿈꾸는 사람이 실제로 다른 사람과 관계를 맺고 있다는 사실을 기억한다면 에로틱한 꿈은 망칠 수도 있다. 마찬가지로 에로틱한 꿈을 너무 또렷이

온전성

기억한다면 현실의 연인과의 관계에 방해가 될 것이다. 현실에서 우리의 역할과 자아, 프로필을 온전히 받아들이려면 꿈에서 경험한 변화를 잊어야 한다. 따라서 꿈을 꾸고 있을 때와 깨어 있을 때 경험하는 정체성의 진정성과 강렬함은 각기 다른 쪽을 잊을 수 있느냐에 달려 있다. 장주가 꿈속에서 나비가 되어 즐겁게 날아다닐 수 있었던 것은 "자신이 장주인 것을 알지 못했기" 때문이다. 또 장주가 일단 잠에서 깨어나 그의 멋진 꿈이 오래 지속되지 않는 경우 '온전한 현실'로 돌아올 수 있다.

정체성의 역설적 구조는 꿈과 현실 모두에 존재한다. 한편으로, 정체성은 부조화를 이루는 수많은 요인들이 단지 일시적으로 무리를 지어 구성되는 것인 만큼 우발적이고 유동적이다. 일시적인 환상make-believe이기도 하다. 하지만 절대적으로 필요한 환상이며, 이 환상 없이는 개인이 존재할 수 없고 사회도 출현할 수 없다. 정체성은 가장 강렬한 현실로 바꿔놓는 환상이다. 꿈에서보다 훨씬 더 일관성 있게 깨어 있는 삶을 살게 하고 함께 일하는 다른 사람들과 실제 공동체에서 호흡하며 행동한다. 역설적이게도 시간이 지나면서 아이들 놀이가 보다 진지하고 복잡한 삶의 형태로 커지는 것처럼 진짜이면서 동시에 가식적이다. 어빙 고프만은 이미 사회와 자아의 관계를 비슷한 방식으로 설명했다. 인간의 상호작용에 대한 고프만의 분석과 정체성에 대한 장자의 이해는 모두 **진짜인 척하기**라는 개념에 관한 것이다.

진짜인 척하기는 따라야 할 이상은 아니다. 선택을 할지, 말지 하는 실존적 모델도 아니다. 진짜인 척하기는 정체성과 사회 형성을 가져오는 인간의 존재 방식이다. 모든 사람이 언제나 진짜인 척을 하고 있다. 성실하게 어머니의 역할을 수행하는 사람도, 진정성을 표현하는 예술가도, 프로필을 큐레이팅하는 유튜버도 진짜인 척을 하고 있다. 여기에는 아무런 문제가 없다. 이에 대한 대안이 있는 것도 아니다. 적어도 우리 저자들의 관점에서 볼 때 개인과 사회 정체성은 단지 진짜인 척한다는 사실을 깨달아야 온전함이 가장 잘 유지될 수 있다. 즉 성실한 어머니, 진정성 있는 예술가, 프로필을 큐레이팅하는 유튜버가 될 수 있지만, 동시에 이런 정체성에 얽매이고 본질적이라거나 이상적인 것으로 보지 않는 것이다. 정체성이 유동적이고 일시적이며 우발적인 것은 사실이다. 정체성은 사물의 변화와도 관련 있다. 사람들이 정체성을 형성하는 데 조금이라도 문제가 생기거나 정체성 근본주의자가 되어 다른 모든 것과 함께 정체성의 변화를 무시하고 '진정한' 역할과 자아, 프로필에 지나치게 집착할 때 온전함은 도전받게 될 것이다.

유유자적

송나라 원 황제가 그림을 그리게 하자 화공이 모여들었다. 화공은 지시를 받고 절을 한 다음 줄지어 서서 붓을 핥고 먹을 갈았다. 미처 들어가지 못한 사람이 절반이나 되었다. 뒤늦게 한 화공이 도착했다. 그는 서두르는 기색도 없이 느긋하게 지시를 받고 절을 한 다음, 줄을 서지 않고 숙소로 들어갔다. 황제가 사람을 시켜 살피게 했더니 벌거벗은 채 다리를 꼬고 앉아 있었다. 황제가 말했다. "됐다! 이 사람이야말로 참된 화공이다."

_《장자》, 제17편 7장

벌거벗은 화공 이야기는 믿기 어려운 종 조각가, 기상천외한 수영선수, 기이하게 매미를 잡는 노인 등《장자》에 놀라운 기교로 묘사되고 있는 많은 인물 이야기 중 하나다.[10] 하지만 특별한 솜씨나 재주를 전혀 언급하지 않는다는 점에서《장자》에 소개된 다른 이야기와 확연하게 다르다. 시중이 살피러 갔을 때 화공은 종이에 선 하나 긋지 않은 채 아주 편안하게 그저 자리에만 앉아 있었다. 그러나 화공의 이런 태도는 황제가 그를 칭찬할 만한 이유로 받아들여진다. 따라서 우리는 벌거벗은 화공의 기교가 그의 직업적 재능이 아니라 일을 대하는 태도에 있다고 결론을 지어야 한다. 이 화공은 장인의 솜씨보다 사회적, 심리적 기교를 지닌 듯하다.

역사적 맥락을 고려했을 때, 벌거벗은 화공 이야기는 혼돈의 죽음 이야기와 같이 몇 가지 풍자적인 특징을 지닌다. 동시에 성실성 체제의 초기 유교 사회를 익살스러운 방식으로 다룬다. 고대 중국에서의 직업은 대부분 부모로부터 물려 받았다. 사회적 이동이 거의 일어나지 않아 자유롭게 직업을 선택할 수 있는 사람도 거의 없었다. 화공은 글을 읽고 쓸 줄 알아야 했기에 교육을 받은 소수의 계층에 속했다. 하지만 화공은 이 계층에서도 '하위 계층'에 속해 개인적 자유는 거의 주어지지 않았다.[11] 국가의 지배 하에 있는 규제 및 통제 시스템의 일부로서 화공이라는 직업 자체도 엄격한 규제와 통제를 받았기 때문이다.

이 이야기는 화공을 획일화된 지식인 집단이지만 철저하게 종속된 고용인으로 묘사한다. 아마도 오늘날 전문가 집단인 학자와 다소 비견될 수 있을 것이다. 황제의 부름에 화공 대부분이 한달음에 달려와 지시를 따르고, 고분고분 엎드려 절을 하고, 붓을 핥거나 먹을 갈고, 자리가 부족해 절반은 밖에 서 있어야 했음에도 순한 양처럼 길게 줄지어 차례를 기다렸다.

비천한 화공들이 길게 줄을 서 있는 이미지는 짧은 서사에서 두 번째 파트에 해당하는 장면이다. 놀라운 일이 일어난다. 마지막 화공이 등장하지만 예상과 달리 늦게 온 것을 부끄러워하지도, 우려하지도 않는다. 전혀 서두르지도 않는다. 그 역시 지시를 받고 절을 하지만 바깥에서 다른 사람들과 줄을 서지 않고, 오히려 자신의 숙소로 돌아간다.

질서정연하게 줄을 선 화공은 엄격한 규칙을 따르는 제도화된 유교를 상징하는 반면, 벌거벗은 화공은 침착하고 마음을 평화롭게 하는 다양한 도교의 속성을 결합한다.[12] 벌거벗은 화공은 의례적인 관습에 얽매이지 않는다. 무엇보다 공식 석상에서 입는 예복보다 반나체로 있는 게 편안하다. 독자를 놀라게 하는 것은 종내에는 황제가 줄을 지어 서 있는 다른 화공들이 아닌 그를 칭찬한다는 점이다. (훌륭한 유교 사상을 지닌 통치자에게 기대하는 모습일 것이다.) 말하자면, 황제는 벌거벗은 화공을 眞人(진인), 즉 '진짜' 또는 '진정한 남자'라고 부르는데, 이는 당시 확립된 유교적 존칭 용어를 다소 비꼬아 반영하기 위해 《장자》에서 특별히 사용됐던 표현이다.[13]

벌거벗은 화공은 제한적 시스템에 반기를 드는 저항자도, 예술적인 천재도 아니다. 진정성을 대표하는 인물도 아니다. 그 역시 동료들처럼 자기 일을 하고, 지시를 따르고, 마찬가지로 그림을 그리는 일에 동참했을 것이다. 화공으로서 다른 이들보다 뛰어나지도, 모자라지도 않다. 그는 오히려 스트레스를 받고 걱정하는 동료들의 모습을 풍자적으로 희화화한 뻣뻣함과는 대조적으로 우스꽝스러울 만큼 과장되게 완벽히 편안한 태도를 보여준다는 점에서 다른 동료 화공들과 다르다. 옷을 몽땅 벗고 편안하게 자리에 앉아 있을 수 있다는 것은 자신의 역할에 과감하게 동조하지 않는다는 의미이기도 하다. 사회적 제약에도 유연하게 대처하고 완전한 역할 내재화에 저항한다. 자신의 정체성(역할을 기반으로 한 성실성)에 지나치게 몰두하지 않는 것이다. 송원공은 신하인 이 화공의 냉정한 태도를 부러워한지도 모른다. 벌거벗은 화공에 대한 황제의 놀라운 칭찬은 그 자신도 불안한 성실성의 유교 체제라는 한가운데서 그러한 편안함을 공유하고 싶다는 표현일 수 있다.

고대 화공이 어떤 '형상figure'을 그렸는지는 알 수 없다. 지도나 제례식을 그렸을 수도, 황제나 선대 황제의 초상화를 그렸을 수도 있다. '투(圖)'라고 읽는 이 중국어 단어는 '아름다운 그림'이라고 해석되는 메이투사의 중국 애플리케이션명 '투'와 같다. 어쨌든 고대의 화공 같은 역할은 더 이상 현대사회에 거의 존재하지 않는다. 왕궁에 불려가 그림을 그리는 경우도 거의 없다. 오늘날 중국인은 우리처럼 다른 종류의 그림에 몰두한다. 타인이 아닌 바로 자기 자신을 그리는 일이다. 대다수의 사람들이 프로필을 작성하고 계정을 꾸미는 현대판 화공의 대열에 합류했다. 직업과 사적인 맥락에서 우리는 자신의 프로필을 끊임없이 조각하고, 다듬고, 윤을 낸다. 사람들은 변화에 귀를 기울이며 부지런히 일을 한다. 어쨌든 디지털 공간에는 항상 더 많은 것을 할 수 있는 공간은 있는 듯하며, 화공들처럼 밖에 서 있는 사람은 거의 없다.

이 오래된 화공 이야기를 현대적으로 바꿔보면 헤아릴 수도 없는 수많은 사람들이 한결같이 자신의 프로필에 사진을 올리고, 댓글을 달고, 좋아요를 누르며 몰두하는 모습을 떠올릴 수 있다. 정신없이 타이핑하며 손가락으로 두드리는 모습은 화면 빛에 휩싸여 흡사 얼어붙은 무표정한 좀비 얼굴이다. 오늘날의 벌거벗은 화공도 똑같이 그럴 수 있다. 하지만 기계에 집착하지 않거니와 용기 있는 능동적인 모습일 것이다. 불가피하게 물려받은 화공의 운명에도 지나치게 동일시하지 않을 것이다.

'유(游)'는 도교에서 사회적, 심리적인 편안함을 나타내는 가장 의미심장한 용어다. 이 한자는《장자》에서 다양하게 변형된 의미로 백 번 이상 사용된다. '수영'과 '여행'이라는 단어와도 관련되며, 문자에서는 부수로 '물'을 포함하고 있어 '흐름'과도 느슨하게 연결된다. 큰 노력을 기울이지 않고, 유희적이고, 목표 지향적이지 않다는 생각을 표현한다. 2001년 앵거스 찰스 그레이엄A. C. Graham은 《장자》 내편의 첫 번째 편 **소요유**(逍遙游)'를 '목적지 없이 유유자적 거닐다'라고 번역했다. 이런 표현은 어린아이나 물고기 같은 어류의 움직임을 암시하기도 한다. 하지만 이런 움직임이 어떤 신비로움으로 이어지지 않는다는 사실을 지적해두는 것이 중요하다. 현실 도피주의자도, 반사회적인 의미도 지니지 않는다. 벌거벗은 화공의 경우와 같이, 편안함은 아무것도 하지 않거나 자신의 정체성을 완전히 숨기는 것을 의미하지도 않는다. **유**(游)는 동물처럼 주변 환경에 많은 주의를 기울이거니 이이들처럼 힘들지 않고 잠재적으로 자발적인 방식으로 학습하는 능력을 나타낸다. 친구 간 지적인 자극을 받거나 감정적으로 즐거운 대화를 할 때 경험하는 사람들의 사교적인 여유와도 관련 있다.

도교에서 '**유**(游)' 개념은 억압적인 성실성 체제 안에서도 만족을 느낄 수 있음을 나타낸다. 때때로 이런 만족감은 자신의 사회적 페르소나를 형성하기 위해 지나치게 노력하지도, 회피하지도 않는 정체성(명상 전문가가 '평온한 감정적 분리'로 부를 수 있는 상태)을 통해 찾을 수 있다. **유**(游)는 사회적으로 강요된 정체성을 비판적으로 전복하고 즐기는 역설적인 유연성을 의미한다. 프로필성이 영향을 미치는 상황에서는 정확히 이것이 어떻게 가능한지는 두고 볼 일이다. 현대판 벌거벗은 화공의 이야기는 아직 끝나지 않았다.

노출

장주가 조릉의 울타리 안에서 산책하며 거닐 때 남방에서 온 기이한 까치 한 마리를 목격했는데, 이 까치는 날개 너비가 칠 척에 눈의 지름이 한 치나 됐다. 까치는 장주의 이마를 스치고 지나가 밤나무 수풀에 내려앉았다. 장주는 말했다. "이 새는 무슨 새인고? 날개가 이렇게 큰데 제대로 날지도 못하고, 눈이 이렇게 큰데 제대로 보지도 못하는구나!" 장주는 옷자락을 걷어 올리고 살금살금 걸어가서 활을 당겨 새를 잡으려 했다. 그때 매미 한 마리가 시원한 그늘에 앉아 쉬느라 제 몸이 드러난 것조차 잊고 있는 것을 보았다. 그런데 그 뒤에서는 사마귀가 커다란 앞발을 들고서 매미를 잡으려 하고 있었는데, 매미를 잡는 것만 생각하느라 제 몸이 드러난 것을 잊고 있었다. 기이한 까치도 바로 그 뒤에서 사마귀를 잡는 것만 생각하느라 제 몸이 드러난 것을 잊고 있었다. 장주는 깜짝 놀라 중얼거렸다. "아, 물(物, creatures)이란 본시 이렇게 서로 해를 끼치며, 하나가 다른 것을 불러들이는구나!" 이렇게 말하고는 새총을 버리고 서둘러 떠나려 했는데 산지기가 쫓아와 호되게 꾸짖었다.

장주는 집에 돌아와 사흘 동안 침울해했다. 그러자 제자 인저가 찾아와 물었다. "스승님께서는 어찌하여 이리 오래 침울해 계신지요?" 장주가 대답했다. "내 바깥 형체만 지키려다 내 몸이 드러난 것을 잊고 있었네. 탁한 물을 보다가 맑은 물을 잊어버리고 말았지. 내 스승님이 말씀하시길, '세속에 들어가서는 세속의 법도를 따라야 한다'고 하셨는데, 그만 나는 조릉의 정원을 거니느라 내 몸이 드러난 것을 잊고 말았네. 기이한 까치가 내 이마를 스치고 가기에, 어느새 밤나무 수풀로 들어가 노닐다가 나 자신의 본래 모습을 잊어버렸던 게지. 밤나무 수풀 산지기가 밤을 훔친 도둑으로 알고 꾸짖어, 침울한 걸세."

_《장자》, 제20편 8장

서두에서는 이 이야기가 서로 먹고 먹히는 잔혹한 자연의 법칙을 보여준다. 도교 사상의 핵심인 '만물의 변화'는 귀여운 애벌레가 기적처럼 아름다운 나비가 되어 꽃밭을 날아다니는 이야기뿐 아니라 먹잇감을 물어뜯는 교활한 맹수들의 이야기도 들어있다. 장주는 마음 놓고 숲에서 여유를 즐기며 산책하다 문득 자신이 야만적 폭력이 난무하는 먹이사슬 안에 있다는 사실을 깨닫고 충격을 받은 듯하다. 느긋하게 여유를 즐기다가 동물은 물론 인간도 눈 깜짝할 사이에 동물의 먹잇감으로 목숨을 잃을 수가 있는 것이다. 이에 놀란 장주는 고뇌하며 화살을 냅다 내던진다.

그런데 이야기는 여기서 끝나지 않는다. 만화의 한 장면처럼 장주는 화가 난 산지기에게 내쫓긴다. 장주가 몸에 아무런 해를 입지 않고 빠져나와 이 장면은 유혈 사태 없이 끝이 나지만, 장주 역시 사냥꾼이었을 뿐만 아니라 동시에 사냥감이었다는 결론을 내린다. 장주는 사흘 동안 이 사건에 대해 곰곰이 생각한다. 마음이 가벼워지면서 장주는 지적으로, 혹은 심적으로 변화를 겪을 수도 있다. 장주의 가장 심오한 변화는 여유로움에서 공포로의 갑작스러운 변화에 있는 것이 아니다. 윗글 후반부에서 알 수 있듯이 우리 모두가 스스로 예외 없이 "세속으로into a place with certain conventions" 들어섰다는 사실이다. 우리는 무심한 방관자가 아니다. 어쨌든 가만히 있는 것도 게임의 일부이기는 하다.

엄밀히 보면, 장주의 사냥 이야기는 먹고 먹히는 것에 관한 것이 아니다. 이 이야기 속에 등장하는 어떤 동물이나 사람도 먹잇감이 되지 않는다. 이야기가 진행되는 동안에는 보는 것과 보이는 것, 다른 사람의 시선을 보는 것에 관한 것이다. 2차 질서 관찰에 관한 이야기다. 화살도 쏘지 않고, 매미도 잡히지 않는다. 오히려 우리는 다른 것이, 다른 것을 지켜보고 있는 것을 지켜본다. 그것들 역시 다른 것이 자신을 보고 있다는 사실을 깨닫지 못한다. 우리는 이 이야기를 통해 다른 사람이 보는 것과 보지 못하는 것을, 우리가 보는 동안 똑같은 방식으로 우리가 관찰되고 있다는 결론을 내릴 수 있다. 우리는 다른 사람의 사각지대를 봄으로써, 이 사각지대의 관찰을 포함하여 모든 관찰의 핵심 부분이 이 사각지대에 있음을 이해한다. 자신의 불가피한 사각지대에 관해 자기 비판적 성찰을 해야만 비로소 다른 사람의 사각지대를 비판적으로 바라볼 수 있다는 이야기다.

이 이야기는 궁극적으로 우리가 다른 사람을 관찰함으로써 어떻게 스스로를 보여주고 취약해질 수 있는지에 관한 것이기도 하다. 2차 질서 관찰 개념은, 보는 것은 관찰의 대가를 치르게 된다는 사실을 강조한다. 이것이 2차 질서 관찰 변증법의 핵심이다. 사회에서 우리는 타인을 관찰하는 동시에 그 대가로 타인에 의해 관찰된다. 타인은 우리가 보는 것보다 더 많은 것을 본다. 우리가 관찰을 통해 스스로를 연출한 모습까지도 본다. 페이스북에 사진이나 영상, 글을 올릴 때마다 사람들은 단지 게시물만 보는 게 아니라 우리가 포스팅하고 있는 모습까지도 보고 있다. 이것이 바로 프로필성을 이해하는 것과 관련해 장주의 사냥(의도치 않게 우리가 신뢰하는) 이야기로 말하고자 하는 내용이다.

장주의 침울한 침거는 추정컨대 '발각'된 것에 대한 굴욕감이 무척 많이 반영된 듯하다. 스스로 편안함으로 완전히 마음 놓고 여유를 즐기다가 자신이 본 것을 통해 자신의 진짜 모습을 깨닫는 순간, 장주는 매미, 사마귀, 까치와 똑같이 스스로를 가장 완벽한 위험에 노출시키고 말았다. 우리도 자신을 가장 자신 있게 표현한다거나 세상을 보는 방식을 언급하는 바로 그 순간에 공개적으로 스스로를 동일시하고 자신의 프로필을 완전히 노출시키면서 타인의 표적이 되고 만다. 자신의 정체성에 대한 자신감과 자기 노출, 자기 파괴는 변증법적으로 연결돼 있다. 프로필을 공개할 때 주의하는 법을 배울 필요가 있는 것은 바로 이 때문이다.

강연지는 청중에게 자신의 관점에 대해 열정적으로 강연을 마친 후 수치심과 당혹감을 경험할 수 있다. 아마도 스스로 엉터리라고 생각하기 때문일 것이다.(우리에게는 완전히 생소하지 않은 경험이다.) 이는 자신의 진정한 자아를 다른 사람에게 보여줘야 하는 진정성의 체제에서 특히 그렇다. 비슷하게 진정성에 가치를 두는 예술가들은 열정적인 공연을 끝낸 뒤 심리적으로 허탈감을 느낄 수 있다. 이런 경험은 발가벗겨진 채 공개 장소에 뚝 떨어져 있는 꿈을 꿨을 때와 비슷하다. 하지만 프로필성에서는 처음부터 면밀히 관찰되고 있다는 자각의 정도가 높다. 그 자리에 있는 사람이 아닌 일반 동료에게 자신을 보여주고 있기에 무방비로 자신을 드러내지 않으려 주의한다. 2차 질서 관찰이 수반된 자기 노출의 깨달음으로 장주가 충격을 받은 것이 프로필성에서는 두 번째 본성이 된다. 노출로 인한 충격 뒤에 프로필성이 찾아오기 때문이다. 우리는 자신이 보이고 있다는 사실을 안다. 그래서 불안하지만 끊임없이 관찰되는 것에 익숙해진 것도 사실이다.

프로필성에서는 일반 동료가 지켜보고 있다는 사실이 놀랄 일은 아니다. 따라서 우리는 경계하고 조심하며 자신을 보호하려고 노력한다. 학술지 게재를 위한 동료평가 시스템은 공개적인 2차 질서 관찰 형태로 이루어지기에 검열이 거의 불필요하다. 대부분은 논문에서 일반 동료의 기대와 관례를 위반하지 않는다. 학문적으로 자신을 드러내는 공개 '노출'로 기분이 상하는 사람이 없도록 큐레이팅도 할 것이다. 프로필성은 한 치의 방심을 드러내지 않는 자기표현과 정체성의 형성을 고무시킨다.(여기서 방심을 드러내지 않는 것은 우리가 자신을 보여주는 방식과 다른 사람을 보는 방식 모두에 해당한다.) '정치적 올바름'은 공개 프로필이 지나치게 불쾌감을 주지 않는지, 안전한지 확실하게 하려는 차원에서 자발적으로 채택한다.

프로필성 체제에서는 사람들이 사냥꾼도 사냥감이 될 수 있고, 관찰자도 관찰될 수 있다는 사실을 알고 있다. 모든 시선이 다시 다른 사람의 시선으로 관찰된다는 점은 매일 일어나는 일상적 경험이다. 정체성 가치에 전시 가치가 들어가면 우리 모두는 어느 정도 과시욕을 지닌 사람이 된다. 그래서 우리는 자신의 모습을 주의 깊게 살피고, 편집하고, 자신의 노출을 디지털로 변환하는 법을 배운다.

프로필성의 압박

> 자신에 대한 좋은 평가를 유도하려는 허영심 많은 사람의 피에는 '노예'가 있다. 마치 자신이 그 평가를 유도하지 않은 듯, 이런 평판 앞에 곧장 무릎을 꿇는 사람도 똑같이 노예다.
>
> _프리드리히 니체, 《선악의 저편》

프로필성은 프로필이 끊임없이 관심이 필요하다고 요구한다. 실제로 정체성 작업은 단 한 번만으로 끝나지 않는다. 휴가도 프로필의 일부로, 실제로는 무엇보다도 중요하다. 인기 있는 프로필을 지닌 유명인이나 평범한 프로필을 지닌 일반인 모두에게, 프로필은 스트레스와 불안을 야기한다. 스스로 부여한 계정에 대해서도 늘 책임을 진다. 또 그래서 지나치게 자기 자신을 솔직하게 드러내지 않도록 주의할 필요가 있다. 자신의 의견을 고수하는 것과 남의 마음을 상하지 않게 하는 것 사이에서 적절한 균형을 찾는 것도 필요하다. 프로필은 약속이다. 지나치게 많지도, 모자라지도 않게 약속하는 것이 좋다. 우리가 다른 사람을 관찰하듯 우리도 관찰되고 있으며, 이 또한 평범한 일상이 되어간다. 우리는 남들과 달라 보이길 바라지만, 엘레나 에스포시토가 지적했듯이 다른 모든 사람들과 똑같은 방식으로 달라 보이길 원한다.

프로필성은 성실성이나 진정성보다 억압적이지도, 위장하지도, 역설적이지도 않다. 단지 이전보다 복잡해진 것은 거의 틀림없는 사실이다. 프로필은 순응하고 평범함을 지향하는 경향성이 있음에도 불구하고 동시에 역동적이고, 다채로우며, 유연하기까지 하다. 프로필성은 개인의 자유를 억압하는 전체주의적인 면모는 없다. 다른 정체성 기술을 포함하고 공존하기도 한다. 언제든 프로필성을 잠시 미뤄두고 가족이나 종교 단체에 들어가 역할 정체성에 따라 활동할 수 있으며, 여전히 우정과 예술에서 진정성을 경험할 수도 있다. 이런 활동과 경험은 종종 프로필성을 위해 사용될 수도 있으며, 프로필 큐레이션을 거의 벗어날 수 없기에 쉽게 프로필 정체성이 될 수 있다. 그럼에도 불구하고 프로필성은 성실성과 진정성을 수용함으로써 정체성 작업에 다차원적으로 접근한다.

프로필성은 작동 방식으로 2차 질서 관찰을 채택함으로써 프로필이 전시 목적으로 연출돼야 한다는 사실을 상당히 민감하게 받아들인다. 이것이 보다 미묘하게 진보적이고 실제로는 정체성에 비판적이고 자아 성찰적 태도를 갖게 한다. 우리는 자신과 다른 사람의 정체성이 모두 단순한 것도, 쉬운 것도, 안정적인 것도 아니란 사실을 이해한다.

성실성에서 중요한 점은 자신의 역할을 충실히 수행하여 역할과 자아 간의 간극이 없게 하는 것이다. 진정성에서는 공개된 페르소나가 내적 자아를 진실하게 표현해야 한다. 성실성과 진정성 모두 외부에 표현하는 것과 생각 및 감정이 거의 완벽하게 일관성 있기를 바란다. 프로필성에서는 특정 청중에게 프로필을 보여줘야 하며, 이 과정에서 자아와 페르소나 사이에 분명히 구분된 피드백이 수반돼야 한다고 생각된다. 이로 인해 어느 정도까지 우리는 페르소나로부터, 페르소나는 우리로부터 조금 더 자유로워질 수 있다. 우리는 프로필이 될 상황에 관해 보다 공공연하게 성찰한다. 우리는 사진이 게시되기 전에 편집된다는 사실을 안다. 에어비앤비 호스트나 학자, 정치인 프로필이 어떻게 작동하는지도 안다. 우리는 이 같은 감각의 발달로 프로필을 구성하는 방법과 사각지대에 대해서도 감지한다. 이는 자신의 프로필과도 비판적인 거리를 둘 수 있다는 것이며, 이런 거리감은 정체성 형성 작업에 막대한 노력을 기울여야 하는 압박을 조금이나마 덜어줄 수도 있다. 프로필성은 적어도 잠재적으로 모든 정체성 기술의 중심에 자리한 부조화를 유연하게 받아들인다. 우리는 자신과 타인의 정체성에 숨겨진 모순을 받아들이면 더 나은 삶을 살 수 있다.

일단 정체성 기술이 광범위하게 실천되면 신체와 정신, 사회체제에 영향을 미칠 수 있다. 에토스는 도덕적 가치와 사회제도 그리고 관행과 함께 생긴다. 성실성의 에토스는 위계적 역할을 유지하고 정당화했다. 진정성의 에토스는 사람들과 사회에 개인주의적 이데올로기를 심어 놓았다. 프로필성의 에토스는 현재 부상하고 있다. 각종 순위와 등급은 일반적으로 알고리즘을 통해 제도화하고 새로운 우수성의 기준으로 범주화한다. '투명성'이나 '참여' 같은 새로운 주요 가치는 '다양성 에세이'를 의무적으로 첨부하는 구직 신청 같은 프로필 활동과 함께 전면에 등장한다. 정체성 기술로부터 자유로운 사람은 없다. 프로필성이 더해짐에 따라 이러한 정체성의 기술이 갈수록 복잡해지는 것을 고려하면 각각의 한계와 역설은 보다 분명해진다. 따라서 어느 한 가지 정체성 기술에 너무 깊이 집착하거나 배타적으로 내면화하지 않고 정체성 근본주의자로 변하는 것을 피하는 것이 가능해진다. 우리는 프로필과 정신적으로 거리를 두고 프로필이 갖는 절대적 검증에 비판적으로 의문을 제기함으로써 프로필에 대한 집착을 와해시킬 수 있다.

프로필성 현상을 비판하는 사람들은 모두가 단순히 새로운 정체성 체제가 기존의 다른 체제를 대체한다고 주장한다. 새로운 정치적 성실성을 옹호하는 이들은 성실성에 기반한 정체성이 프로필성보다 낫다며 성실성 체제로 돌아가야 한다고 암시한다. 소셜 미디어를 진정성에 대한 위협으로 비난하는 사람들은 진정성만을 정체성의 올바른 모델로 간주한다. 이렇게 성실성과 진정성에 대해 이상화하는 것은 문제가 있다. 어떤 종류의 정체성이 옳다고 옹호하기보다는 모든 정체성에 의문을 제기하는 태도를 취하는 것이 좋다. 엄격한 정체성 체제에서 분별력을 유지하기 위해서는 어느 정도 거리를 두고 회의적인 시각으로 바라보는 것이 낫다. 정체성 문제를 해결하는 전략은 전형적으로 단순히 다른 체제로 귀결되는 혁명보다는 전복이어야 한다.

진짜인 척하기는 성실성과 진정성, 또는 프로필성의 대안이 아니다. 어떤 방식의 정체성을 적용하든 우리는 그럴 때마다 진짜인 척을 하고 있다. 정체성의 이상이 본질적으로 역설적이고 달성할 수 없다는 것은 문제가 되지 않더라도 자신과 타인에게 전적으로 헌신하게끔 하는 것에는 문제가 있다. 이는 개인과 사회의 안녕을 파괴한다. 도덕적 또는 이데올로기적 규범은 종종 정체성 이상과 연결된 가치를 구체화하고 서로 다른 신념이나 신조 사이에 갈등을 초래하기도 한다. 진짜인 척하는 관점에서 볼 때 도덕적 규범의 올바름에 대한 집착은 정체성의 이상에 내재된 부조화를 해결하기는커녕 심화시킬 뿐이다. 진짜인 척하는 것은 진정한 자기 자신이 되는 올바른 방법이라기보다 정체성의 부조화를 완화하고 화해하게 한다. 규범적이기보다는 치료적이다.

니체의 표현을 빌리면 진짜인 척하는 것의 긍정은 "고귀한 인간"의 태도다. 이런 사람은 먼저 "자신에 대해 좋은 평판을 유도하려고 애쓰고, 그럼에도 불구하고 스스로 상당히 무미건조하게 이 평판을 믿는" 이들의 허영심을 간파한다.[14] 여기서 니체가 설명하는 정체성의 메커니즘은 모든 정체성 기술에서 동일하다. 성실성에서는 사람들이 자신이 칭찬받고 싶었던 헌신적인 역할 소유자라는 믿음을 주는 것이 궁극적일 수 있다. 진정성에서는 궁극적으로 자신이 독특하고 독창적인 존재라고 믿는 것일 수 있다. 프로필성에서는 사람들이 "마치 스스로가 불러낸 자가 아닌 것처럼" 자신의 프로필이 거둔 성공 "앞에 무릎을 꿇는" 것일 수 있다. 아무 의혹 없이 받아들이는 정체성의 작업은 거짓된 진정성을 야기한다. 아니면 더 심각한 결과를 유발할 수 있다. "고귀한 인간"은 프로필 정체성을 포함하여 자신과 다른 사람의 정체성을 밝히기보다 선하든 악하든, 옳든 그르든 정체성이 어떻게, 왜 형성됐는지 이해할 것이다. 고귀한 인간은 비판적이지만, 도덕적 판단은 하지 않는다.

7장

결론

요약

성실성은 역할에 대한 헌신을 필요로 한다. 겉모습이 진짜이고, 내면은 정직하게 겉모습을 뒷받침해야 한다. 그렇지 않으면 부정직한 속임수로 간주된다.

진정성은 독창성의 추구를 필요로 한다. 내면이 진짜이고, 겉모습은 내면의 진짜 모습을 정확하게 나타내야 한다. 그렇지 않으면 가식을 떠는 위선자로 간주된다.

프로필성은 프로필 큐레이션을 필요로 한다. 겉모습이 진짜이고, 내면은 진심으로 프로필에 시간과 노력을 투자해야 한다. 그렇지 않으면 기만적인 사기꾼으로 간주된다.

모두가 진심인 척하고 있다. 모든 형태의 정체성이 자아를 경험하게 하지만, 그 어느 것도 인간 생활의 모든 부조화 측면을 실제로 조화시키지는 못한다. 우리가 진심인 척하고 있다는 사실을 깨닫는다는 것은 우리를 둘러싼 조건들을 비판적으로 인식하도록 만든다. 이것은 정체성을 편안하게 한다.

형부 중에서는 형부가 제일 좋아요.

"그래도 형부 중에서는 형부가 제일 좋아요." 케이트가 능청스럽게 말을 한다. 우리는 농담 몇 마디를 더 주고받다가 전화를 끊는다. 케이트에게 형부는 나 하나뿐이다. 이것이 바로 케이트가 나를 '제일 좋아하는' 형부라 부르는 이유다.

삐딱한 태도가 강하게 묻어나는 "형부 중에서는 형부가 제일 좋아요"라는 말이 스피커 너머로 들리니, 의미는 분명한데 왠지 어색한 느낌이 든다. 지난 화요일 저녁식사 자리에서 케이트는 늘 그랬듯 뜬금없이 형부가 제일 좋다는 말을 꺼낸다. 식사에 초대받은 손님 모두가 즐거워하는 가운데 이미 몇 번이나 들어 본 농담인지라, 케이트는 다른 특별한 손님이나 나를 염두에 두고 이런 농담을 한 것 같지는 않다. 그 자리에 없는 사람을 위한 농담인 것처럼 느껴진다. 소셜 미디어에 글을 올리고, 에어비앤비 리뷰를 남기거나 이력서를 작성하는 등 직접 이야기를 듣지 못해 설명하지 않아도 되는 '다른 사람들', 즉 그 자리에 함께 있지 않은 청중에게 건네는 듯한 말이다.

케이트의 말은 우리 대화에서 상투적이다. 이 말은 페이스북에서도 꽤 좋은 반응을 끌어낸다. 실제로 케이트의 농담은 페이스북에서 정점에 달한다. 케이트와 나는 항상 그런 식이다. 우리는 가끔 서로를 싫어하는 것처럼 보일 만큼 냉소적인 농담을 주고받는다. 하지만 주변 사람은 이미 우리 둘 사이를 잘 알고 있다. 그래서 케이트는 우리 관계에 익숙하지 않은 사람에게 광고하듯 농담을 게시한다. 애정이 담긴 케이트의 농담은 페이스북 개인 프로필의 가치를 높이는 동시에 우리가 나눈 상호작용을 프로필에 추가로 큐레이팅한다. 케이트의 농담은 모든 광고처럼 특정한 한 사람을 위한 것이 아니며, 일반인 대상이다. 페이스북 유저들은 불가피하게 거의 모든 소셜 미디어 게시물을 읽고 있기에 케이트의 농담을 이미 잘 알고 있다. 어쨌든 이것이 페이스북 담벼락의 중요한 핵심이다. 그렇지 않으면 우리는 개인 메시지를 보내야 한다. 페이스북 담벼락은 개인적 소통이 아닌 다른 사람을 위해 프로필을 작성하기 위한 것이다.

현대인은 언제 어디서든 자신의 모습을 담은 영상을 소셜 미디어에 게시해 수십, 수백, 수천, 수백만 명이 보는 것처럼 점점 더 말하고, 꾸미고, 행동한다. 이 같은 맥락에서 케이트가 나를 제일 좋아하는 형부라 부르는 것은 매우 이치에 맞는다.

케이트는 종종 자신의 세 딸한테도 비슷한 농담을 한다. 물론 항상 이런 식으로 대화하지는 않는다. 딸이 아픈 것 같으면 케이트는 순식간에 태도를 바꾸고, 마치 다른 정체성을 장착한 듯 진정 어린 애정과 관심으로 딸을 보살핀다. 그런 다음에는 지난 화요일 저녁식사 자리에서처럼 또 다른 정체성으로 바꾼다. 케이트는 아무렇지 않게 소셜 미디어 담벼락에 올릴 만한 농담을 하다가도 구태의연하고 성실한, 헌신적인 집주인이 된다. 즐거운 마음으로 손님에게 음식을 대접하고 디저트를 썰어 나르면서 다음 주에 하고 싶은 것을 생각할 것이다. 이 역시 우리 모두에게 친숙한 케이트의 또 다른 면이다.

그녀의 큰딸이 대학에 들어간 첫날, 케이트가 학교에 데려다 주면서 딸에게 직접 한 말과, 거의 공식적인 자리가 되다시피 한 지난 화요일 저녁식사 자리에서 다소 수심 어린 채 우리에게 그 모든 것을 이야기했던 방식은 차이가 있다. 둘 다, 그녀의 페이스북에 게시한 글과도 또 다르다. "내 딸이 얼마나 자랑스러운지 마땅하게 표현할 말이 없네요. 오늘, 딸아이를 대학에 데려다 줬는데, 정말 잘할 거라고 봅니다! 딸, 사랑한다. 하늘만큼 땅만큼!"

물론 우리는 케이트에게 이 내용을 책에 포함해도 되는지, 그녀의 실명을 사용할 수 있는지, 그녀의 페이스북 담벼락에 게시하여 물었다.

후기

프란치스코 교황, 도널드 트럼프, 한병철 그리고 코로나19

이 책의 원고를 출판사에 전달할 즈음 꿈에도 생각지 못했던 일이 세상을 바꿔놓았다. 코로나19가 발발한 것이다. 종종 비교되는, 전쟁과 같은 상황이다. 많이 사람이 죽지만, 죽이는 사람이 없는 이상한 전쟁이다.

팬데믹은 사회 전반에 거의 영향을 미쳤다. 보건 시스템, 정치, 경제, 심지어 교육조차 모든 것이 이 바이러스를 중심으로 돌아간다. 사적인 대화에 자주 오를 내릴 정도로 수많은 사람들의 일상을 바꿔 놨다. 범지구적으로 모든 사회 영역에 확대된 팬데믹은 꾸준히 주의를 기울여야 한다. 어떤 방식으로든 모두가 이 문제를 해결할 필요가 있다.

전쟁에서처럼, 최전방에 서 있는 의사, 간호사, 그리고 목숨이 위태로운 환자들이 후방에 남은 사람보다 많다. 그렇지만 후방에 남은 사람 역시 그 여파로 고통이 극심하다. 이미 많은 사람들이 직장을 잃었거나 더 심각하게는 생필품조차 부족하다. 아직 모든 게 전쟁과 같은 직접적인 경험임에도 불구하고, 우리는 무슨 일이 일어나고 있는지 이해하고, 이에 대해 무엇을 할지 결정하기 위해 2차 질서 관찰에 크게 의존한다. 언론은 피해 규모와 우리가 관찰해야 하는 규제 내용에 대해 알려준다. 또 앞으로 무엇을 기대하고, 혹은 기대할 수 없는지 알려준다. 광범위한 락다운 lockdown 때문에 집 밖을 나설 수 없는 많은 사람이 주로 화면을 통해 위기를 목격한다. 우리는 무슨 일이 일어나고 있는지 보이는 그대로만 안다. 또 가상의 생활세계에서도 예전보다 훨씬 더 많은 것이 화면상에 등장한다. 우리는 작은 가상의 무대에 올라 그 배경에 숨어있는 팬데믹과 함께 자기 이미지와 프로필을 연출한다.

'일반적인' 전시 상황에서는 이 책에서 우리가 성실성이라 묘사한 것과 같은 자기 동일시를 불러온다. 전쟁에서 사람들은 무엇보다도 자기 자신을 적국과 맞서 싸우는 한 국가의 일원으로, 이교도에 대항하는 신도로, 대의를 위해 죽음을 불사하는 희생자로 본다. 전쟁은 끔찍하지만 '그들'이 아닌 '우리'라는 강한 소속감을 키워줌으로써 삶의 의미를 찾고 정체성을 찾을 기회를 준다. 하지만 오늘날과 같은 팬데믹 상황에서는 명확하게 친구와 적의 구분을 규명하지 못한다. 자기 자신을 쉽게 확인할 수 있는 정반대의 구체적인 '타자'가 존재하지 않는 것이다. 그럼에도 가상 세계와 후방에서 접하는 팬데믹은 무엇보다도 자신의 정체성을 높일 기회를 제공한다.(자기 자신을 알리는 기회일 수 있다!)

프란치스코 교황은 로마가톨릭교회를 대표해 코로나19가 인간이 야기한 기후 변화에 대항하는 자연의 반응이라고 이야기한다. 지구에 사는 인간이 생태학적으로 큰 죄를 지었다고, 교황은 넌지시 알린다. 신과 달리 자비를 베풀지 않는 '자연'은 이제 교황의 말대로 인간에게 큰 경고 신호를 보내며 악행을 바꾸도록 하고 있다.[1] 교황의 메시지는 재난에 대한 아주 오래된 종교적 반응을 현 상황에 맞게 변형한 것이다. 대규모 전염병이 신의 징벌로 여겨졌던 중세와 마찬가지로, 카톨릭교회는 이제 코로나19가 우리의 잘못된 행동에 대한 자연의 대가임을 암시한다. 완전히 현대적 방식으로, 전통적인 종교 메시지가 오늘날의 환경 담론과 결합한 것이다. 교황은 매우 보수적인 강력한 종교적 죄의식과 기후 변화에 맞서 광범위하게 공감을 얻고 있는 매우 진보적인 환경 운동을 아주 노련하게 연관시켜 대중에게 호소했다. 이것이 바로 효율적인 프로필 큐레이션이며, 동시에 구원으로 가는 유일한 확실한 길이라는 교회의 오래된 주장을 재차 강조하며 오늘날 환경 문제의 원인을 결부시켜 교회의 이미지를 혁신한다. 프란치스코 교황은 자신의 프로필과 교회의 프로필, 신도의 프로필을 2019년 〈타임〉 올해의 인물로 선정된 10대 환경운동가 그레타 툰베리의 프로필과 일치시킨다.

도널드 트럼프의 경우 문제가 다르다. 놀랍게도 2016년 미국 대통령 선거 당시 트럼프가 승리한 정치적 프로필의 일부는 중국에 대한 강경한 태도였다. 바로 이 주제가 코로나 바이러스 덕분에 2020년 선거운동에서 더욱 강력하게 재활용됐다. 트럼프와 함께 유권자의 표를 얻고 싶은 다른 많은 후보의 홍보 메시지는 바이러스를 예로 들며 중국이 미국인의 삶과 안녕을 위협한다고 주장했다. 그들은 중국을 거대한 위협으로 프로파일링을 하는 한편 자신을 위대한 수호자, 정치적 구세주로 프로파일링하며 유권자의 환심을 샀다. 바이러스 위기가 정치인과 그 유권자 사이 프로필 결속을 위한 좋은 기회로 이용되고 있는 것이다. 사람들이 반중 감정을 드러내고 자신의 정치적 정체성을 구축하고 강화하는 것도 마찬가지다.

한병철은 '투명사회'에 반대하는 목소리를 내면서 유명해진 은둔 사상가이자 작가다. 스페인 〈엘 파이스El País〉(2020년 3월 22일), 독일 〈디 벨트Die Welt〉(2020년 3월 23일, 2020년 4월 17일), 아르헨티나 〈클라린Clarín〉(2020년 4월 17일)을 비롯한 주요 신문과 웹사이트에 그에 관한 보도 기사들이 잇따라 게재됐다.[2] 한병철은 이 모든 기사에서 코로나19와의 싸움이 어떻게 그가 줄곧 경고해 온 감시의 영향력을 더욱 증가시켰는지 지적한다. 즉 그는 바이러스의 나쁜 사회적 영향으로부터 스스로를 지키기 위해서라도 사생활에 대한 그의 요구에 시급히 귀를 기울일 것을 제안한다. 데이비드 온비David Ownby가 이야기하듯 다소 성급하게 출간된 것이 분명한 한병철의 글은 "다소 반복적이고 비정형적"이며 "이미 출간된 논문에 사용된 유명한 표현을 재활용하는 경향"이 있지만, 오늘날 일어난 사건에 관한 그의 생각이 세계 언론에 대대적으로 보도될 만큼 뛰어난 프로필을 지닌 지식인으로서의 이미지를 다시 한번 공고히 굳혔다.[3] 투명성에 반대하는 전사로 그려지는 한병철은 코로나19가 창궐한 현 시대에 그 어느 때보다 더 많이 보이는 것처럼 목격된다.

프로필성 시대의 관심

전 세계적으로 전염병이 유행하는 현 시대와 마찬가지로 실제 전시 상황에서도 관심은 특히 중요하다. 사람들은 서로에 대해 더 많은 관심을 기울이고, 격려하며, 희망을 갖는다. 요즘에는 어딜 가나 "부디 몸조심 하세요!"라는 말을 평범한 인사처럼 들을 수 있다.

관심은 정체성의 다양한 형태에서 핵심이다. 성실성에서 개인의 정체성은 자신과 관계를 맺은 사람을 돌보면서 형성된다. 예를 들면, 자식으로서의 정체성은 부모에게 관심을 기울이고, 보살피고, 책임지면서 형성된다. 이런 관심이 '진정성'이든, 다시 말해 부모를 보살피면서 '진정한 개성'을 찾거나 창조하는지는 전혀 상관이 없다. 우리는 자식이기 때문에 부모님을 진정으로 보살핀다.

진정성에서도 관심은 다른 사람에게 향하지만 본질적으로 자신의 본래 모습에 뿌리를 두고 있어야 한다. 어쨌든 진심으로 타인을 돌보려면 자신에게 먼저 진정성이 있어야 한다. 여기서 '우연히' 주어진 사회적 관계나 관습에서 나오는 의무는 진정한 관심이 아니다. 여러분이 진정성을 가지고 돌보는 사람이라면 단지 친척이라는 이유만으로 타인을 돌보지는 않을 것이다. **당신이 그들**에게 진정한 관심을 갖고 있기 때문에 돌보는 것이다.

프로필성에서는 프로필 큐레이션을 통해 정체성이 형성된다. 큐레이션은 문자 그대로 관심의 의미인데 관심을 기울이고, 신경을 쓰고, 책임을 진다는 의미에서 관심이다. 프로필성에서도 사람들은 관심 대상이다. 여기서 중요한 것은 관심이 대중에게 공공연히 **보여지고 보인다**는 점이다. 2차 질서 관찰 상황에서는 우리 자신을 포함하여 누군가가 성실하게, 또는 진정성 있게 관심을 기울이는지 알 수가 없다. 접근할 수 있는 것은 프로필이다. 프로필에 진심으로 시간과 노력을 투자해야만 관심을 기울이는 것을 입증할 수 있다.

프란치스코 교황, 도널드 트럼프, 한병철이 성실하게, 진심으로 코로나19에 관심을 기울이는지 누가 판단할 수 있겠는가? 하지만 이들 세 사람은 자신의 프로필을 큐레이팅하는 데 관심을 기울인다. 팬데믹은 그들에게 관심을 기울이게끔 적절한 기회를 제공하기도 한다. 이런 관심은 사회 전반에 광범위한 영향을 미쳐 '사회적 검증 피드백 순환'을 구축한다. 프란치스코 교황이 종교적 차원에서 관리하는 프로필은 수백만 명에 이르는 신도에게 알려져, 교황을 따르는 수많은 사람이 코로나19에 관심을 갖도록 촉구했다. 도널드 트럼프의 프로필도 거의 전 세계 사람들에게 알려져 있으며 정치적인 자기표현의 일환으로 코로나19에 다른 방식으로 관심을 나타나는 수많은 개인들에게 영향을 끼친다. 교황이나 미국 대통령에 비하면 한병철을 지지하는 사람은 적을지 몰라도 한병철의 프로필 또한 다른 사람들과 연결되어 코로나19 시대의 관심으로 '자기 자신 설명하기'의 또 다른 가능성을 위한 자원과 밈을 제공한다.

오늘날 현대인은 스스로를 이해하기 위해 2차 질서 관찰에 의존한다. 반드시 그런 것은 아니지만, 지금의 징황으로는 관심 역시 화면성으로 나타내는 2차 질서 관찰이 되지 않을 수가 없다. 프로필성이 영향을 미치는 상황에서 우리는 특히 팬데믹 기간 동안 깊은 배려로 보이는 것에 많은 관심을 기울였다.

감사의 말

이 책에 표현된 핵심 아이디어, 그중에서도 '성실성과 진정성'에 관련된 내용은 롤프 트라우제텔Rolf Trauzettel(1930-2019)의 삶과 작품에 영향을 받았다. 트라우제텔이 남긴 에세이 중 영문으로 작성된 작품은 몇 안 되지만 2012년 발표한 글 〈개인적 특질 형성의 두 가지 신화적 패러다임Two Mythic Paradigms of the Constitution of Personhood〉은 그의 사상을 잘 보여준다. 내가 프로필성에 대해 고민하고, 이야기하고, 글을 쓰는 동안 가족, 친구, 동료 학자 등 가까운 주변인부터 비행기나 버스 정류장에서 우연히 마주친 낯선 이까지 많은 사람으로부터 도움과 영감을 받았다. 그중에서도 비판적인 조언을 아끼지 않고 원고 초안을 검토해 준 헨리 앨런Henry Allen, 디미트라 아마간티도우Dimitra Amarantidou, 한스 베르탈러Hannes Bergthaller, 랄스 클로센Lars Clausen, 세스 크로운오버Seth Crownover, 한스 루돌프 칸토르Hans-Rudolf Kantor, 루치아노 마르티놀리Luciano Martinoli, 수잔 머피Suzanne Murphy, 라이언 (보이) 리스너Ryan (Boy) Reisner, 댄 새러피나스Dan Sarafinas, 리디아 타마로Lidia Tammaro, 왕팡Wang Fang, 리환유Lihuan You(Freezi), 루카 레이 장Luka Lei Zhang에게 특히 감사하다. 아이디어의 지적 촉매 역할을 해준 엘레나 에스포시토, '프로필성'이라는 단어를 생각해낸 데이비드 스타크David Stark, 주장의 논리와 표현을 개선할 수 있도록 방향을 제시한 로베르토 칼레오Robert Carleo 덕분에 책을 완성했다. 흔쾌히 자신의 작품을 책에 사용하도록 허락해 준 테마파크 가이 스테판 잰저와 보호 뷰티풀 커플에게도 감사한다. 물심양면으로 작업을 지지해준 컬럼비아대학교 출판사 웬디 로슈너Wendy Lochner, 퇴고를 맡아준 아니타 오브라이언Anita O'Brien이 없었다면 원고는 빛을 발하지 못했을 것이다. 프로필성에 대해 논의할 기회의 장을 마련해 준 동료들에게도 무척 고맙다. 코펜하겐 경영 대학원의 앤더스 라 쿠르 Anders La Cour, 오르후스대학교의 고름 하르스테Gorm Harste와 클라우스 라우르센 Klaus Laursen, 상하이 통지대학교의 헬멋 하이트Helmut Heit, 누르술탄 나자르바예프대학교의 시드니 모로우Sydney Morrow, 상파올루대학교의 리우린도 디아스 민호토Laurindo Dias Minhoto, 캄피나스대학교의 안토니오 플로렌티노 네토Antonio Florentino Neto, 벨렝 파라주립대학교의 리카르도 에반드로 마틴스Ricardo Evandro Martins, 칠레 산티아고 교황가톨릭대학교의 클라우디아 리라 라투즈Claudia Lira Latuz와 마리아 엘비라 리오스 페나피엘Maria Elvira Rios Penafiel이 큰 힘이 돼 줬다. 상하이 화둥사범대학에서 주최한 정체성 워크숍, 빌레펠트대학교에서 주최한 현대 중국 워크숍, 마르셀로 길라르디Marcello Ghilardi의 구상으로 파도바대학교에서 주최한 다문화 정체성 세미나 등 다양한 행사에서 얻은 건설적인 피드백에서도 도움을 많이 받았다. 연구보조금(MYRG2016 - 00013 - FAH)을 제공해 작업을 지지해 준 마카오대학교에도 마음 깊이 감사한다.

4장에서 소개한 일부 개념은 〈타임 앤 소사이어티Time and Society〉 제28권 제3호(2019): 1061 - 1083쪽에 게재된 폴 담브로시오의 논문 '현실에서 현상으로, 하르트무트 로자의 '상황 정체성'에 대한 철학적 비판From Present to Presentation: A Philosophical Critique of Hartmut Rosa's 'Situational Identity'을 수정했다. 한스 게오르그 뮐러가 남긴 독일어 후기는 《Corona: Weltgesellschaft im Ausnahmezustand》 247 - 253쪽에 'Die Pandemie als Profilierungschance'라는 제목으로 출간됐다.

주석

1장 큰 그림

1. 대화 중 이 용어를 만들어 준 David Stark에게 감사를 표한다.
2. Jiayang Fan, "China's Selfie Obsession," New Yorker, December 11, 2017, https://www.newyorker.com/magazine/2017/12/18/chinas-selfie-obsession을 참조하라.
3. 샘 가스킨Sam Gaskin의 이러한 비판에 대한 메이투의 반응을 기록했다. "'We Don't Believe Chinese Are Superficial or Narcissistic,' Says Meitu," Jing Daily, March 2, 2018, https://jingdaily.com/chinese-meitu/.
4. 소셜미디어 비판에 대한 보다 상세한 설명에 대해서는 Paul D'Ambrosio and Hans-Georg Moeller, "From Authenticity to Profilicity: A Critical Response to Roberto Simanowski and Others," New German Critique 46, no. 2 (2019): 1-25을 참조하라.
5. Facebook Society는 Roberto Simanowski가 쓴 책 제목이다 (New York: Columbia University Press, 2018).
6. Lionel Trilling, Sincerity and Authenticity (Cambridge, MA: Harvard University Press, 1972)를 참조하라.
7. Trilling, 9-10.
8. 예를 들어, "20 Things Truly Authentic People Do Differently," David Wolfe, https://www.davidwolfe.com/20-things-authentic-people-do-differently/을 참조하라.
9. Walter Benjamin, "The Work of Art in the Age of Mechanical Reproduction" (1935), in Illuminations: Essays and Reflections, ed. Hannah Arendt, trans. Harry Zohn (New York: Schocken, 1969)을 참조하라.
10. 보다 상세한 논의는 Cathy O'Neil, Weapons of Math Destruction: How Big Data Increases Inequality and Threatens Democracy (New York: Crown, 2016)을 참조하라.
11. 보다 자세한 분석은 Genia Kostka, "China's Social Credit Systems and Public Opinion: Explaining High Levels of Approval," New Media & Society 21, no. 7 (2019): 1565-93을 참조하라.
12. "Nosedive (Black Mirror)," Wikipedia, https://en.wikipedia.org/wiki/Nosedive_(Black_Mirror), accessed July 23, 2019.
13. "Nosedive," Rotten Tomatoes, https://www.rottentomatoes.com/tv/black_mirror/s03/e01, accessed November 26, 2019.
14. Philipp Löwe, "Selfie vor Krawallkulisse," Der Spiegel, July 8, 2018, https://www.spiegel.de/panorama/gesellschaft/g20-krawalle-selfie-bei-randale-im-schanzenviertel-a-1156799.html.
15. "Riot Hipster," Know Your Meme, https://knowyourmeme.com/memes/riot-hipster, accessed May 17, 2019.
16. 예를 들어 "Der 'Riot-Hipster,'" Stern, July 8, 2017, https://www.stern.de/politik/deutschland/g20-riot-hipster-antikapitalistisches-iphone-selfie-belustigt-das-netz-7529822.html을 참조하라.
17. "Riot Hipster."

18. Max Stirner, Der Einzige und sein Eigentum (Leipzig: Otto Wiegand, 1945).
19. 보다 상세한 논의는 Roger Ames, Confucian Role Ethics: A Vocabulary (Hong Kong: Chinese University Press, 2011)을 참조하라.
20. Bob Dylan, "Beyond Here Lies Nothing," Together Through Life, track 1, Columbia Records, 2009, compact disk.
21. 다양성 에세이에 관한 더 많은 논의는 2장의 도덕적 프로파일링에 관한 부분을 참조하라.
22. Sean Parker가 만든 이 개념에 관한 자세한 내용은 2장을 참조하라.
23. 보다 상세한 논의는 Elena Esposito, "The Fascination of Contingency: Fashion and Modern Society," in Philosophical Perspectives on Fashion, ed. Giovanni Matteucci and Stefano Marino (London: Bloomsbury, 2017), 175–90을 참조하라.

2장 프로필성

1. 루만에게 현대사회는 '귀족'과 비귀족 같이 계층으로 나뉘는 기본적 사회 분화에서 서로 다른 '기능적 시스템' 분화로 전환이 일어난 16세기와 18세기 사이에 유럽에서 나타난다. 정치, 법, 경제, 교육, 학계, 대중매체 등 이러한 시스템은 모두 사회에서 각각의 기능을 수행하며 독자적인 구조와 의사소통 형태를 갖는다.
2. 우리는 루만과 완전히 같은 방식으로 2차 질서 관찰의 개념을 사용하는 것이 아니다. 루만은 자신의 수많은 작품 모두에서 다양한 방식으로 이 개념을 사용하기 때문에 이 개념에 대한 루만의 생각을 어떻게 정확히 설명해야 하는지도 확신할 수 없다. 우리는 루만의 작품에서 드러나지 않는 프로필성에 대한 이해를 개략적으로 설명하기 위해 루만의 개념을 자유롭게 적용했다.
3. Niklas Luhmann, Introduction to Systems Theory, trans. Peter Gilgen (Cambridge: Polity, 2013), 100 (번역 수정). 보다 넓은 철학적 개념에서의 'orientation'에 대해서는 Werner Stegmaier, What Is Orientation? A Philosophical Investigation (Berlin: De Gruyter, 2019)을 참조하라. 어떻게 Stegmaier가 루만과 니체로부터 "orientation"라는 개념을 유도했는지에 대해서는 그의 Orientierung im Nihilismus: Luhmann Meets Nietzsche (Berlin: De Gruyter, 2016)을 참조하라.
4. 3장의 새로운 정치적 성실성에 관한 부분을 참조하라.
5. 마찬가지로 타인의 관찰에서 완전히 독립적인 행위는 없다. 사람이 어떻게 보이는지, 또 어떻게 보이는 것처럼 보는지는 결정과 행동에 영향을 미친다.
6. 이 이야기에 대한 논의는 6장을 참조하라.
7. Luhmann, Introduction to Systems Theory, 105 (번역 수정).
8. 빅데이터는 인과관계가 아니라 상관관계를 정리하고 보고한다.
9. Jan Inge Jönhill의 용어를 사용하자면, 일반 동료는 (외부인으로서의) '이방인'이 아니라 (개인적으로 모르는 사람들로서의) '알 수 없는 타인'들로 구성된다. Jönhill, "Inclusion and Exclusion – a Guiding Distinction to the Understanding of Issues of Cultural Background," Systems Research and Behavioral Science 29, no. 4 (2012): 387–401.

10. Jean-Jacques Rousseau, The Social Contract, trans. Maurice Cranston (New York: Penguin, 1968).
11. Elena Esposito, "Artificial Communication? The Production of Contingency by Algorithms," Zeitschrift für Soziologie 46, no. 4 (2017): 249–65.
12. 〈아메리칸 아이돌〉의 심사 위원에 대한 이미지는 Laura Bradley, "American Idol Is Officially Coming Back-but Is It Too Soon?," Vanity Fair, May 9, 2017, https://www.vanityfair.com/hollywood/2017/05/american-idol-reboot-abc을 참조하라.
13. Erving Goffman, The Presentation of Self in Everyday Life (New York: Doubleday Dell, 1956), 다른 사람들이 자신을 지켜보고 있다는 사실을 아는 사람들의 상호 작용적 행동을 설명하기 위해 '무대 위'라는 표현을 사용한다.
14. Addleton Academic Publishers, https://addletonacademicpublishers.com/review-of-contemporary-philosophy, accessed July 4, 2019을 참조하라.
15. Sean Parker, "Sean Parker-Facebook Exploits Human Vulnerability (We Are Dopamine Addicts)," YouTube video, 2:19, November 11, 2017, https://www.youtube.com/watch?v=R7jar4KgKxs&t=72s.
16. 중독과 소셜미디어에 대해서는 Nicholas Kardaras, Glow Kids (New York: St. Martin's Griffin, 2016)을 참조하라.
17. Timothy Mo, An Insular Possession (London: Chatto & Windus, 1986), 459.
18. Niklas Luhmann, Die Realität der Massenmedien [The reality of the mass media] (Opladen: Westdeutscher Verlag, 1995)을 참조하라. 같은 출판사에서 확장 및 개정된 두 번째 판이 1996년에 발행되었다. 두 번째 판이 영어로 번역되었다. The Reality of the Mass Media, trans. Kathleen Cross (Stanford, Calif.: Stanford University Press, 2000).
19. Luhmann, The Reality of the Mass Media, 19; 번역 수정.
20. Luhmann, 20–21.
21. "Meme," Cambridge Dictionary, https://dictionary.cambridge.org/dictionary/english/meme; accessed June 22, 2019.
22. Oliva Solon, "Richard Dawkins on the Internet's Hijacking of the Word 'Meme,'" Wired, June 20, 2013, https://www.wired.co.uk/article/richard-dawkins-memes.
23. '캐스팅'의 프로필과의 관련성을 우리에게 알려준 Suzanne Murphy에게 감사를 전한다.
24. Giovanni Formilan and David Stark, "Moments of Identity: Artists and their Aliases in Electronic Music," 미출판 원고.
25. 예를 들어 David Lyon, Surveillance Society: Monitoring Everyday Life (Philadelphia: Open University Press, 2001)을 참조하라.
26. Byung-Chul Han, The Transparency Society (Stanford, Calif.: Stanford University Press, 2015)의 뒷표지를 참조하라.
27. "Why a Surveillance Society Clock?," American Civil Liberties Union, https://www.aclu.org/other/why-surveillance-society-clock?redirect=technology-and-liberty/why-surveillance-society-clock, accessed July 15, 2019.
28. Shoshana Zuboff, The Age of Surveillance Capitalism: The Fight for a Human Future

and a New Frontier of Power (New York: PublicAffairs, 2019), 202, 20.
29. Elena Esposito, "Elena Esposito: Future and Uncertainty in the Digital Society," YouTube video, 1:56:49, March 15, 2018, https://www.youtube.com/watch?v=zb18MZn9les&t=2393s.
30. Amy Webb, "Amy Webb: The Big Nine—Triangulation 387," YouTube Video, 2019, 1:03:34, https://www.youtube.com/watch?v=IrcGrYQcM2g.
31. Tim Wu, The Attention Merchants: The Epic Scramble to Get Inside Our Heads (New York: Vintage, 2017), 325.
32. Cathy O'Neil, Weapons of Math Destruction: How Big Data Increasing Inequality and Threatens Democracy (New York: Crown, 2016).
33. Frank Pasquale, The Black Box Society: The Secret Algorithms That Control Money and Information (Cambridge, Mass.: Harvard University Press, 2015); David Lyon, The Culture of Surveillance (New York: Polity, 2018).
34. 우리가 직접 큐레이션하는 프로필과 감시 및 빅데이터를 통해 생성된 프로필을 분명하게 구분하기란 어렵다. 일반적으로 이 둘은 밀접한 관련이 있다. 페이스북 프로필은 우리가 큐레이션한 것이지만 동시에 노출 광고를 결정하기 위해 알고리즘에 의해 분석되기도 한다. 학술 에세이를 출판할 때는 자신의 학술적 프로필에 포함할 수도, 포함하지 않을 수도 있다. 그러나 H지수에 미칠 영향은 단정할 수 없다.
35. "Byung-Chul Han," Wikipedia, https://en.wikipedia.org/wiki/Byung-Chul_Han; accessed June 10, 2019.
36. "In Orwell's '1984' Society Knew It Was Being Dominated. Not Today," El País, February 7, 2018, https://elpais.com/elpais/2018/02/07/inenglish/1517995081_033617.html를 참조하라.
37. Byung-Chul Han, The Burnout Society (Stanford, Calif.: Stanford University Press, 2015), 2.
38. Kylie Morris, "Jussie Smollett Charged with Planning Alleged Homophobic, Racist Attack Himself," Channel 4 News, February 21, 2019, https://www.channel4.com/news/jussie-smollett-charged-with-planning-alleged-homophobic-racist-attack-himself.
39. "Chicago Police Release Statement on Jussie Smollett Arrest," Daily Mail, February 21, 2019, YouTube video, 5:48, https://www.youtube.com/watch?v=zUSnegQd-RQ.
40. "Taylor Swift," Wikipedia, https://en.wikipedia.org/wiki/Taylor_Swift; accessed August 1, 2019.
41. Lisa Respers France, "Voter Registration Reportedly Spikes After Taylor Swift Post," CNN, October 8, 2018, https://web.archive.org/web/20181009194930/https://edition.cnn.com/2018/10/09/entertainment/taylor-swift-voter-registration/index.html.
42. Reihan Salam, "Taylor Swift Succumbs to Competitive Wokeness," Atlantic, October 11, 2018, https://www.theatlantic.com/ideas/archive/2018/10/taylor-swift-kanye-west-and-competitive-wokeness/572716/.

43. Abby Sessions, "Letters: 'Acting Like This Is a Boundless Battle for Wokeness Is Somewhat Absurd,'" Atlantic, October 25, 2018, https://www.theatlantic.com/letters/archive/2018/10/readers-opinions-competitive-wokeness-swift-kanye/573754/.
44. Confucius, Analects 5:10; Roger T. Ames and Henry Rosemont, Jr., eds. and trans., The Analects of Confucius: A Philosophical Translation (New York: Ballantine, 1998), 97-98.
45. Luhmann, Introduction to Systems Theory, 100.
46. "Writing a Diversity Statement," University of Nebraska-Lincoln, November 13, https://www.unl.edu/gradstudies/connections/writing-diversity-statement; accessed August 3, 2019.
47. Luhmann, Introduction to Systems Theory, 119 (번역 수정).
48. 다른 관점에서의 더 자세한 내용은 Melissa Aronczyk, Branding the Nation: The Global Business of National Identity (Oxford: Oxford University Press, 2013)을 참조하라. Amazon.com의 설명에서 요약한 바와 같이, Aronczyk는 어떻게 "세계 각국의 정부가 그들의 관할권을 '브랜드화'하기 위해 브랜딩 컨설턴트, 홍보 고문 및 전략적 커뮤니케이션 전문가에게 어떻게 의존하고 있는지 조사한다. 시장 브랜드의 도구와 기술, 전문가를 사용하는 것은 국가가 보다 일관되고 응집력있는 정체성을 명확히 하고 외국 자본을 유치하며 시민들의 지지도를 유지하는 데 도움이 되는 것으로 알려져 있다. 요컨대, 국가 브랜딩의 목표는 국경과 경계가 점점 쓸모가 없어지는 세상에서 국가를 중요하게 만드는 것이다."
49. Aleida Assmann, "Wir dürfen die Erinnerungskultur nicht ethnisieren," Süddeutsche Zeitung, February 19, 2018, https://www.sueddeutsche.de/kultur/erinnerungskultur-deutschlands-imperativ-1.3866258-2.
50. River Clegg, "How to Market to Me," New Yorker, March 12, 2018, https://www.newyorker.com/magazine/2010/03/19/how-to-market-to-me?.
51. Hannah Drobits, Sam Morris, and Elan Fingles, "Case Study: Mac vs. PC Advertisement Campaign," Hannah's Media Leap Blog, July 23, 2014, https://sites.psu.edu/drobitsleap/2014/07/23/case-study-mac-vs-pc-advertisement-campaign/.
52. 모든 광고는 https://www.YouTube.com/watch?v=0eEG5LVXdKoI (2019년 9월 1일자)에서 시청할 수 있다.
53. Drobits, Morris, and Fingles, "Case Study."
54. 광고 캠페인의 이미지들은 "An Oral History of 'Get a Mac,' Part 1," Campaign, https://www.campaignlive.co.uk/article/oral-history-get-mac-part-1/1417003에서 찾아볼 수 있다.
55. 이 내용과 뒤의 인용문은 10주년 기념판에 언급한다. Naomi Klein, No Logo: 10th Anniversary Edition with a New Introduction by the Author (London: Picador, 2009).
56. 거부율은 학문 분야 및 저널에 따라 다르게 나타난다. 예를 들어 2017년 심리학 분야의 주요 영문 저널에서의 평균 거부율은 70%였다. APA, https://www.apa.org/pubs/journals/features/2017-statistics.pdf을 참조하라.
57. 미학적 개념으로서 픽처레스크picturesque는 보통 1768년 출판된 William Gilpin의 유명한

─────── 주석 ───────

《Essay on Prints》와 그 이후의 출판물들로 거슬러 올라간다. Gilpin과 다른 사람들은 픽처레스크를 예를 들자면 '아름다움' 및 '숭고함'과 구별될 수 있는 '미학적 이상'으로서 여겼다. 이 책에서 픽처레스크의 구체적인 의미는 추적하지 않는다. 다만 '그림과 닮은'이라는 글자 그대로의 의미로서 픽처레스크의 일반적인 사용에 대해서만 흥미가 있다.

58. 프로필성에 대한 이러한 성찰들은 기존 출판물인 Hans-Georg Moeller, "On Second-Order Observation and Genuine Pretending: Coming to Terms with Society," Thesis Eleven 143, no. 1 (2017): 28-43을 따른다.
59. Anonymous, Reisebriefe deutscher Romantiker (Berlin: Rütten und Loening, 1979), 140-41.
60. Rolf Trauzettel, "Landscape as an Aesthetic Person: On the Conceptual world of German Romanticism," in Landscape East and West: A Philosophical Journey, ed. Hans-Georg Moeller and Andrew Whitehead (London: Bloomsbury, 2014), 100.
61. Matthew Gibson, "The Impress of the Visual and Scenic Arts of the Fiction of Bram Stoker," in Bram Stoker and the Late Victorian World, ed. Matthew Gibson and Sabine Lenore Müller (Clemson, S.C.: Clemson University Press, 2018), 56, 58.
62. 픽처레스크의 이론적인 미학적 개념보다는 Gilpin에 관한 57번 주석을 참조하라.
63. Tim Milnes and Kerry Sinanan, eds., Romanticism, Sincerity and Authenticity (London: Palgrave Macmillan, 2010)을 참조하라.
64. L'oeuvre d'art àl'époque de sa reproduction mécanisée in Zeitschrift für Sozialforschung des Frankfurter Instituts라는 프랑스어 제목으로 1936년 처음 출판되었다. 이 글의 복잡한 원문과 출판 역사는 독일 위키피디아에 자세히 서술되어 있다. https://de.wikipedia.org/wiki/Das_Kunstwerk_im_Zeitalter_seiner_technischen_Reproduzierbarkeit, accessed August 18, 2019.
65. Charles Taylor, The Ethics of Authenticity (Cambridge, Mass.: Harvard University Press, 1992).
66. Walter Benjamin, "The Work of Art in the Age of Mechanical Reproduction" (1935), in Illuminations: Essays and Reflections, ed. Hannah Arendt, trans. Harry Zohn (New York: Schocken, 1969), 13.
67. John Maynard Keynes, The General Theory of Employment, Interest and Money (London: Palgrave Macmillan, 1936), 100.
68. Elena Esposito, "Economic Circularities and Second-Order Observation: The Reality of Ratings," Sociologica 7, no. 2 (2013): 1-10.
69. Guy Debord, The Society of the Spectacle, trans. Donald Nicholson-Smith (New York: Zone, 1994), 원본은 La sociétédu spectacle (1967). 이 책은 짧은 섹션들로 나뉘어 있기 때문에, 페이지 번호가 아닌 섹션 번호를 인용했다. Greg Adargo에 의한 다른 번역은 https://www.marxists.org/reference/archive/debord/society.htm에서 볼 수 있다.
70. Max Horkheimer and Theodor W. Adorno, Philosophische Fragmente, 훗날 Dialektik der Aufklärung (New York: Social Studies Association, 1944)로 알려졌다.
71. 이 에세이는 Hans-Magnus Enzensberger, "Constituents of a Theory of the Media,"

trans. Stuart Hood, in The Consciousness Industry: On Literature, Politics, and the Media, ed. Reinhold Grimm and Bruce Armstrong (New York: Continuum, 1974)로 출판되었다.
72. 프로이트파주의자는 엔첸스베르거의 이 문구와 1935년 연설에서 나타난 아돌프 히틀러의 욕망 사이에 의도치 않은 유사성 뒤에 있을지 모르는 심리학적 메커니즘이 있는지 궁금해 할 것이다. 독일 젊은이들은 "그레이하운드처럼 빠르고, 가죽처럼 질기고, 크루프사(社)의 철처럼 단단해야 한다."
73. Nicholas Negroponte, Being Digital (New York: Knopf, 1995).
74. Jean Baudrillard, Pour une critique de l'economie politique du signe (Paris: Gallimard, 1972). 다음 인용문은 영문번역에서 가져온 것이다. For a Critique of the Political Economy of the Sign, trans. Charles Levin (Saint Louis: Telos, 1981).
75. Sherry Turkle, Alone Together: Why We Expect More from Technology and Less from Each Other (New York: Basic Books, 2011).
76. Roberto Simanowski, Facebook Society: Losing Ourselves in Sharing Ourselves, trans. Susan H. Gillespie (New York: Columbia University Press, 2018).
77. Ferdinand de Saussure, Course in General Linguistics, ed. Charles Bally and Albert Sechehaye, trans. Roy Harris (Chicago: Open Court, 1998).

3장 성실성

1. David Kirkpatrick, The Facebook Effect: The Inside Story of the Company That Is Connecting the World (New York: Simon and Schuster, 2010), 199–200.
2. Erika Riggs, "Mark Zuckerberg Spends $30 Million on Four Homes to Ensure Privacy," NBC News, October 11, 2013, https://www.nbcnews.com/businessmain/mark-zuckerberg-spends-30-million-four-homes-ensure-privacy-8C11379396.
3. Mark Zuckerberg, "Mark Zuckerberg & Yuval Noah Harari in Conversation," YouTube video, 1:33:30, April 26, 2019, https://www.youtube.com/watch?v=Boj9eD0Wug8; Mark Zuckerberg, "Mark Zuckerberg Talks to Patrick Collison and Tyler Cowen About Accelerating Progress," YouTube video, 1:09:09, November 25, 2019, https://www.youtube.com/watch?v=GTIt-pPfLWU.
4. Henry Rosemont, Jr., Against Individualism: A Confucian Rethinking of the Foundations of Morality, Politics, Family, and Religion (Lanham, Md.: Lexington, 2015), 14.
5. Lionel Trilling, Sincerity and Authenticity (Cambridge, Mass.: Harvard University Press, 1972), 35.
6. Alasdair MacIntyre, After Virtue: A Study in Moral Theory (Notre Dame, Indiana: University of Notre Dame Press, 1981).
7. 위키피디아에 따르면 "1990년대 중국은 세계에서 자살률이 가장 높은 나라 중 하나였지만(10만 명당 20명 이상), 세계 경제 위기가 닥치자 1990년대 말까지 자살률이 크게 떨어졌다. 농촌에서 도시로의 이주가 주된 동력이었다. 2011년까지 중국은 미국보다 훨씬 낮은 세계에서 자살률이 가

장 낮은 국가 중 하나였다. 1990년에서 2016년까지 중국의 자살률은 64% 감소했으며, 중국은 자살률 감소 세계 1위를 기록했다. WHO에 의하면 2016년 중국의 자살률은 9.7명인 반면, 미국은 15.3명이었다." "Suicide in China," Wikipedia, https://en.wikipedia.org/wiki/Suicide_in_China, accessed August 1, 2019.
8. Referring to Samuel Law and Pozi Liu (Law and Liu 2008), 위키피디아에 따르면 "1990년대 자료를 바탕으로 한 2008년 연구에서 다음과 같은 내용을 찾아볼 수 있다. 여성 자살이 남성 자살 건수보다 3배 더 많았고, 농촌 자살 건수가 도시 자살 건수보다 3배 더 많았다."
9. Wu Fei, Suicide and Justice: A Chinese Perspective (New York: Routledge, 2009), 6.
10. 우리는 현재 또는 과거의 중국이 '올바른' 유교 사회인지에 대해서는 어떠한 언급도 하지 않는다.
11. Wu, Suicide and Justice, xvi–xxi. 배우자가 바람을 피우거나 정신질환이 있는 경우에도 성실성 기반의 이해가 지배적이었다. 불륜은 수치심의 문제로 설명되며, 바람을 피운 사람은 '얼굴'을 남기지 않기 때문에 자신에게 씌운 부당함을 증명하기 위해선 자살 이외의 선택지가 없다고 생각했다. 정신질환 또한 부끄러운 것이며 자신의 역할을 수행하지 못하는 것으로 여겨졌다. 이들은 가족과 사회의 요구에 부응할 수 없기 때문에 자살에 대한 대안이 거의 없었다.
12. Giacomo Casanova, History of My Life, trans. Willard Trask (Baltimore: Johns Hopkins University Press, 1997).
13. Judith Butler, Antigone's Claim: Kinship Between Life and Death (New York: Columbia University Press, 2002); Slavoy Žižek, Antigone (London: Bloomsbury Academic, 2016).
14. G. W. F. Hegel, Lectures on the Philosophy of Religion, vol. 2, trans. Peter C. Hodgson (Oxford: Oxford University Press, 2008), 665.
15. 예를 들어 Rosemont, Against Individualism를 참조하라. 로즈먼트는 "우리 자신과 동료는 자율적인 개인으로 존재하지 않으며, 단순히 '역할을 수행하는' 것에 그치지 않고 근본적으로 상호 연관된 역할 수행자"로 볼 것을 요구한다(xiv).
16. Roger T. Ames, Confucian Role Ethics: A Vocabulary (Hong Kong: Chinese University Press, 2011), 87.
17. Francis Fukuyama, Identity: The Demand for Dignity and the Politics of Resentment (New York: Farrar, Straus and Giroux, 2018), 63–66.
18. "새로운 성실성"이라는 용어는 보통 미국인 작가 David Foster Wallace로 대표되는 광범위한 미적, 지적 트렌드와 관련이 있다(1962–2008). 우리는 이를 정치 이론에 적용한다. Paul D'Ambrosio and Hans–Georg Moeller, "Political New Sincerity and Profilicity: On the Decline of Identity Politics and Authenticity," Philosophy Today 65, no. 1 (출간예정)을 참조하라.
19. 정체성 정치에 대한 후쿠야마의 견해는 아마 다소 일방적일 것이다. 정체성 정치의 다양한 형태에 대해서는 5장에서 논의한다.
20. Mark Lilla, The Once and Future Liberal: After Identity Politics (New York: HarperCollins, 2017).
21. Kwame Anthony Appiah, The Lies That Bind: Rethinking Identity (New York: Liveright, 2018), 27.

22. Cf. D'Ambrosio, "A Sandelian Response to Confucian Role Ethics," in Encountering China: Michael Sandel and Chinese Philosophy, ed. Michael Sandel and Paul J. D'Ambrosio, 228-44 (Cambridge, Mass.: Harvard University Press, 2018).
23. Fukuyama, Identity, 119.
24. German Lopez, "Donald Trump Can be Weirdly Honest About Lying. The Daily Show Gave a Few Examples," Vox, December 15, 2016, https://www.vox.com/policy-and-politics/2016/12/15/13966872/trump-lying-daily-show.
25. 모두가 이 데이터들을 '덜 편향됐다'고 생각하는 것은 아니다. 실제로 캐시 오닐 (2016), Virginia Eubanks (2018), Safiya Noble (2018), and Ruha Benjamin (2019)을 포함한 다수의 이론가들은 알고리즘이 프로그래머들의 편견을 제도화할 수 있다고 주장한다.
26. Kashmir Hill, "How Target Figured Out a Teen Girl Was Pregnant Before Her Father Did," Forbes, February 16, 2012, https://www.forbes.com/sites/kashmirhill/2012/02/16/how-target-figured-out-a-teen-girl-was-pregnant-before-her-father-did/#48b210456668.

4장 진정성

1. Benjamin Franklin, "Letter to Peter Collinson; May 9, 1753," Teaching American History, https://teachingamericanhistory.org/library/document/letter-to-peter-collinson/.
2. Sebastian Junger, Tribe: On Homecoming and Belonging Book (New York: Hachette, 2016), 9.
3. Junger, Tribe, 12-34.
4. Junger, Tribe, 18-19.
5. Jordan Peterson, "INSPIRATIONAL: Jordan Peterson on Western Civilization," YouTube video, 2:30, August 20, 2017, https://www.youtube.com/watch?v=NhgD8pNKlnE.
6. 피터슨은 종종 자신의 아내와 두 성인 자녀, 그리고 그들 사이의 유대에 대해 이야기한다. 그는 가족이 매우 중요하다고 생각한다. 그러나 많은 심리학자들과 마찬가지로 그는 핵가족을 개인이 궁극적으로 극복해야 할 자기발전의 은신처로 바라본다.
7. 더 자세한 내용은 5장의 정체성 문제에 대한 부분을 참조하라.
8. Theodore W. Adorno, Jargon der Eigentlichkeit: Zur deutschen Ideologie [The jargon of authenticity] (Frankfurt: Suhrkamp, 1964)을 참조하라.
9. Charles Taylor, A Secular Age. (Cambridge, Mass: Belknap Press of Harvard University Press, 2007), 74.
10. Charles Taylor, The Ethics of Authenticity (Cambridge, MA: Harvard University Press, 1992), 74.
11. Ulrich Beck and Elisabeth Beck-Gemsheim, Individualization: Institutionalized Individualism and Its Social and Political Consequences (London: SAGE, 2001), xxii.

주석

xvi. For Bauman's extended argument, Zygmunt Bauman, "From Pilgrim to Tourist—or a Short History of Identity," in Questions of Cultural Identity, ed. Stuart Hall and Paul du Gay (New York: Sage, 1996), 18–36을 참조하라.

12. Jacob Golomb, In Search of Authenticity: Existentialism from Kierkegaard to Camus (New York: Routledge, 1995), 10.
13. Bauman, "From Pilgrim to Tourist."
14. Friedrich Nietzsche, The Gay Science: With a Prelude in Rhymes and an Appendix of Songs (New York: Random House, 1974); Allan Watts, Become What You Are (Boulder, Colo.: Shambhala, 2003).
15. Sohrab Ahmari, From Fire, by Water: My Journey to the Catholic Faith (San Francisco: Ignatius, 2019), 36.
16. Jay Shetty, "Mike Posner: ON How Fame Ruined His Life | ON Purpose Podcast Ep. 4," YouTube video, 127:15, March 14, 2019, https://www.youtube.com/watch?v=gjpB9MXCfOE&t=349s.
17. Elena Esposito, "In and Out: Fashion and the Culture of Transitoriness," YouTube video, 41:39, September 7, 2013, https://www.youtube.com/watch?v=9loww3vyj90.
18. 루소는 자신이 진정한 고백자라고 단언했다. 루소는 에세이의 시작 부분에서 몽테뉴는 자신이 본인의 자아를 '기교 없이' 그리고 단순하게 탐구한다고 독자들에게 전한다. 루소는 "나는 몽테뉴의 거짓된 순진함과 자신의 잘못을 고백하는 척하며 마음에 드는 것만 인정하는 것이 늘 재미있었다"라며 조롱했다. Jean–Jacques Rousseau, The Confessions of Jean–Jacques Rousseau, trans. J. M. Cohen (New York: Penguin, 1981), 478–79.
19. Esposito, "In and Out."
20. "Sherry Turkle," Amazon.com, https://www.amazon.com/Sherry–Turkle/e/B000APEFSI?ref_=dbs_p_pbk_r00_abau_000000, accessed August 21, 2019.
21. Paul D'Ambrosio and Hans–Georg Moeller, "From Authenticity to Profilicity: A Critical Response to Roberto Simanowski and Others," New German Critique 46, no. 2 (2019): 1–25을 참조하라.
22. Marshall McLuhan and Quentin Fiore, The Medium Is the Massage: An Inventory of Effects, coordinated by Jerome Agel (New York: Bantam, 1967).
23. Boho Beautiful, "Burnt Out | Milestones & Big Changes for Boho Beautiful," YouTube video, 10:36, March 17, 2019, https://www.youtube.com/watch?v=fAAD8gCgxSk.
24. Tim Peterson, "Creators Are Making Longer Videos to Cater to the YouTube Algorithm," DigiDay, July 3, 2017, https://digiday.com/media/creators–making–longer–videos–cater–youtube–algorithm/.
25. Boho Beautiful, "Nothing Will Ever Be the Same ♥ Boho Diary | Nepal," YouTube video, 12:33, June 22, 2019, https://www.youtube.com/watch?v=6yfAt93Ty3A.
26. Boho Beautiful, "I Love Your Yoga Videos, but … Subscribers Keep Leaving Our Channel?!" YouTube video, 10:07, June 24, 2019, https://www.youtube.com/watch?v=-RAyPCbMYn0.

27. Eva Illouz, Cold Intimacies: The Making of Emotional Capitalism (New York: Polity, 2007), 79.
28. Lionel Trilling, Sincerity and Authenticity (Cambridge, Mass.: Harvard University Press, 1972).
29. Goldie Chan, "10 Golden Rules of Personal Branding," Forbes, November 8, 2018, https://www.forbes.com/sites/goldiechan/2018/11/08/10-golden-rules-personal-branding/#2aac095258a7.
30. Emma Sandler, "Supermodel Teaches at Stanford: How to Learn About Personal Branding with Tyra Banks," Forbes, June 12, 2017. https://www.forbes.com/sites/emmasandler/2017/06/12/tyra-banks-talks-teaching-at-stanford/#2aecee326965.
31. "Zhang Dayi," Wikipedia, https://en.wikipedia.org/wiki/Zhang_Dayi, accessed July 29, 2019.
32. Zhang Dayi, "纪录片«网红»: 真实记录 '淘宝第一网红' 张大奕的面子, 里子," Bilibili video, 18:52, October 28, 2016, https://www.bilibili.com/video/av6856116/. 다음은 중국어 원문이다. "因为他本身就是通一张照片或者是一段视频喜欢你他这个过程也很快你那个生活中你都没有办法做 到唯一和忠诚怎么可能希望网络上的人对你做到一辈子忠诚这更不可的。"
33. "就是我性格那种看上去特别随和其实特别难搞的一个人。"

5장 정체성

1. "Budweiser Super Bowl Commercial 2015," https://www.youtube.com/watch?v=yyVgO_j0vxw, accessed May 20, 2020을 참조하라.
2. Hartmut Rosa, Social Acceleration: A New Theory of Modernity, trans. Jonathan Trejo-Mathys (New York: Columbia University Press, 2013).
3. Carol Hanisch, "The Political Is Personal," Notes from the Second Year: Women's Liberation, March 8, 1970, 1.
4. Simone de Beauvoir는 아마 오늘날 젠더에 대한 담론에 대해 비슷한 불만을 제기할 것이다.
5. "The Combahee River Collective Statement," Circuitous.org, http://circuitous.org/scraps/combahee.html, accessed October 27, 2019.
6. Garrett Graham, The Gay State: The Quest for an Independent Gay Nation-State and What It Means to Conservatives and the World's Religions (New York: iUniverse, 2010).
7. Paul D'Ambrosio and Hans-Georg Moeller, "Political New Sincerity and Profilicity: On the Decline of Identity Politics and Authenticity," Philosophy Today 65, no. 1 (출간예정).
8. Michael Sandel, Liberalism and the Limits of Justice (Cambridge: Cambridge University Press, 1982), 179.
9. Kwame Anthony Appiah, The Lies That Bind: Rethinking Identity (New York: Liveright, 2018); Mark Lilla, The Once and Future Liberal: After Identity Politics (New York:

HarperCollins, 2017); Francis Fukuyama, Identity æThe Demand for Dignity and the Politics of Resentment (New York: Farrar, Straus and Giroux, 2018).
10. Robert N. Bellah, "Civil Religion in America," Dædalus, Journal of the American Academy of Arts and Sciences 96, no. 1 (1967): 1–21.
11. Appiah, The Lies That Bind, 77.
12. Sheldon Stryker and Peter J. Burke, "The Past, Present, and Future of an Identity Theory," Social Psychology Quarterly 63, no. 4 (2000): 284.
13. Niklas Luhmann, Social Systems, trans. John Bednarz, Jr., with Dirk Baecker (Stanford, Calif.: Stanford University Press, 1996), xxiv.
14. Niklas Luhmann, Theories of Distinction: Redescribing the Descriptions of Modernity, ed. William Rasch (Stanford, Calif.: Stanford University Press, 2002), 184.
15. Simone de Beauvoir, The Second Sex (original: Le Deuxième Sexe, 1949), trans. H. M. Parshley (New York: Penguin, 1972), 267.
16. 플라톤은 《국가》에서 비슷한 이상을 인지하며, 이 이상은 동시에 《장자》의 주요 테마이기도 하다. 이에 대해서는 다음 장에서 다룬다.
17. 더 자세한 설명에 대해서는 Terry Pinkard, Does History Make Sense: Hegel on the Historical Shapes of Justice (Cambridge, Mass.: Harvard University Press, 2018)을 참조하라.
18. Douglas Kellner, "Popular Culture and the Construction of Postmodern Identities," in Modernity and Identity, ed. Scott Lash and Jonathan Friedman (Oxford: Blackwell, 1991), 141.
19. Niklas Luhmann, Theory of Society, vol. 2, trans. Rhodes Barrett (Stanford, Calif.: Stanford University Press, 1993), 22.
20. Timothy Mo, An Insular Possession (London: Chatto & Windus, 1986), 459.
21. Luhmann, Theory of Society, 2:22.
22. 부분적으로 루만의 입장에서 발전된 정체성의 개념에 관해서는 Werner Stegmaier, What Is Orientation? A Philosophical Investigation (Berlin: De Gruyter, 2019)을 참조하라. Stegmaier는 그의 책 11장에서 정체성 형성과 '프로필' 사이의 연관성에 대해 다룬다.
23. George Herbert Mead, Mind, Self, and Society, ed. Charles W. Morris (Chicago: University of Chicago Press, 1934).
24. 이 "사회적 유형"은 MacIntyre의 "character"와 유사하다는 것에 주목하라.
25. Stryker and Burke, "The Past, Present, and Future of an Identity Theory," 284.

6장 온전성

1. 《장자》의 모든 인용문은 ctext상에 있는 버전을 따른다. https://ctext.org/zhuangzi. A. C. Graham, trans., Chuang-tzu을 활용한 우리의 번역이다. The Seven Inner Chapters and Other Writings from the Book of "Chuang-tzu" (Indianapolis: Hackett, 2001); and Brook

Ziporyn, trans., Zhuangzi: The Complete Writings (Indianapolis: Hackett, 2020).
2. 이 이야기에 대한 자세한 분석은 Hans-Georg Moeller, "Hundun's Mistake: Satire and Sanity in the Zhuangzi," Philosophy East and West 67, no. 3 (2017): 783-800을 참조하라.
3. Simon Parkin, "The YouTube Stars Heading for Burnout: 'The Most Fun Job Imaginable Became Deeply Bleak,'" Guardian, September 8, 2018, https://www.theguardian.com/technology/2018/sep/08/youtube-stars-burnout-fun-bleak-stressed.
4. Parkin, "The YouTube Stars Heading for Burnout."
5. 전 세계 수백만 명의 (대부분 젊은) 사람들은 소셜미디어와 직접적으로 관련된 스트레스와 불안, 우울증을 겪는다. 자살뿐만 아니라 점점 더 많은 다른 심리적 문제들이 소셜미디어 프로필과 연관된다. Nicholas Kardaras, Glow Kids (New York: St. Martin's Griffin, 2016)을 참조하라.
6. Louis Scott Vargas, "Modern Horizons-Draft | Channel LSV," YouTube video, 57:23, June 26, 2019, https://www.youtube.com/watch?v=rjbzcRdoB90.
7. 이것은 1889년 출판된 Giles의 번역이다: "옛날 옛적에, 나 장자는 나비가 되어 이리저리 펄럭이는 꿈을 꾸었다. 나는 나비처럼 내 환상을 따라가는 것만 의식했고, 인간으로서의 내 개성은 의식하지 못했다. 갑자기 나는 잠에서 깨어났고, 다시 나 자신이 되어 그곳에 누워있다. 지금 나는 내가 사람으로서 나비가 된 꿈을 꾸었는지, 나비로서 지금 사람이 된 꿈을 꾸고 있는지 알지 못한다. 인간과 나비 사이에는 반드시 장벽이 존재한다. 이런 전이를 이른바 윤회Metempsychosis라고 부른다." (47).
8. 이 이야기에 대한 자세한 분석은 Hans-Georg Moeller, "Zhuangzi's Dream of a Butterfly: A Daoist Interpretation," Philosophy East and West 49, no. 4 (1999): 439-50을 참조하라.
9. 《장자》에서 이 구절의 맥락에서 볼 때 깨어 있는 상태로부터 꿈꾸는 상태로의 전이는 삶에서 죽음으로의 전환을 비유적으로 나타내는 것이 자명하며, 그 반대인 '사물의 전환'도 마찬가지다.
10. 이 이야기에 대한 자세한 분석은 Moeller, "Zhuangzi's Dream of a Butterfly"을 참조하라. 이 에세이의 일부 구절은 여기서 수정된 형태로 사용된다.
11. 더 자세한 account에 대해서는 Robin D. S. Yates, "Soldiers, Scribes, and Women: Literacy Among the Lower Orders in Early China," in Writing and Literacy in Early China: Studies from the Columbia Early China Seminar, ed. Feng Li and David Prager Branner (Seattle: University of Washington Press, 2011), 339-69을 참조하라.
12. 이는 《논어》 전반에 걸쳐 나타나듯이 유교 현인들의 주 태도이기도 하다. 하지만 《장자》에서 반대하는 제도화된 유교는 아니다.
13. 이 말장난을 만들어 낸 Robert Carleo에게 감사를 표한다.
14. Friedrich Nietzsche, Beyond Good and Evil, trans. Marion Faber (Oxford: Oxford University Press), 156.

후기

1. "Pope Francis Says Pandemic Can Be a 'Place of Conversion,'" Tablet, https://www.

thetablet.co.uk/features/2/17845/pope-francis-says-pandemic-can-be-a-place-of-conversion-을 참조하라.
2. "La emergencia viral y el mundo de mañana," El País, March 22, 2020, https://elpais.com/ideas/2020-03-21/la-emergencia-viral-y-el-mundo-de-manana-byung-chul-han-el-filosofo-surcoreano-que-piensa-desde-berlin.html; "Wir düfen di Vernunft nicht dem Virus überlassen," Welt, March 23, 2020, https://www.welt.de/kultur/plus206681771/Byung-Chul-Han-zu-Corona-Vernunft-nicht-dem-Virus-ueberlassen.html; and "Wir sind längst China—nur wollen wir es nicht wahrhaben," Welt, April 17, 2020, https://www.welt.de/kultur/plus207267727/Byung-Chul-Han-Wir-sind-laengst-China-nur-wollen-wir-es-nicht-wahrhaben.html; "El coronavirus bajo el liberalismo," Clarin, April 17, 2020, https://www.clarin.com/cultura/byung-chul-vamos-feudalismo-digital-modelo-chino-podria-imponerse_0_QqOkCraxD.html.
3. Byung-Chul Han, "Asia Is Working with Data and Masks," trans. David Ownby, Reading the China Dream, https://www.readingthechinadream.com/byung-chul-han-coronavirus.html.

참고문헌

Adorno, Theodor W. Jargon der Eigentlichkeit: Zur deutschen Ideologie [The jargon of authenticity]. Frankfurt: Suhrkamp, 1964.

Ahmari, Sohrab. From Fire, by Water: My Journey to the Catholic Faith. San Francisco: Ignatius, 2019.

Ames, Roger T. Confucian Role Ethics: A Vocabulary. Hong Kong: Chinese University Press, 2011.

Ames, Rogert T., and Henry Rosemont, Jr., eds. and trans. The Analects of Confucius: A Philosophical Translation. New York: Ballantine, 1998.

Anonymous. Reisebriefe deutscher Romantiker. Berlin: Rütten und Loening, 1979.

Appiah, Kwame Anthony. The Lies That Bind: Rethinking Identity. New York: Liveright, 2018.

Aronczyk, Melissa. Branding the Nation: The Global Business of National Identity. Oxford: Oxford University Press, 2013.

Assmann, Aleida. "Wir dürfen die Erinnerungskultur nicht ethnisieren." Süddeutsche Zeitung, February 19, 2018. https://www.sueddeutsche.de/kultur/erinnerungskultur–deutschlands–imperativ–1.3866258–2.

Baudrillard, Jean. For a Critique of the Political Economy of the Sign. Trans. Charles Levin. Saint Louis: Telos, 1981.

Baudrillard, Jean. Pour une critique de l'economie politique du signe. Paris: Gallimard, 1972.

Bauman, Zygmunt. "From Pilgrim to Tourist—or a Short History of Identity." In Questions of Cultural Identity, ed. Stuart Hall and Paul du Gay, 18–36. New York: Sage, 1996.

Beauvoir, Simone. The Second Sex. Trans. H. M. Parshley. New York: Penguin, 1972 (1949).

Beck, Ulrich, and Elisabeth Beck–Gemsheim. Individualization: Institutionalized Individualism and Its Social and Political Consequences. London: SAGE, 2001.

Bellah, Robert N. "Civil Religion in America." Dædalus, Journal of the American Academy of Arts and Sciences 96, no. 1 (1967): 1–21.

Benjamin, Ruha. Race After Technology: Abolitionist Tools for the New Jim Code. Cambridge: Polity, 2019.

Benjamin, Walter. Illuminations: Essays and Reflections. Ed. Hannah Arendt, trans. Harry Zohn. New York: Schocken, 1969.

Benjamin, Walter. "The Work of Art in the Age of Mechanical Reproduction" (1935). In Illuminations: Essays and Reflections, ed. Hannah Arendt, trans. Harry Zohn. New York: Schocken, 1969.

Boho Beautiful. "Burnt Out | Milestones & Big Changes for Boho Beautiful." YouTube video, 10:36, March 17, 2019. https://www.youtube.com/watch?v=fAAD8gCgxSk.

Boho Beautiful. "Nothing Will Ever Be the Same ♥ Boho Diary | Nepal." YouTube video, 12:33, June 22, 2019. https://www.youtube.com/watch?v=6yfAt93Ty3A.

참고문헌

Boho Beautiful. "I Love Your Yoga Videos, but ... Subscribers Keep Leaving Our Channel?!" YouTube video, 10:07, June 24, 2019. https://www.youtube.com/watch?v=-RAyPCbMYn0.

Butler, Judith. Antigone's Claim: Kinship Between Life and Death. New York: Columbia University Press, 2002.

Butler, Judith. Giving an Account of Oneself. New York: Fordham University Press, 2005.

Casanova, Giacomo. History of My Life. Trans. Willard Trask. Baltimore: Johns Hopkins University Press, 1997.

Chan, Goldie. "10 Golden Rules of Personal Branding." Forbes, November 8, 2018. https://www.forbes.com/sites/goldiechan/2018/11/08/10-golden-rules-personal-branding/#2aac095258a7.

Clegg, River. "How to Market to Me." New Yorker, March 12, 2018. https://www.newyorker.com/magazine/2018/03/19/how-to-market-to-me?.

Commonwealth Club. "Francis Fukuyama: Identity and the Politics of Resentment." YouTube video, 1:06.59, October 8, 2018. https://www.youtube.com/watch?v=I2AUxRQFXY4.

Daily Mail. "Chicago Police Release Statement on Jussie Smollett Arrest." YouTube video, 5:48, February 21, 2019. https://www.youtube.com/watch?v=zUSnegQd-RQ.

D'Ambrosio, Paul. "From Present to Presentation: A Philosophical Critique of Hartmut Rosa's 'Situational Identity.'" Time and Society 28, no. 3 (2019): 1061–83.

D'Ambrosio, Paul. "A Sandelian Response to Confucian Role Ethics." In Encountering China: Michael Sandel and Chinese Philosophy, ed. Michael Sandel and Paul J. D'Ambrosio, 228–44. Cambridge, Mass.: Harvard University Press, 2018.

D'Ambrosio, Paul, and Hans-Georg Moeller. "From Authenticity to Profilicity: A Critical Response to Roberto Simanowski and Others." New German Critique 46, no. 2 (2019): 1–25.

D'Ambrosio, Paul, and Hans-Georg Moeller. "Political New Sincerity and Profilicity: On the Decline of Identity Politics and Authenticity." Philosophy Today 65, no. 1 (forthcoming).

Debord, Guy. The Society of the Spectacle. Trans. Donald Nicholson-Smith. New York: Zone, 1994.

Drobits, Hannah, Sam Morris, and Elan Fingles. "Case Study: Mac vs. PC Advertisement Campaign." July 23, 2014. https://sites.psu.edu/drobitsleap/2014/07/23/case-study-mac-vs-pc-advertisement-campaign/.

Dylan, Bob. "Beyond Here Lies Nothing." Together Through Life, track 1. Columbia Records, 2009, compact disk.

Enzensberger, Hans-Magnus. "Bausteine zu einer Theorie der Medien." Kursbuch 20 (March 1970): 159–86.

Enzensberger, Hans–Magnus. "Constituents of a Theory of the Media." Trans. Stuart Hood. In The Consciousness Industry: On Literature, Politics, and the Media, ed. Reinhold Grimm and Bruce Armstrong, 95–128. New York: Continuum, 1974.

Esposito, Elena. "Artificial Communication? The Production of Contingency by Algorithms." Zeitschrift für Soziologie 46, no. 4 (2017): 249–65.

Esposito, Elena. "Economic Circularities and Second–Order Observation: The Reality of Ratings." Sociologica 7, no. 2 (2013): 1–10.

Esposito, Elena. "Elena Esposito: Future and Uncertainty in the Digital Society." YouTube video, 1:56:49, March 15, 2018. https://www.youtube.com/watch?v=zb18MZn9Ies&t=2393s.

Esposito, Elena. "The Fascination of Contingency: Fashion and Modern Society." In Philosophical Perspectives on Fashion, ed. Giovanni Matteucci and Stefano Marino, 175–90. London: Bloomsbury, 2017.

Esposito, Elena. "In and Out: Fashion and the Culture of Transitoriness." YouTube video, 41:39, September 7, 2013. https://www.youtube.com/watch?v=9loww3vyj90.

Eubanks, Virginia. Automating Inequality: How High–Tech Tools Profile, Police, and Punish the Poor. New York: St. Martin's, 2018.

Ezra Klein Show. "Francis Fukuyama's Case Against Identity Politics." YouTube video, 1:30.17, October 1, 2018. https://www.youtube.com/watch?v=F7D_mF_siSk.

Fan, Jiayang. "China's Selfie Obsession." New Yorker, December 11, 2017. https://www.newyorker.com/magazine/2017/12/18/chinas–selfie–obsession.

Formilan, Giovanni, and David Stark. "Moments of Identity: Artists and Their Aliases in Electronic Music." Manuscript.

France, Lisa Respers. "Voter Registration Reportedly Spikes After Taylor Swift Post." CNN, October 8, 2018. https://web.archive.org/web/20181009194930/https://edition.cnn.com/2018/10/09/entertainment/taylor–swift–voter–registration/index.html.

Franklin, Benjamin. "Letter to Peter Collinson; May 9, 1753." Teaching American History. https://teachingamericanhistory.org/library/document/letter–to–peter–collinson/.

Fukuyama, Francis. 2018. Identity: The Demand for Dignity and the Politics of Resentment. New York: Farrar, Straus and Giroux.

Gaskin, Sam. "'We Don't Believe Chinese Are Superficial or Narcissistic,' Says Meitu." Jing Daily, March 2, 2018. https://jingdaily.com/chinese–meitu/.

Gibson, Matthew. "The Impress of the Visual and Scenic Arts of the Fiction of Bram Stoker." In Bram Stoker and the Late Victorian World, ed. Matthew Gibson and Sabine Lenore Müller, 51–76. Clemson, S.C.: Clemson University Press, 2018.

Giles, Herbert A. Chuang Tzu: Taoist Philosopher and Chinese Mystic. London: Allen and Unwin,

참고문헌

1889.

Goffman, Erving. The Presentation of Self in Everyday Life. New York: Doubleday Dell, 1956.

Golomb, Jacob. In Search of Authenticity: Existentialism from Kierkegaard to Camus. New York: Routledge, 1995.

Graham, A. C., trans. Chuang–tzu: The Seven Inner Chapters and Other Writings from the Book of "Chuang–tzu." Indianapolis: Hackett, 2001.

Graham, Garrett. The Gay State: The Quest for an Independent Gay NationState and What It Means to Conservatives and the World's Religions. New York: iUniverse, 2010.

Han, Byung–Chul. The Burnout Society. Stanford, Calif.: Stanford University Press, 2015.

Han, Byung–Chul. The Transparency Society. Stanford, Calif.: Stanford University Press, 2015.

Hanisch, Carol. "Introduction." Writings by Carol Hanisch, 2006. https://webhome.cs.uvic.ca/~mserra/AttachedFiles/PersonalPolitical.pdf.

Hanisch, Carol. "The Political Is Personal." Notes from the Second Year: Women's Liberation, March 8, 1970.

Hegel, G. W. F. Lectures on the Philosophy of Religion. Vol. 2. Trans. Peter C. Hodgson. Oxford: Oxford University Press, 2008.

Hill, Kashmir. "How Target Figured Out a Teen Girl Was Pregnant Before Her Father Did." Forbes, February 16, 2012. https://www.forbes.com/sites/kashmirhill/2012/02/16/how–target–figured–out–a–teen–girl–was–pregnant–before–her–father–did/#48b210456668.

Horkheimer, Max, and Theodor W. Adorno. Philosophische Fragmente (later known as Dialektik der Aufklärung). New York: Social Studies Association, 1944.

Illouz, Eva. Cold Intimacies: The Making of Emotional Capitalism. New York: Polity, 2007.

Jönhill, Jan Inge. "Inclusion and Exclusion—a Guiding Distinction to the Understanding of Issues of Cultural Background." Systems Research and Behavioral Science 29, no. 4 (2012): 387–401.

Junger, Sebastian. Tribe: On Homecoming and Belonging Book. New York: Hachette, 2016.

Kardaras, Nicholas. Glow Kids. New York: St. Martin's Griffin, 2016.

Kellner, Douglas. "Popular Culture and the Construction of Postmodern Identities." In Modernity and Identity, ed. Scott Lash and Jonathan Friedman, 141–77. Oxford: Blackwell, 1991.

Keynes, John Maynard. The General Theory of Employment, Interest and Money. London: Palgrave Macmillan, 1936.

Kirkpatrick, David. The Facebook Effect: The Inside Story of the Company That Is Connecting the World. New York: Simon and Schuster, 2010.

Klein, Naomi. No Logo: Taking Aim at the Brand Bullies. Toronto: Picador, 1999.

Klein, Naomi. No Logo: 10th Anniversary Edition with a New Introduction by the Author. London:

―― 참고문헌 ――

Picador, 2009.
Kostka, Genia. "China's Social Credit Systems and Public Opinion: Explaining High Levels of Approval." New Media & Society 21, no. 7 (2019): 1565–93.
Law, Samuel, and Pozi Liu. "Suicide in China: Unique Demographic Patterns and Relationship to Depressive Disorder." Current Psychiatry Reports 10, no. 1 (2008): 80–86.
Lilla, Mark. The Once and Future Liberal: After Identity Politics. New York: HarperCollins, 2017.
Lopez, German. "Donald Trump Can Be Weirdly Honest About Lying. The Daily Show Gave a Few Examples." Vox, December 15, 2016. https://www.vox.com/policy-and-politics/2016/12/15/13966872/trump-lying-daily-show.
Löwe, Philipp. "Selfie vor Krawallkulisse." Der Spiegel, July 8, 2018. https://www.spiegel.de/panorama/gesellschaft/g20-krawalle-selfie-bei-randale-im-schanzenviertel-a-1156799-amp.html.
Luhmann, Niklas. Die Realität der Massenmedien [The reality of the mass media]. Opladen: Westdeutscher Verlag, 1995.
Luhmann, Niklas. "Individuum, Individualität, Individualismus." In Gesellschaftsstruktur und Semantik: Studien zur Wissenssoziologie der modernen Gesellschaft, 3:149–258. Frankfurt: Suhrkamp, 1993.
Luhmann, Niklas. Introduction to Systems Theory. Trans. Peter Gilgen. Cambridge: Polity, 2013.
Luhmann, Niklas. The Reality of the Mass Media. Trans. Kathleen Cross. Stanford, Calif.: Stanford University Press, 2000.
Luhmann, Niklas. Social Systems. Trans. John Bednarz, Jr., with Dirk Baecker. Stanford, Calif.: Stanford University Press, 1996.
Luhmann, Niklas. Theories of Distinction: Redescribing the Descriptions of Modernity. Ed. William Rasch. Stanford, Calif.: Stanford University Press, 2002.
Luhmann, Niklas. Theory of Society, vol. 2. Trans. Rhodes Barrett. Stanford, Calif.: Stanford University Press, 2013.
Lyon, David. The Culture of Surveillance. New York: Polity, 2018.
Lyon, David. Surveillance Society: Monitoring Everyday Life. Philadelphia: Open University Press, 2001.
MacIntyre, Alasdair. After Virtue: A Study in Moral Theory. Notre Dame, Ind.: University of Notre Dame Press, 1981.
McLuhan, Marshall, and Quentin Fiore. The Medium Is the Massage: An Inventory of Effects. Coordinated by Jerome Agel. New York: Bantam, 1967.
Mead, George Herbert. Mind, Self, and Society. Ed. Charles W. Morris. Chicago: University of Chicago Press, 1934.

참고문헌

Milnes, Tim, and Kerry Sinanan, eds. Romanticism, Sincerity, and Authenticity. London: Palgrave Macmillan, 2010.

Mo, Timothy. An Insular Possession. London: Chatto & Windus, 1986.

Moeller, Hans–Georg. "Hundun's Mistake: Satire and Sanity in the Zhuangzi." Philosophy East and West 67, no. 3 (2017): 783–800.

Moeller, Hans–Georg. "The Naked Scribe: The Skill of Dissociation in Society." In Skill and Mastery: Philosophical Stories from the Zhuangzi, ed. Karyn Lai and Wai Wai Chiu, 243–58. Lanham, Md.: Rowman and Littlefield International, 2019.

Moeller, Hans–Georg. "On Second–Order Observation and Genuine Pretending: Coming to Terms with Society." Thesis Eleven 143, no. 1 (2017): 28–43.

Moeller, Hans–Georg. "Zhuangzi's Dream of a Butterfly: A Daoist Interpretation." Philosophy East and West 49, no. 4 (1999): 439–50.

Moeller, Hans–Georg, and Paul J. D'Ambrosio. Genuine Pretending: On the Philosophy of the Zhuangzi. New York: Columbia University Press, 2017.

Morris, Kylie. "Jussie Smollett Charged with Planning Alleged Homophobic, Racist Attack Himself." Channel 4 News, February 21, 2019. https://www.channel4.com/news/jussie–smollett–charged–with–planning–alleged–homophobic–racist–attack–himself.

Negroponte, Nicholas. Being Digital. New York: Knopf, 1995.

Nietzsche, Friedrich. Beyond Good and Evil. Trans. Marion Faber. Oxford: Oxford University Press, 1998.

Nietzsche, Friedrich. The Gay Science: With a Prelude in Rhymes and an Appendix of Songs. New York: Random House, 1974.

Noble, Safiya. Algorithms of Oppression: How Search Engines Reinforce Racism. New York: New York University Press, 2018.

O'Neil, Cathy. Weapons of Math Destruction: How Big Data Increases Inequality and Threatens Democracy. New York: Crown, 2016.

Parker, Sean. "Sean Parker—Facebook Exploits Human Vulnerability (We Are Dopamine Addicts)." YouTube video, 2:19, November 11, 2017. https://www.youtube.com/watch?v=R7jar4KgKxs&t=72s.

Parkin, Simon. 2018. "The YouTube Stars Heading for Burnout: 'The Most Fun Job Imaginable Became Deeply Bleak.'" Guardian, September 8, 2018. https://www.theguardian.com/technology/2018/sep/08/youtube–stars–burnout–fun–bleak–stressed.

Pasquale, Frank. The Black Box Society: The Secret Algorithms That Control Money and Information. Cambridge, Mass.: Harvard University Press, 2015.

Peterson, Jordan. "INSPIRATIONAL: Jordan Peterson on Western Civilization." YouTube video,

2:30, August 20, 2017. https://www.youtube.com/watch?v=NhgD8pNKlnE.

Peterson, Tim. 2018. "Creators Are Making Longer Videos to Cater to the YouTube Algorithm." DigiDay, July 3, 2017. https://digiday.com/media/creators-making-longer-videos-cater-youtube-algorithm/.

Pinkard, Terry. Does History Make Sense: Hegel on the Historical Shapes of Justice. Cambridge, Mass.: Harvard University Press, 2018.

Riggs, Erika. "Mark Zuckerberg Spends $30 Million on Four Homes to Ensure Privacy." NBC News, October 11, 2013. https://www.nbcnews.com/businessmain/mark-zuckerberg-spends-30-million-four-homes-ensure-privacy-8C11379396.

Rolling Thunder Revue: A Bob Dylan Story. Directed by Martin Scorsese. Netflix, 2019.

Rosa, Hartmut. Social Acceleration: A New Theory of Modernity. Trans. Jonathan Trejo-Mathys. New York: Columbia University Press, 2013.

Rosemont, Henry, Jr. Against Individualism: A Confucian Rethinking of the Foundations of Morality, Politics, Family, and Religion. Lanham, Md.: Lexington, 2015.

Rousseau, Jean-Jacques. The Confessions of Jean-Jacques Rousseau. Trans. J. M. Cohen. New York: Penguin, 1981.

Rousseau, Jean-Jacques. The Social Contract. Trans. Maurice Cranston. New York: Penguin, 1968.

Salam, Reihan. "Taylor Swift Succumbs to Competitive Wokeness." Atlantic, October 11, 2018. https://www.theatlantic.com/ideas/archive/2018/10/taylor-swift-kanye-west-and-competitive-wokeness/572716/.

Sandel, Michael. Liberalism and the Limits of Justice. Cambridge: Cambridge University Press, 1982.

Sandel, Michael. The Tyranny of Merit: What's Become of the Common Good. New York: Farrar, Straus and Giroux, 2020.

Sandler, Emma. "Supermodel Teaches at Stanford: How to Learn About Personal Branding with Tyra Banks." Forbes, June 12, 2017. https://www.forbes.com/sites/emmasandler/2017/06/12/tyra-banks-talks-teaching-at-stanford/#2aecee326965.

Saussure, Ferdinand de. Course in General Linguistics. Ed. Charles Bally and Albert Sechehaye, trans. Roy Harris. Chicago: Open Court, 1998.

Schlesinger, Arthur M. The Disuniting of America: Reflections on a Multicultural Society. New York: Norton, 1991.

Sessions, Abby. "Letters: 'Acting Like This Is a Boundless Battle for Wokeness Is Somewhat Absurd.'" Atlantic, October 25, 2018. https://www.theatlantic.com/letters/archive/2018/10/readers-opinions-competitive-wokeness-swift-kanye/573754/.

Shetty, Jay. "Mike Posner: ON How Fame Ruined His Life | ON Purpose Podcast Ep. 4." YouTube video, 127:15, March 14, 2019. https://www.youtube.com/watch?v=gjpB9MXCfOE&t=349s.

Simanowski, Roberto. Facebook Society: Losing Ourselves in Sharing Our selves. Trans. Susan H. Gillespie. New York: Columbia University Press, 2018.

Solon, Oliva. "Richard Dawkins on the Internet's Hijacking of the Word 'Meme.'" Wired, June 20, 2013. https://www.wired.co.uk/article/richard-dawkins-memes.

Stegmaier, Werner. Orientierung im Nihilismus: Luhmann Meets Nietzsche. Berlin, Boston: De Gruyter, 2016.

Stegmaier, Werner. What Is Orientation? A Philosophical Investigation. Berlin: De Gruyter, 2019.

Stirner, Max. Der Einzige und sein Eigntum. Leipzig: Otto Wiegand, 1945.

Stryker, Sheldon, and Peter J. Burke. "The Past, Present, and Future of an Identity Theory." Social Psychology Quarterly 63, no. 4 (2000): 284–97.

Taylor, Charles. The Ethics of Authenticity. Cambridge, Mass.: Harvard University Press, 1992.

Taylor, Charles. A Secular Age. Cambridge, Mass: Belknap Press of Harvard University Press, 2007.

Trauzettel, Rolf. "Landscape as an Aesthetic Person: On the Conceptual World of German Romanticism." In Landscape East and West: A Philosophical Journey, ed. Hans-Georg Moeller and Andrew Whitehead, 93–107. London: Bloomsbury, 2014.

Trauzettel, Rolf. "Two Mythic Paradigms of the Constitution of Personhood." In Selfhood East and West: De-Constructions of Identity, ed. Jason Dockstader, Hans-Georg Moeller, and Günter Wohlfart, 237–62. Nordhausen: Traugott Bautz, 2012.

Trilling, Lionel. Sincerity and Authenticity. Cambridge, Mass.: Harvard University Press, 1972.

Turkle, Sherry. Alone Together: Why We Expect More from Technology and Less from Each Other. New York: Basic Books, 2011.

Turkle, Sherry. "Sherry Turkle: 'Reclaiming Conversation' | Talks at Google." YouTube video, 59:33, October 30, 2019. https://www.youtube.com/watch?v=awFQtX7tPoI.

Varga, Somogy. Authenticity as an Ethical Ideal. New York: Routledge, 2011.

Vargas, Louis Scott. "Modern Horizons—Draft | Channel LSV." YouTube video, 57:23, June 26, 2019. https://www.youtube.com/watch?v=rjbzcRdoB90.

Watts, Allan. Become What You Are. Boulder, Colo.: Shambhala, 2003.

Webb, Amy. "Amy Webb: The Big Nine—Triangulation 387." YouTube video, 1:03:34. https://www.youtube.com/watch?v=lrcGrYQcM2g.

Wu Fei. Suicide and Justice: A Chinese Perspective. New York: Routledge, 2009.

Wu, Tim. The Attention Merchants: The Epic Scramble to Get Inside Our Heads. New York: Vintage, 2017.

Yates, Robin D. S. "Soldiers, Scribes, and Women: Literacy Among the Lower Orders in Early China." In Writing and Literacy in Early China: Studies from the Columbia Early China Seminar, ed. Feng Li and David Prager Branner, 339–69. Seattle: University of Washington Press, 2011.

Zhang, Dayi. "纪录片《网红》: 真实记录'淘宝第一网红'张大奕的面子, 里子." Bilibili video, 18:52, October 28, 2016. https://www.bilibili.com/video/av6856116/.

Ziporyn, Brook, trans. Zhuangzi: The Complete Writings. Indianapolis: Hackett, 2020.

Žižek, Slavoj. Antigone. London: Bloomsbury Academic, 2016.

Zuboff, Shoshana. The Age of Surveillance Capitalism: The Fight for a Human Future and a New Frontier of Power. New York: PublicAffairs, 2019.

Zuckerberg, Mark. "Mark Zuckerberg & Yuval Noah Harari in Conversation." YouTube video, 1:33:30, April 26, 2019. https://www.youtube.com/watch?v=Boj9eD0Wug8.

Zuckerberg, Mark. "Mark Zuckerberg Talks to Patrick Collison and Tyler Cowen About Accelerating Progress." YouTube video, 1:09:09, November 25, 2019. https://www.youtube.com/watch?v=GTlt–pPfLWU.

찾아보기

ㄱ
가능성의 조건 60, 107
가면 9, 24, 25, 27, 34, 161, 181, 193
감시사회 83, 89, 90, 91, 92, 94
까치 58, 282, 283, 285
개념적 내러티브 208
개인의 자율성 90, 91, 193, 198
개인적인 것이 정치적인 것이다 228, 229, 230, 231, 233
《걸스Girls》 98, 99
게오르그 뷔히너 241
《게이 국가》 232
게이 프라이드 퍼레이드 228
계몽의 변증법 154
고달픈 자유 250
고립감 194
《고백록》 203
《고용, 이자 및 화폐의 일반이론》 147
공개 프로필 64, 66, 286
공동기업 132
공유하는 실천 235, 236
공유하는 정서 235, 236, 237
공적 이성 100
공적 프로필 119
교제 사이트 73
콰메 앤서니 아피아 184, 187, 234, 235
구글 학술검색 프로필 55, 65, 96
〈구글이 우리를 멍청하게 만드는가〉 208
《구속하는 거짓말, 정체성 재고하기》 184
구조주의 158, 159
국가 브랜드 121
국가 프로필 121, 122, 126
기괴한 가면 9
기 드보르 13, 150, 154, 158
〈기술과 사회의 미래〉 163
〈기술과 자아에 관한 이니셔티브〉 208
《기술복제시대의 예술작품》 143
기호학 139, 152, 158, 159

기후게이트 37, 38
〈그들은 말을 쏘았다〉 121
그리터greeters 45
근대화 180, 194, 196, 197

ㄴ
나답게 살라 201
나르시시즘 15, 55, 56, 57, 270
《나르시시즘의 문화》 57
나심 나자피 아그담 271
나오미 클라인 129, 131, 132, 133, 135, 136, 151, 152
《나의 인생 이야기》 50, 173
내면의 자아 136, 183, 196, 225, 243
남성 우월주의 230
낭만주의 139, 140~142, 151, 192, 196, 198
네그로폰테 155, 157
네트워크형 62
넷플릭스 30, 31, 33
《노생거 사원》 204
노스탤지어 207
〈노 처치 인 더 와일드No Church in the Wild〉 110
니콜라스 카 208
니콜로 마키아벨리 196
니클라스 루만 27, 53, 54, 56, 61~62, 73~74, 120~121, 197, 207, 241~243, 251~252, 258
닐 포스트만 154

ㄷ
다양성 에세이 117, 118, 289
다양한 페르소나 46, 81, 84, 85, 239
〈당통의 죽음〉 241
대나무만 11
《대량살상수학무기》 190
대의 35, 36, 37~39, 101, 102, 104, 297
대중매체 시대 · 26
《대중매체의 현실》 74
더글러스 켈너 250, 254

찾아보기

《더 나은 진보를 상상하라, 정체성 정치를 넘어》 183
더블 블라인드 42, 64, 134
《덕의 상실》 168
데이비드 커크패트릭 161
데이비드 스타크 80
데이비드 포스터 월러스 193
데이비드 흄 165
데이빗 라이온 94
데카르트의 코기토 219
도널드 트럼프 39, 101, 117, 119, 185, 217, 296, 298, 300, 301
도덕적 승인 112
도척 179, 180
도파민 67~69
독일의 기억문화 121, 124~126
동료 심사 42, 43, 64, 134, 135
동성애 혐오자 104
뚜렷한 거리감 82
디스토피아적 29
디제이 자낙스 80, 160
《드라큘라》 140

ㄹ

《라모의 조카》 206
라이오넬 트릴링 22, 24, 167, 255
라이프스타일 44
랜스 암스트롱 227
레이니어산Mount Rainier 72
루이스 스콧 바르가스 272
루트비히 티크 139
로버트 벨라 235
로베르토 시마노스키 157, 209
로저 에임스 178, 193
로튼 토마토Rotten Tomatoes 33
리버 클레그 127
리뷰 27, 41, 64, 98, 99, 133, 135, 293
리한 살람 106, 109, 110

리얼리티 쇼 100, 103
리처드 도킨스 76
리처드 로티 248

ㅁ

마리화나 74
마르틴 하이데거 199
마르크스주의적 관점 129, 152
마이크로소프트 127, 131, 160
마이크 포즈너 197, 202
마이클 샌델 184, 187, 193, 217, 234
마크 릴라 183, 187, 217, 234
마크 저커버그 161~164
마틴 루터 196
막스 베버 197
막스 호르크하이머 154
말 못하는 봉사의 영웅주의 167, 168
매미 58, 278, 278, 282, 284, 285
매직 더 게더링 272
매튜 깁슨 140
맥을 가져라 128, 129
맥 지니어스Mac geniuses 44, 45
맷 리즈 269, 271
맷점 61
명분 38, 39, 111
명예 살인 267
《명제에 관하여》 159
메니페스토 89
〈메이크 유어 셀프Make Yourself〉 197
메이투 14~16, 18~20
무대 뒤 82, 189, 257, 256
무대 위 66, 71, 82, 84, 188, 255, 256
무전기 157
《문명 속의 불만》 266
모니카 린 221
《미국의 분열》 234
미덕 과시 41, 113
미디어가 메시지다 209

─── 찾아보기 ───

〈미디어 이론의 구성 요소〉 154
미인대회 147~150
민주주의 정치 119

ㅂ

발터 벤야민 26, 143, 144~147, 149, 154
발화 행위 113~116
백인의 특권 106
버락 오바마 132, 185, 233
번아웃 212~213, 269, 270
벌거벗은 화공 이야기 278~282
베네시안 마카오 138
벤자민 프랭클린 193
변장 9, 24
변형된 세계관 152
병리학 15, 86, 153, 173, 267, 271
부조화 32, 60, 61, 240, 248, 276, 289, 290, 292
복숭아 164, 165, 169
본래성 199
브라이언 피네이로 80, 84, 160
브램 스토커 140
〈블랙 미러〉 30, 31, 98
비네트vignette 274
〈비 애즈 유 아Be as You Are〉 197
비판적 성찰 107, 284
빅데이터 89~92

ㅅ

사각지대 284, 288
사이먼 파킨 269
사이비 정치 183
사진 보정 14, 16, 17, 21, 35
사회 분화 251
사회신용시스템 29, 30
사회적 가면 24
《사회적 체계들》 241
사회적 페르소나 85, 243, 249, 251, 253, 254, 256, 263, 281
삼원구조 254
살아 있는 신체 258
삶의 반전 151
상품의 가짜 마법 146
새로운 정치적 성실성 180, 183~185, 187, 211, 233~236, 289
《생각하지 않는 사람들》 208
생물학적 욕구 77
성과 젠더 246, 248, 249
성실성 기준 190
《성실성과 진정성》 167
세계정신 259
셀러브리티 15, 17
셀프 캐스팅 104
셀프 프로파일링 36, 43, 117
셀피 집착 14, 15, 17, 18
셰리 터클 157, 208
셸던 스트라이커 237, 257
소샤나 주보프 90
소요유 281
소크라테스 110, 111, 112
소하브 아마리 200, 263
숭배 가치 144
《슈퍼 브랜드의 불편한 진실》 129, 131, 133
슈퍼호스트 28, 30, 93
〈슈피겔Der Spiegel〉 34, 35
숀 코리 카터 110
숀 파커 67, 69
시대정신 259
시드니 폴락 121
시몬 드 보부아르 244, 248
시민권 운동 229
시민종교 183, 235, 236
시뮬라시옹 156
시스템적 분열 252
시의적절성 83

찾아보기

실존주의 198
스테판 잰저 53~54
스트레스 17, 264, 269, 271, 273, 279, 287
스코틀랜드 셰틀랜드 63, 255
스코퍼스와 웹 오브 사이언스 67
《스펙타클의 사회》 150
슬라보예 지젝 176

ㅇ

〈아메리칸 아이돌〉 65, 66, 107, 134, 135, 148
아리스토텔레스 159, 248
아서 슐레진저 주니어 234
아우라 144~146
아이 스파이 58
악시오스Axios 67
안티고네 175~177, 204
안티파시스트 123
알고리즘 32, 83, 88, 90, 92, 93~96, 98, 188, 190, 289
알라이다 아스만 127
알래스데어 매킨타이어 168, 169
양파 164~166, 169, 170, 172, 177, 180
애비 록펠러 모제 208
애비 세션스 108, 110
〈애틀랜틱the Atlantic〉 106, 110
애플 44, 127, 128, 130
앤서니 기든스 251
앨런 와츠 200
앵거스 찰스 그레이엄 281
어빙 고프만 52, 63, 69, 78, 82, 188, 255~257, 276
〈어프렌티스The Apprentice〉 186
어카운트 50, 52
에드먼드 버크 210
에밀 뒤르켐 197
에바 노트 241~243
에바 일루즈 218~220
에어비앤비 28, 30, 32, 36, 41, 59, 93, 98, 189, 224, 288
에이미 웹 93
에토스 87, 88, 116, 179, 180, 182, 236, 237, 251, 289
H지수 55, 95, 159
엘레나 에스포시토 65, 92, 148, 203, 205, 206, 287, 303
엘리자베스 벡 게른스하임 199
〈엘 파이스El pais〉 97, 299
〈엠파이어〉 101~103
여성다움 245, 247, 248
여성주의 명제 244
역할 윤리 40, 43, 166, 179
연극 무대 52
영화산업 79, 146
영화시대 142
예술의 생산 방식 143
우울증 171, 194, 269
우 페이 170, 171
울리히 벡 199
유교 23, 164, 166, 170, 171, 178~179, 247, 266~267, 278,~280
워크니스 108, 109
원주민 193, 194
월스트리트 150
《오만과 편견》 204
오토포이에시스autopoiesis 242
올바른 실천 236, 237
올바른 행동 236
〈와이어드〉 77, 155
《외로워지는 사람들》 208, 209
〈위대한 철학자들〉 187
위르겐 하버마스 99
위키리크스 88
위험한 홍보 272
윌리엄 셰익스피어 196
우화 58, 266

찾아보기

유럽연합 탈퇴Brexit 125
유물론 233
유목민 200
유저 70, 161, 162, 294
《윤리적 폭력 비판》 50, 51, 71
오물을 청소하겠다 186
외적 기준 201
《이기적인 유전자》 76, 77
《이성과 감성》 204
이주민 125~127
이중 대응 168
익명의 청중 218
인간 의식 259
인기 콘테스트 27, 119
인류학적 민속학 250, 254
인스타그램 35, 72, 105, 109, 110, 114, 149, 209, 220, 271
인종차별주의자 104
인플루언서 221, 222, 264
일반 의지 65
《일반 언어학 강의》 158
일반 청중 218
일렉트로닉 뮤지션 80, 81, 84
임마누엘 칸트 58, 98, 196
음악적 페르소나 86, 160

ㅈ

자기표현 17, 35~37, 84, 218, 286, 301
자기 홍보 272
자신에게 솔직함 200
자만심 57
자본주의 17, 26, 30, 34~37, 45, 48, 53, 127, 129, 130, 132, 134, 136, 145~147, 150, 152, 153, 154, 166, 218, 226, 228, 233
《자아 연출의 사회학》 189, 255
자코모 카사노바 50, 173
자화상 51, 69, 76, 252

작센Saxony 139, 181
장다이 222, 223
장 보드리야르 12, 156~159
《장자》 58, 179, 180, 265, 274, 276, 277~279, 281, 283
장주 273~276, 282~285
장 자크 루소 65, 203, 204
재접목 없는 이탈 199
전시 가치 103, 142, 147, 149, 286
전족 23
전통적 형이상학 58
전체주의 123, 248, 288
《정신·자아·사회》 253, 255
정체성의 가치 26, 111, 117, 129, 226, 227, 228
정체성 기술 32, 47, 169, 239, 264, 288, 289, 291
〈정체성 이론의 과거, 현재, 미래〉 257
정체성 정치 101, 116, 183, 229, 230, 231, 232, 234, 235, 238, 233, 239, 253, 258, 262
정치적 올바름 41, 101, 109, 115, 116, 194, 286
정치적 성향의 시민단체 34
제3제국 122, 124
《제2의 성》 245
제이 지Jay-Z 110
제인 오스틴 204
제1물결 페미니즘 229
조던 피터슨 194
조지 오웰 29, 89
조지 허버트 미드 253~257, 259
존 메이너드 케인스 147~150
《존중받지 못하는 자들을 위한 정치학》 180
주디스 버틀러 50, 51, 71, 135, 136, 176
주시 스몰렛 38, 100, 101, 102~104, 111
중국 가족 23
중국 놀이공원 53
중국의 자살 171, 174
《중용》 178
G20 33~34, 37

찾아보기

지그문트 바우만 200, 251
지그문트 프로이트 254, 266
지배적인 생산 양식 152
지양 219, 261
지오바니 퍼밀란 80~82, 84, 86
진보적 페미니즘 176
진정성의 시대 22, 41, 92, 142, 143, 164, 169, 197, 274
진정으로 정치적인 것 120
진짜 얼굴 25
질 들뢰즈 62

ㅊ

찰스 다윈 248
찰스 테일러 143, 197, 198, 199
《체계이론 입문》 54
체면과 명예 170
체옥반 11
추락 30, 31, 33, 98
축적된 자본 152
초개인주의 166, 184, 185
초기 유럽인 194
초상화 69, 140, 142, 146, 252, 280
초월적 구조 61
초현실 156

ㅋ

카말라 해리스 101
캐롤 허니쉬 230~233
캐릭터 19, 31, 43, 78, 101, 128, 145, 168, 169
캐시 오닐 190
〈캣츠 인 더 크래들 Cats in the Cradle〉 174
〈커스부흐 Kursbuch〉 154
컨트리 음악 105
〈컴바히강 집단 성명〉 231
코드 73, 74, 75, 131
코리 부커 101

코페르니쿠스적 전환 58, 59
큐레이터 81, 82
크리스토퍼 래시 57

ㅌ

타이라 뱅크스 221, 222
탈재현적 159
테마파크 가이 53, 54
테오도르 아도르노 154
테이스트메이커 106
투명사회 83, 89, 97, 299
티모시 모 69, 252
티모시 우 93
팀 살라우 221

ㅍ

퍼스낼리티 146, 150
퍼스널 브랜딩 43, 220
페이스북 담벼락 294, 295
《페이스북 사회, 자아의 공유와 상실》 209
《페이스북 이펙트》 161
페르디낭 드 소쉬르 158
펠릭스 가타리 62
평가 시스템 31
평판 43, 57, 94, 95, 172, 188, 189, 190, 211, 287, 290
풍자 칼럼 127
〈포브스〉 190, 220
포스트모던 자아 219
포스트파시스트 123
〈폭스〉 65, 101, 186
폰 클라이스트 139, 140, 141, 142
폰 쳉게 139
폴 비릴리오 75
프라이버시 29, 89, 90, 95~97
프란치세크 크사베리 브라니츠키 173, 174
프랜시스 후쿠야마 181~185, 187, 217, 234

―― 찾아보기 ――

프랭크 파스콸레 94
프로파일링 36, 43, 116, 117, 223, 298
프로필 노이로제 269, 271, 273
프로필 정치 119
프로필 큐레이션 103, 288, 292, 300
프로필 페르소나 86~88, 113, 146~147
플라톤의 대화집《에우튀프론》110
피터 버크 237, 257
픽처레스크picturesque 49, 137, 138, 139, 140~142, 151
핑크 자본주의 226

ㅎ

하늘의 도 178, 179
하르트무트 로자 75, 226, 251, 304
하위 계층 278
학술 사이트 73
한병철 89, 97, 98, 214, 296, 299, 300, 301
한스 마그누스 엔첸스베르거 154~7
함부르크 34
해리 차핀 174
핵심 자아 95, 96, 164, 165, 166, 172, 186, 219
《행복하고 건강한 채식 섭취 가이드》212
허버트 스펜서 248
허버트 자일스 274
허영심 15, 17, 37, 56, 287, 291
헝친섬 137
헥토르 드 크레브쾨르 194
현실의 비현실성 152
헤겔《정신현상학》123, 259
헨리 로즈먼트 주니어 10, 164~166, 178, 193
호모포비아 102, 103
호접몽 274, 275
혼돈Hundun의 죽음 266, 278
홀로코스트 124, 126, 127
환영문화 125, 126
흑인 인권운동 111

프로필 사회

진정성에서 프로필성으로

초판 1쇄 발행   2022년 6월 23일
초판 2쇄 발행   2024년 4월 30일

지은이   한스 게오르크 묄러 · 폴 J. 담브로시오
옮긴이   김한슬기

발행처   도서출판 생각이음
발행인   김종희
디자인   별을 잡는 그물
출판등록번호   제2019-000031
출판 등록연월일   2017년 10월 27일
주소   (04045) 서울시 마포구 양화로 64, 8층 LS-837(서교동, 서교제일빌딩)
전화   02-337-1673
팩스   02-337-1674
전자우편   thinklink37@naver.com

ISBN   979-11-965525-9-6

한국어판 ⓒ 도서출판 생각이음

이 도서의 국립중앙도서관 출판도서목록(CIP)은 서지정보유통지원시스템 홈페이지(http://seoji.nl.go.kr)와 국가자료공동목록시스템(http://nl.go.kr/kolisnet)에서 이용하실 수 있습니다.
잘못된 책은 구입하신 곳에서 바꿔 드립니다.